Heinrich Keiter

Heinrich Heine
Sein Leben, sein Charakter und seine Werke

EUROPÄISCHER
LITERATUR
VERLAG

Deutsche Autoren der Romantik, Band 7

Keiter, Heinrich

Heinrich Heine. Sein Leben, sein Charakter und seine Werke.

Reihe: *Deutsche Autoren der Romantik*

ISBN: 978-3-86267-043-7

Auflage: 1
Erscheinungsjahr: 2010
Erscheinungsort: Bremen, Deutschland

Europäischer Literaturverlag (www.elv-verlag.de), Fahrenheitstr. 1, 28359 Bremen.

Heinrich Heine
Sein Leben, sein Charakter und seine Werke

Herausgeberwort

Die Literaturepoche der Romantik, die in etwa auf den Zeitraum zwischen 1790 und 1850 datiert werden kann, ist nur schwer konkret zu definieren. Zu vielfältig sind ihre literarischen Strömungen, zu verschieden ihre Autoren, als dass man sie auf einen gemeinsamen Nenner bringen könnte. Dennoch gibt es Merkmale, die charakteristisch für die Romantik sind. Dazu gehören Sehnsucht und Naturmetaphorik, sowie die Vorliebe für das Fantastische und Märchenhafte.

Die Romantik entstand als Gegenreaktion zum Rationalismus der Aufklärung und brachte viele literarische Werke hervor, die noch heute von großer Bedeutung sind. Nicht nur verhalf sie der deutschen Literatur mit Autoren wie E. T. A. Hoffmann oder A. W. Schlegel zu internationalem Ruhm, sie legte auch den Grundstein für die Literatur- und Sprachwissenschaft, wie wir sie heute kennen. Autoren der Romantik wie Clemens Brentano oder Jakob und Wilhelm Grimm waren die Ersten, die im Hinblick auf ein nationales Bildungsprogramm volkstümliche deutsche Literatur sammelten und bearbeiteten. Die romantische Epoche war wegweisend für die deutsche Literatur. Deshalb spielt die Auseinandersetzung mit ihren Autoren nach wie vor eine wichtige Rolle in den literaturwissenschaftlichen Diskursen.

Die vorliegende Schriftenreihe „Deutsche Autoren der Romantik" gewährt einen Einblick in das Leben der berühmten Schriftsteller der Romantik und vermittelt einen Eindruck davon, unter welchen Umständen sie zu den größten Dichtern und Denkern ihrer Zeit wurden. Neben ausführlichen Biografien, die sich dem gesamten Leben und Werk der betrachteten Autoren widmen, befinden sich in der Reihe auch verschiedene wissenschaftliche Abhandlungen, die spezifische Aspekte aus den Lebensgeschichten und Werken beleuchten. Fast alle Texte der Reihe stammen aus dem späten 19. Jahrhundert und wirken – da sie nur wenige Jahrzehnte nach dem Ende der romantischen Epoche entstanden sind – besonders authentisch.

Die Auswahl der Autoren ist exemplarisch und vermittelt zum jetzigen Zeitpunkt kein vollständiges Bild. Sie kann jedoch durch weitere Beiträge erweitert werden. Ebenfalls wurden Autoren, deren Zugehörigkeit zur Romantik umstritten ist, wie Jean Paul oder Friedrich Hölderlin in die Reihe aufgenommen, da auch ihre Werke zum Teil romantische Elemente aufweisen.

Ich wünsche Ihnen viel Vergnügen bei dem Einblick in die romantische Epoche!

Elena Schefner
Bremen, November 2010

Heinrich Heine

Sein Leben, sein Charakter und seine Werke

dargestellt von

Heinrich Keiter

Zweite Auflage.

Durchgesehen und ergänzt von

Dr. Anton Lohr

Köln, 1906

Verlag und Druck von J. P. Bachem

Vorwort zur ersten Auflage.

Zu den vielen Schriften über Heinrich Heine kommt eine neue, die sich bemüht — zum ersten Male in der deutschen Literatur — ein vollständiges Charakterbild des Dichters vom christlichen Standpunkte aus zu geben.

Ich habe mich redlich bemüht, Licht und Schatten in gerechter Weise zu verteilen. Sollte ich den Freunden Heines zu scharf, seinen Gegnern hin und wieder zu milde urteilen, so darf ich daraus vielleicht entnehmen, daß ich den richtigen Mittelweg getroffen habe.

In biographischer Hinsicht mußte ich mich auf die Arbeiten Strodtmanns und vor allem Elsters stützen. Dagegen kann ich an vielen Stellen neue und wichtige Belege zu den Anregungen bringen, die Heine aus den Werken ihm vorangegangener und zeitgenössischer Schriftsteller empfing.

Den Anführungen aus Heines Werken ist durchweg die Ausgabe von E. Elster zu grunde gelegt, die in biographischer wie textkritischer Beziehung als eine Musterleistung gelten muß.

Den Herren: Dr. Fr. Binder, Redakteur der Historisch-politischen Blätter in München, und dem Hauptredakteur der Kölnischen Volkszeitung Dr. H. Cardauns in Köln spreche ich für die Förderung meiner Arbeit den verbindlichsten Dank aus.

Regensburg, im November 1891.

Heinrich Keiter.

Vorwort zur Neuauflage.

Eben mit einer Auswahl von Heines Dichtungen für die Familie[1]) beschäftigt, bin ich dem an mich herangetretenen Wunsche, die fleißige und verdienstvolle Heineschrift des verst. H. Keiter für eine Neuauflage einer Durchsicht bezw. Ueberarbeitung zu unterziehen, gern nachgekommen.

Die tatsächlichen Berichtigungen und Ergänzungen zu Keiters Ausführungen gründen sich hauptsächlich auf die neueren Arbeiten und Veröffentlichungen von Asbach, Petz, Elster, Embden, Kaufmann, Legras, Nietzki und Eugen Wolff.

Der Keiterschen Auffassung von Heines Leben und Werken konnte ich im allgemeinen durchaus beistimmen. Nur was die Frage der Sinnesänderung des Dichters am Schlusse seines Lebens anlangt, habe ich mich auf Grund des vorliegenden Materials dem Urteile Nietzkis u. a. angeschlossen. Weitere Nuancierungen die ich vornahm, fallen weniger ins Gewicht. Im übrigen habe ich den Keiterschen Text, soweit er sich mit dem heutigen Stand der Heineforschung und meiner Ueberzeugung vereinen ließ, durchaus beibehalten.

München, im Januar 1906.

Dr. Anton Lohr.

---

¹) Erschienen im gleichen Verlage, Frühjahr 1906.

Literatur.

Heines sämtliche Werke. Herausgegeben von Dr. Ernst Elster. 7 Bände. 1887—1891.
(Auf diese Ausgabe beziehen sich die sämtlichen im Text befindlichen Zitate.)

„ Briefe, in Strodtmanns Ausgabe, Bd. XIX—XXII, 1876, und in Karpeles'
Ausgabe, Bd. VIII, IX. 1887. (Die Briefe sind, um die Kontrolle in
diesen beiden Ausgaben zu ermöglichen, nach den Daten zitiert.)

„ Buch der Lieder. Herausgegeben von Dr. Ernst Elster. 1887.

Abend, Der, Jahrg. 1892.

Allgemeine Zeitung. Beilage. 1899. Nr. 246, 257, 279, 280.

Archiv für deutsche Literaturgeschichte. Bd. III.

Asbach, Julius, Das Düsseldorfer Lyceum unter bairischer und französischer Herrschaft
(1805 bis 1813). 1900.

Bebel, Die Frau. 9. Aufl. 1891.

Betz, Heine in Frankreich. 1895.

Blumauer, Virgils Aeneis travestiert.

Bölsche, H. Heine I. 1888.

Börnes sämtliche Werke. 12 Bde. 1868.

Brandes, Gg., Hauptströmungen in der Literatur des 19. Jahrh. Bd. VI. 1891.

Brandes, Ludwig Börne u. Heinrich Heine. 1896.

Brentano, Godwi. 2 Bde. 1801/2.

Briefwechsel zwischen Varnhagen und Rahel. Bd. VI. 1836.

Brunner, Zwei Buschmänner (Börne und Heine). 1891.

Burschenschaftliche Blätter. Jahrg. 1888.

Deutsche Revue. Bd. 22.

Deutsche Dichtung. Bd. 13, 26, 27, 28, 29, 30, 31.

Deutsche Rundschau. Bd. 42, 79, 86, 91, 92, 107.

Embden, H. Heines Familienleben. 1892.

Fischer, H. Heine im Lichte unserer Zeit. 1894.

Frankfurter Zeitung. Jahrg. 1890.

Gartenlaube. Jahrg. 1868, 1874, 1877, 1878.

Goedekes Grundriß. Bd. III. 1881.

Gottschall, Geschichte der deutschen National-Literatur. Bd. II. 1881.

Greinz, Heine und das deutsche Volkslied. 1894.

Grisebach, Die deutsche Litteratur. 1876.

Grothuß, Jeannot E. Frhr. v., H. Heine als deutscher Lyriker. 1894.

Gubitz, Erlebnisse, Bd. II. 1868.

Gutzkow, Briefe eines Narren an eine Närrin. 1832.

Halusa, P. Tezelin, H. Heine, 1899.

Haym, Die romantische Schule. 1870.

Hehn, Gedanken über Goethe. I. 1881.

Heine, Maximilian, Erinnerungen an H. H. 1868.

Hoffmann, E. Th. A., Werke. 7 Bde. 1872.

Hüffer, Aus dem Leben H. H. 1878.

Jaubert, Souvenirs. 1881.

Jean Paul, Flegeljahre.

Karpeles, H. H. und seine Zeitgenossen. 1888.

„ H. Heine, Aus seinem Leben und aus seiner Zeit. 1899.

Kölnische Volkszeitung. 1894. Nr. 387.

Kaufmann, Heines Liebesleben. 1897.

„ Heines Liebestragödien 1897.

Kölnische Zeitung. 1887, 1888.

Mauerhof, Emil, Dichterische Idole. Heine u. Horaz. 1897.

Meißner, H. H. 1856.

„ Geschichte meines Lebens. 1884.

Menzel, Wolfg., Denkwürdigkeiten. 1877.

Meyer, Fr., Verzeichnis einer H. Heine-Bibliothek. 1905.

Montesquieu, lettres persanes.

Münchener N. Nachr. 1906. Nr. 78.

Nassen, J., H. Heines Familienleben. 1895.

Nietzki, Max, H. Heine als Dichter und Mensch. 1895.

Neue fr. Presse. 1906. Nr. 14903 u. Nr. 14896.

Nord und Süd. 1893. 1906.

Petzet, Christian, Die Blütezeit der deutschen politischen Lyrik von 1840 bis 1850. 1903.

Proelß, H. Heine. 1886.

Pröhle, H. H. und der Harz. 1888.

Rahmer, S., H. Heines Krankheit und Leidensgeschichte. 1901.

Rousseau, J. B., Kunststudien. 1834.

Rocca, Fürstin della, Erinnerungen an H. H.

Schalles, F. A., Heines Verhältnis zu Shakespeare. 1904.

Schlegel, A. W., von, Vorlesungen und schöne Liter. und Kunst. Herausg. von Minor. 3 Bde. 1885.

Schlüter, Briefe und Gedichte von Benedict Waldeck. 1880.

Schorers Familienblatt. 1885.

Seelig, Max, Die dichterische Sprache in Heines „Buch der Lieder". 1891.

Selden, Camilla, H. H.'s letzte Tage. 1884.

Staarstecher, J., H. Heine, der Antisemit und Nihilist. 1893.

Strodtmann, H. H.'s Leben und Werke. 3. Aufl. 1884. 2 Bde.

Stern, Mirabeau. 2 Bde. 1889.

Taillandier, Écrivains et poètes modernes. 1861.

Treitschke, Deutsche Geschichte. Bd. III. IV.

Türmer, Der, IV. Jahrg. 1902.

Weill, Souvenirs intimes. 1883.

Westermanns Monatshefte. B. 5, 40, 54, 61, 62.

Zeitschrift für den deutschen Unterricht. Bd. III.

Ziegler, Grabbes Leben. 1855.

Inhaltsverzeichnis.

Erster Abschnitt.

Die Jugend- und Universitätsjahre
(1797—1825).

I.

Die Jugendjahre (1797—1815).

Heinrich Heine wurde zu Düsseldorf am 13. Dezember 1797 — dieses Datum scheint jetzt ziemlich festzustehen — als das erste Kind des jüdischen Manufakturwaren=Händlers Samson Heine geboren. Er erhielt den Namen Harry, den er später mit Heinrich vertauschte. Ihm folgten eine noch lebende Schwester, Charlotte, sowie die Brüder Gustav und Maximilian.

Die Familienverhältnisse, in denen er aufwuchs, die Zeit, in die seine Erziehung fällt, erklären manchen Zug in dem widerspruchsvollen Charakterbild des Dichters. Heine selbst hat von seinen Eltern in dem noch erhaltenen ersten Teile seiner Memoiren eine liebevolle und ein= gehende Schilderung entworfen, die eines humoristisch = satirischen Hauches nicht entbehrt. Der Vater, der eine reich bewegte, ziemlich leichtsinnige Vergangenheit hinter sich hatte, war ein lebensfroher Mann, der Spiel, Wein und Weiber liebte, nobeln Passionen zugetan war und mit seiner weichen, fast weiblichen Schönheit leicht die Herzen eroberte. Er hatte, obgleich er immer rechnete, keinen berechnenden Handelsgeist und brachte es nie zu befriedigenden Vermögensverhältnissen. Heine hat von seinem Vater manche Eigentümlichkeit geerbt: Samsons Leichtsinn, Verschwendungssucht und Freigebigkeit gingen auf den Sohn über, der denn auch ebenso wie der Vater beständig mit dem Mangel an Geld zu kämpfen hatte. Heine liebte seinen Vater aufrichtig; er versichert oft, daß er ihm von allen Menschen am meisten zugetan gewesen sei.

Auf Heines Erziehung hat der geistig keineswegs hervorragende Vater einen wesentlichen Einfluß nicht ausgeübt. Die Mutter Peira — später nannte sie sich Betty — nahm die Erziehung ihres begabten Lieblings= kindes selbst in die Hand und entwarf in ihrem nur zu beweglichen Geiste einen vollständigen Plan für seinen Bildungsgang. Sie war eine geborene van Geldern. Heine machte in den an seine Mutter gerichteten Sonetten aus dem van ein von und liebte es in späteren Lebensjahren, sie für eine Adelige auszugeben, er, der sich als den grimmigsten Feind der „Junker" aufzuspielen pflegte. Heinrich Laube, der den Dichter genau kannte, sagt in dieser Hinsicht[1]): „Mit der Mutter kokettierte Heine frühzeitig. Daß seine Mutter von Adel und eine Christin ge= wesen, das war etwas, was er betont wissen wollte.... Es war ihm ein verführerischer Witz, daß er aus einer Mischung christlichen Adels und jüdischer Rasse entsprossen sein könne und vom Mutterleibe aus roman= tisches Mittelalter, eingeweicht in zersetzende Geistesschärfe, darstelle." Heine hat geflunkert; seine Mutter war weder adelig noch von christ= licher Abkunft.

Betty Heine war eine begabte und tüchtige Frau, die es wohl ver= diente, daß ihr der Dichter bis an sein Ende — sie überlebte ihn um drei Jahre — eine treue Anhänglichkeit bewahrte und ihr in dem er= greifenden Gedicht: „Denk' ich an Deutschland in der Nacht" noch 1843 ein herrliches Denkmal setzte. Sie hatte eine ausgezeichnete Erziehung genossen, so daß sie als Mädchen ihrem Vater lateinische Dissertationen vorzulesen vermochte. Die Kunst des Fabulierens hat Heine indessen nicht von ihr geerbt, wie er dem Vater die Frohnatur verdankte; sie hatte sogar, obgleich sie eine warme Verehrerin Goethes war, eine wahre Angst, daß es ihrem Sohne einfallen könnte, sich dichterisch zu beschäf= tigen; sie entriß ihm jeden Roman, verbot ihm den Besuch von Theater= Vorstellungen und gab den Mägden die strenge Weisung, in seiner Gegenwart keine Gespenstergeschichten zu erzählen, ein Gebot, das freilich von „Zippel", der alten Amme Heines, nicht befolgt wurde. Peira wollte einen großen Mann aus ihrem Sohne machen, aber beileibe keinen Dichter.

Streng jüdisch gesinnt war Peira ebensowenig wie ihr Mann, dem auf Betreiben einiger Eiferer die Aufnahme in die jüdische Ge=

---

[1]) Gartenlaube 1868, S. 8.

meinde sehr erschwert worden war. Sie war, wie Heine erzählt, Ratio=
nalistin, eine eifrige Schülerin Rousseaus, und weit davon entfernt, ihren
Sohn für ein bestimmtes Religionssystem zu erwärmen. So nahm denn
Heine auch vom jüdischen Glauben nur Aeußerlichkeiten in sich auf;
jüdischen Nationalstolz kannte er nicht, und es war ihm im späteren Leben
gar nicht angenehm, als Sproß einer verachteten Rasse angesehen zu
werden. Auch war das Vaterhaus nicht der geeignete Ort, ihm Liebe
zum Vaterlande einzuflößen. Der kosmopolitische Zug im Judentum,
verbunden mit einer noch unter dem Einfluß unserer klassischen Lite=
raturperiode stehenden Zeitrichtung, ließ ein starkes Vaterlandsgefühl nicht
aufkommen. Die rheinischen Juden erblickten zudem in der französischen
Revolutionsarmee den heiß ersehnten Befreier. Durch die Franzosen
bezw. durch Napoleon errangen sie endlich Gleichstellung mit den christ=
lichen Konfessionen, sowie Erleichterungen in Handel und Verkehr. Kein
Wunder, daß Heine schon im Vaterhause die Liebe zur französischen Nation
und die begeisterte Verehrung für Napoleon einatmete, die ihn durch
das ganze Leben begleitete und im „Buch Le Grand" eine einzig dastehende
dichterische Verherrlichung gefunden hat. Daß Deutschlands tiefste Er=
niedrigung dagegen in Heines Familie auch nur den geringsten Schmerz
verursacht hätte, wird uns, trotz Strodtmanns Behauptung [1]), Betty
Heine habe ihre Kinder patriotisch angefeuert, nirgends bezeugt. Viel
eher darf man nach Aeußerungen Heines annehmen, daß die Nachricht
von der Schlacht bei Jena in der Bolkerstraße Nr. 53 freudig begrüßt
wurde.

Außer der Mutter hatte auf den jungen Heine noch deren Bruder,
Simon van Geldern, bestimmenden Einfluß. Er stellte dem lesebegierigen
Neffen seine reiche Bibliothek zur Verfügung, ohne es für nötig zu
halten, dessen Lektüre zu beaufsichtigen. Hier las Heine neben Schauer=
und Räubergeschichten sehr unsaubere französische Romane, die auf
seine Phantasie gewiß nicht ohne Einfluß geblieben sind und in ihm die
Sehnsucht nach verbotenen Früchten geweckt haben mögen. Höchst wahr=
scheinlich sog er auch hier schon durch die Schriften Boltaires, Rousseaus,
Montesquieus und Mirabeaus die revolutionären Ideen ein, die
später einen großen Teil seiner literarischen Tätigkeit kennzeichnen.

Großes Interesse nahm Heine, wie er selbst erzählt, an der eben=
falls in der Bibliothek Simons befindlichen handschriftlichen Reise=
beschreibung seines Großoheims, der ausgedehnte Reisen im Orient ge=

---

[1]) I. S. 9.

macht und als genialer Charlatan einiges Aufsehen erregt hatte.. Der Knabe vertiefte sich leidenschaftlich in die Lektüre des wunderlichen Buches, so daß seine rege Phantasie in krankhafter Weise gereizt wurde. Oft ergriff ihn am lichten Tage ein unheimliches Gefühl, und es war ihm, als sei er selbst sein längst verstorbener Großoheim und lebe nur eine Fortsetzung des Lebens jenes Mannes. Die eifrige Lektüre des „Don Quixote", der ihm in der Uebersetzung von Ludwig Tieck schon frühzeitig in die Hände fiel, konnte eine heilende Wirkung kaum ausüben.

Nachdem Heine zuerst die Rintelsohnsche Privatschule besucht hatte, bezog er im Herbst 1807 das Lyzeum in Düsseldorf, eine damals kaum zwei Jahre (gegr. 20. Nov. 1805) bestehende Anstalt. Da sie eine Schöpfung Max Josephs, des letzten Kurfürsten aus dem Hause Pfalz-Zweibrücken und seines für die Aufklärungsideen schwärmenden Ministers Montgelas war, herrschte an ihr ein freisinniger Geist. Sie stellte sich in bewußten Gegensatz zu den damaligen Lateinschulen mit jesuitischem Lehrprogramm und suchte neben den alten Sprachen auch jene modernen Lehrfächer zu pflegen, die man als Erfordernisse der Zeit betrachtete.

Welcher Wind sonst an der Anstalt wehte, geht aus einem der wenigen Stücke hervor, die uns von den Schulakten noch erhalten sind. Es ist ein „Verzeichnis der ersten Schüler der Anstalt, das, obwohl von deutschen Lehrern einer deutschen Anstalt unter einem deutschen Fürsten verfaßt, doch in französischer Sprache geschrieben ist. Denn war auch der Kurfürst Max Joseph damals noch Landesherr, so wankte doch sein Thron schon beträchtlich und die Herren Professoren richteten sich auf das neue französische Regiment ein, das doch über kurz oder lang kommen mußte." [1] Und der Referent der „Deutschen Dichtung" bemerkt hierzu nicht mit Unrecht: „Es sei dies, meint Direktor Asbach (in seiner Geschichte des Lyzeums unter bayrischer und französischer Herrschaft) zur Entschuldigung seiner Vorgänger, ein leider in Deutschland nicht vereinzeltes Entgegenkommen gegen die nahende Fremdherrschaft gewesen. Gewiß war dem so, und welche Ungerechtigkeit, welchen Mangel an historischem Sinn bekundet es, heute angesichts solcher Gesinnung der Lehrer dem Schüler Heine einen Vorwurf zu machen, daß er für Napoleon schwärmte."

Am Lyzeum kam Heine zuerst in die neu eingerichtete Vorbereitungsklasse des Professors Asthöver. Daß er von diesem, einem ehe-

---

[1] Deutsche Dichtung Bd. 28, S. 104.

maligen Kaplan, zumal im Deutschen, recht wenig lernte, geht aus einer Verfügung des französischen Präfekten vom Dezember 1809 an den Rektor Schallmeyer hervor, in der Asthöver wegen der ungenügenden Leistungen seiner Schüler im Deutschen (!) getadelt wurde. Gewiß eine sehr bezeichnende Rüge eines französischen kaiserlichen Beamten an einen deutschen Lehrer! Auch die anderen Lehrkräfte, wie Dahmen, Cremer, Brewer und Schramm, scheinen nicht über das Mittelmaß emporgeragt zu haben. Der Hervorragendste unter ihnen, zwar nicht in pädagogischer, wohl aber wissenschaftlicher Hinsicht, war ohne Zweifel der Rektor Schallmeyer, ein früherer Ordensmann (Franziskaner) und Dozent an der Bonner Universität, der 1813 in der philosophischen Klasse Psychologie und Logik sowie die philosophischen Systeme vortrug und zwar in ganz freisinniger Weise. Heine selbst sagt in seinen Memoiren (VII, S. 461): „Es ist gewiß bedeutsam, daß mir bereits in meinem dreizehnten [1]) Lebensjahre alle Systeme der freien Denker vorgetragen wurden und zwar durch einen ehrwürdigen Geistlichen, der seine sacerdotalen Amtspflichten nicht im geringsten vernachlässigte, so daß ich hier frühe sah, wie ohne Heuchelei Religion und Zweifel ruhig neben einander gingen, woraus nicht bloß in mir der Unglaube, sondern auch die toleranteste Gleichgültigkeit entstand." In ähnlicher Weise äußerte er sich Fanny Lewald gegenüber [2]); in den „Geständnissen" (VI, S. 69) meint er sogar, der Besuch der Vorlesungen des Rektors Schallmeyer müsse ihm „vor den Assisen im Tale Josaphat als circonstance atténuante angerechnet werden".

Schallmeyer scheint indessen am Katholizismus noch festgehalten zu haben, denn er machte Heines Mutter den Vorschlag, den Sohn katholisch werden zu lassen und ihn dem Dienste der Kirche zu widmen; durch seine Verbindungen werde es ihm möglich sein, ihm zu einem hohen Kirchenamt zu verhelfen. Heines Mutter lehnte das Anerbieten ab, was sie, wie Heine wissen will, in späteren Lebensjahren bereute.

Wir finden nirgend ein Anzeichen, daß Samson oder seine Frau der katholischen Religion feindlich gesinnt gewesen wären. Sie standen ihr wahrscheinlich gleichgültig gegenüber; dem von Heines Biographen gern erwähnten Umstande, daß Samson, der einer überkommenen Verpflichtung gemäß bei Prozessionen vor seinem Hause einen Altar errichten mußte, diesen in besonders schöner Weise ausschmückte, legen wir kein Gewicht bei, weil das jeder Handelsjude in katholischen Gegenden tut.

---

[1]) Nach den neuern Festsetzungen im fünfzehnten. — [2]) Westermann Bd. 62, S. 104.

Wohl aber unterliegt es keinem Zweifel, daß die Schönheit des katho=
lischen Kultus auf den jungen Heine Eindruck machte und ihn zur Be=
wunderung hinriß. „Ich war immer ein Dichter,“ sagt er selbst (VI,
S. 66), „und deshalb mußte sich mir die Poesie, die in der Symbolik
des katholischen Dogmas und Kultus blüht und lodert, viel tiefer als
anderen Leuten offenbaren“ [1]). Dieses Interesse war aber ein rein ästhe=
tisches, wie es bei vielen romantischen Dichtern zu finden ist.

Seine freigeistige Gesinnung erhielt durch den vertrauten Umgang
mit einem atheistischen älteren Schulgenossen reiche Nahrung. Lange
dauerte diese Freundschaft nicht, sie ward ersetzt durch den Verkehr mit
einem anderen älteren Mitschüler, dem er noch lange Jahre herzlich zu=
getan blieb. Christian Sethe, dessen Erscheinung uns durch die Schrift
von Hermann Hüffer näher gekommen ist, der Sohn einer angesehenen
preußischen Beamtenfamilie, bildete einen völligen Gegensatz zu Heine.
Hier lodernde Phantasie, Mangel an Stetigkeit und Ausdauer, warme,
aber nicht tiefgehende Empfindung, leichte Erregbarkeit — dort eine auf
das Praktische gerichtete, ruhige und gemessene Natur, strenger Ordnungs=
sinn und großes Pflichtbewußtsein. Sethe war Heines Mentor, er hielt
ihn von unüberlegten Streichen zurück, beschützte den schwächlichen Knaben
gegen die manchmal handgreiflichen Neckereien antisemitischer Schulkame=
raden und schenkte seiner poetischen Begabung volle Bewunderung.
Das gute Einvernehmen dauerte lange Jahre; erst als Heine Wege ein=
schlug, auf denen der charaktervolle Sethe ihm nicht folgen konnte, trat
eine Entfremdung ein.

Leider haben Sethe und andere minder intime Freunde Heines
ihre Wissenschaft über den Dichter mit in das Grab genommen, so daß
wir fast nichts über Heines erste poetische Versuche und die Dichter,
die er in jener schwärmerischen Jugendzeit las, wissen; daß er im
Banne der Romantik, namentlich der phantastischen Dichtungen E. Th.
A. Hoffmanns, lag, dürfen wir indes als gewiß annehmen. Seine
Schriften beweisen es, und in seinem Werke über die romantische Schule
sagt er (V, S. 344), daß er 1813 Uhland — in diesem Jahre gab
Uhland mit Justinus Kerner den „Deutschen Dichterwald“ heraus,
während die Gedichte Uhlands erst 1815 erschienen — in überströmender
Begeisterung zu feiern vermocht habe. Damals habe er ihm nahe ge=
standen an Empfindung und Denken, damals habe ihm herrlich gedünkt
jenes chevalereske und katholische Wesen, jene sanften Knappen und sittigen

---

[1]) Vgl. auch Westermann Bd. 62, S. 104.

Edelfrauen, jene Mönche und Nonnen, jene blassen Entsagungsgefühle mit Glockengeläute. Vielleicht hat er damals in ähnlichem Geiste gedichtet; bis jetzt ist von diesen Versuchen indessen nichts ans Licht gekommen. Wohl aber zeigt uns ein frühestens Ostern 1815 [1] entstandenes Gedicht: „Die Wünnebergiade" den jungen Heine bereits als losen Spötter, der in durchaus nicht seiner Weise über einen Studiengenossen am Lyzeum sich lustig macht.

Trotz seiner Begabung gehörte Heine nicht zu den besten Zöglingen des Lyzeums. Er zählte zu den Knaben mit später Entwicklung. In den sieben Jahren seiner Schülerzeit erhielt er nicht ein einziges „Ehrenbuch", obwohl für solche Belohnungen jährlich sechzig Reichstaler aufgewendet wurden. Ja, er brachte sogar das Kunststück fertig, seinen Namen nie in die Rubrik: „Ehrenvolle Erwähnung derer, welche den Belohnten zunächst folgen," hineinzubekommen, obwohl die Klassen sehr klein waren. Auf die Oberklasse entfielen 1810/11 bei 10—13 Schülern allein etwa 60 Auszeichnungen! [2] Dafür bereitete er seinen Lehrern durch sein übermütiges und spottlustiges Wesen nicht geringe Schwierigkeiten. Peter Cornelius erzählte [3] dem Dr. H. Riegel, als er einmal für seinen älteren Bruder Lambert die Elementarschule für Zeichenunterricht überwachte, habe er infolge eines Lärms der Schüler den jungen Heine schwer geprügelt und den Malstock an ihm abgeschlagen. Heine vergaß niemals eine ihm zuerkannte Strafe, wenn er sie auch redlich verdient hatte; vielleicht waren es diese Prügel, wofür er nachher an dem edeln Peter Cornelius Rache nahm. (I, S. 406.)

Wie außer Heine auch andere ehemalige Schüler bezeugen, fehlte es zwar am Lyzeum nicht an Mißständen, aber trotzdem mangelte es einem strebsamen Jüngling durchaus nicht an Gelegenheit und Mitteln zu vielseitiger Geistesbildung. Tatsächlich ist denn auch aus dem Lyzeum eine ziemliche Zahl bedeutender Männer, wie Franz von Zugemaglio, Anton Pelman, Chr. Sethe, Alex. v. Daniels und Ludwig Schopen, hervorgegangen.

Da Heine aber wahrscheinlich erst Ostern 1815 die Schule verließ, wie Asbach annimmt, der auf des Dichters Angabe, daß er mit anderen Schülern dem Vaterlande beim Wiederausbruch des Krieges seine Dienste angeboten habe, besonderes Gewicht legt, so stand er noch „mindestens ein halbes Jahr unter der strengen Zucht des neu eingerichteten Gym-

---

[1] Allgem. Ztg. 1899, Nr. 280. — [2] Deutsche Dichtung Bd. 28, S. 125.
[3] Riegels Cornelius.

nasiums" und nahm an des trefflichen K. W. Kortüm „vertieftem Unterrichte" teil. [1]

Daß die patriotische Begeisterung, die nach der Schlacht bei Leipzig auch das Rheinland mächtig erfaßte, unseren Dichter ebenfalls mitriß, beweist ein Gedicht, das Professor Elster in der „Zeitschrift für Deutsche Dichtung" (Bd. 25) mitteilt und das Deutschlands Befreiung von der Fremdherrschaft feiert.

Als Heine vier Jahre später, nachdem alle Versuche gescheitert waren, einen Kaufmann aus dem phantastischen, nervösen Jüngling zu machen, mit Zustimmung seines Onkels Salomon nach Bonn auf die Universität zog, mußte er behufs Zulassung zur Alma Mater eine Prüfung machen, da das Maturitätsexamen am Düsseldorfer Gymnasium damals noch nicht üblich war. Er bestand die Prüfung im Dezember 1819 zwar, aber mit der Note III, ein Beweis, daß er entweder auf dem Gymnasium nicht übermäßig viel gelernt oder das Gelernte inzwischen meist wieder vergessen hatte. In der Geschichte, sagt das Protokoll, sei er nicht ohne alle Kenntnisse, einen lateinischen Aufsatz habe er nicht geliefert, weil er von unsicherer Kenntnis und zu geringer Uebung sei; zu einer Prüfung in der Mathematik habe er sich nicht verstanden; seine deutsche Arbeit, obwohl auf wunderliche Weise gefaßt, beweise ein gutes Bestreben. [2] Dagegen soll er nach der Aussage seines Bruders Maximilian die englische und französische Sprache am Lyzeum gründlich erlernt haben. [3] Der Unterricht im Deutschen hat während der ganzen Zeit keine guten Früchte gezeigt, denn Heines Briefe an Sethe aus dem Jahre 1816 wimmeln noch von grammatikalischen Fehlern.

Früh schon machte Heine in der Liebe, deren Sänger er in gutem und schlechtem Sinne werden sollte, seine Erfahrungen. Der Hang zum weiblichen Geschlechte regte sich schon in den Schülerjahren in ihm und ward durch die Lektüre der unsaubern französischen Romane genährt. Heine hatte ein sehr reizbares Nervensystem, und man scheint nichts getan zu haben, um es zu schonen und die rege Phantasietätigkeit des Knaben in vernünftiger Weise zu regeln. Wie sein Bruder Maximilian [4] erzählte, liebte er 1813 die Tochter des Kriegsrats von A. Als er einst bei einem feierlichen Schulaktus den Schillerschen „Taucher" vorzutragen hatte, fiel sein Blick plötzlich auf das in den ersten Bänken

---

[1] Allg. Ztg. 1899, Nr. 246. — [2] Hüffer S. 102. — [3] Das entspricht den Tatsachen nicht. Nach zwanzigjährigem Aufenthalte in Frankreich brachte Heine noch keinen korrekten französischen Brief zustande. Wie für Mathematik, ging ihm auch das Talent für Sprachen ab. Betz, S. 165 ff. — [4] Erinnerungen S. 121.

vor ihm sitzende junge Mädchen. Er erbleichte, stockte, konnte nicht weiter deklamieren und sank endlich ohnmächtig zu Boden. Und doch kannte er die junge Dame nur von Angesicht!

Eine andere Liebelei fesselte ihn in ernsterer und, wenn seine „Traum= bilder" in der Tat hier ihren Ursprung haben (VII, S. 503), nicht unbedenklicher Weise. Sefchen (Josepha), die bleiche Tochter des Scharf= richters von Düsseldorf, zog ihn an, weniger durch ihre Schönheit, als durch den Reiz des Unheimlichen, der sie als das Kind „unehrlicher Leute" umgab. Sefchen war sangeslustig und kannte eine Menge Volkslieder, meist schauerigen Inhalts, die der junge Heine sich gern von ihr vor= singen ließ und in seiner allen grellen Kontrasten zugewandten Phantasie weiter ausgestaltete. Heine hat dieser Liebschaft in seinen „Memoiren" gedacht; Wahrheit wird hier mit Dichtung versetzt sein, wie denn fast jede persönliche Erfahrung von Heine als Grundlinie phantastischer und humoristischer Arabesken benutzt wurde.

II.

Frankfurt a. M. — Hamburg — Bonn — Göttingen.

(1815—1821.)

Als sich im Frühjahr 1815 die oberste Klasse des Gymnasiums infolge der kriegerischen Zeitläufte auflöste, bestimmte Betty Heine — der Vater scheint bei solchen Entschließungen wenig in betracht gekommen zu sein — den Sohn für den Kaufmannsstand. Ein unglücklicherer Be= schluß konnte nicht gefaßt werden; den leidenschaftlichen, reizbaren und haltlosen Jüngling auf eigene Füße stellen, seinen phantasievollen Geist zu einer Beschäftigung anhalten, die seiner ganzen Anlage so fern wie nur möglich war, hieß ihn dem Verderben aussetzen. Die Eltern sandten den Sohn in die Kämpfe des Lebens — er kehrte nicht als Sieger zurück.

Noch im Frühjahr 1815 reiste Samson mit dem Sohne nach Frankfurt am Main, wo Heinrich bei dem Bankier Rindsfleisch als Volontär das Wechselgeschäft erlernen sollte. Aber bei Rindsfleisch sowohl wie kurz darauf in einem Kolonialwaren=Geschäft erzielte er so geringe Erfolge, daß er nach einem zweimonatlichen Aufenthalt in der alten Krönungs= stadt nur wußte, „wie Wechsel ausgestellt werden und Muskatnüsse aus= sehen". Dagegen lernte er auf langen Streifzügen Frankfurt nach innen

und außen genau kennen und — hassen. Ueberall sah er nichts wie die
unablässige, fieberhafte Jagd nach Gewinn, die Abwesenheit jedes höheren
Geistesflugs und die geringste Achtung vor der Poesie. Die widerwärtigen Gestalten, die ihm in der Judengasse entgegentraten, der ihnen
anklebende Schmutz, die Verachtung, mit der man ihnen allenthalben
begegnete, stärkten seine geringe Liebe zur jüdischen Rasse nicht und er-
füllten ihn mit Ingrimm gegen Verhältnisse, die eine solche Erniedrigung
bedingten. In dem Fragment: „Der Rabbi von Bacharach" hat er später
die im Judenquartier gesammelten Anschauungen poetisch verwertet.

Heine kehrte in das elterliche Haus zurück in der sicheren Erwartung, daß nach diesem gänzlich fehlgeschlagenen Feldzuge in den
Diensten Merkurs seine Eltern ihm seinen Wunsch, eine gelehrte Laufbahn einzuschlagen, gewähren würden. Aber in der Bolkerstraße hatte
sich inzwischen durch die schlechten Zeitverhältnisse und schwere ge-
schäftliche Verluste die Stimmung sehr zu seinen Ungunsten geändert.
Der Sohn wurde ungnädig empfangen und nach einer Beratung mit
dem einflußreichen Bruder Samsons in Hamburg, dem mehrfachen
Millionär Salomon Heine, im Sommer des folgenden Jahres nach
Hamburg gesandt.

Heine arbeitete zunächst im Kontor seines Onkels; 1818 aber er-
öffnete er mit den ihm von diesem zur Verfügung gestellten Mitteln
unter der Firma „Harry Heine u. Komp." ein Kommissionsgeschäft.
Kaum zwanzig Jahre alt, stand er mitten im Strudel eines wilden,
verführerischen Lebens. Anfänglich fand er Anschluß in der Familie seines
Onkels, der ihn sehr wohlwollend aufgenommen hatte. Indessen gefiel
dem jungen Manne die „geschniegelte" Gesellschaft nicht, die in den
eleganten Salons seines „millionärrischen" Onkels verkehrte. Hamburg
sprach ihn noch weniger an als Frankfurt, und die Gründe waren die
gleichen. „Es ist ein verludertes Kaufmannsnest hier; Huren genug,
aber keine Musen," schreibt er am 6. Juli 1816 an Sethe. Aehnliche
Ansichten entwickelte er noch oft in breiterer, witziger Ausführung (IV,
97/106).

In dieser Zeit tritt seine jugendliche Verehrung der katholischen
Kirche stärker hervor. In dem höchst bezeichnenden Briefe Heines vom
27. Oktober 1816 an Sethe heißt es: „In religiöser Hinsicht habe ich
dir vielleicht bald etwas sehr Verwunderliches mitzuteilen. Ist Heine
toll geworden? wirst du ausrufen. Aber ich muß ja eine Madonna
haben. Wird mir der Himmel das Irdische ersetzen? Ich will die
Sinne berauschen: nur in die unendlichen Tiefen der Mystik kann ich

meinen unendlichen Schmerz hinabwälzen. Wie erbärmlich erscheint mir jetzt das Wissen in seinem Bettlerkleid! Was mir einst durchsichtige Klarheit schien, zeigt sich mir jetzt als nackte Blöße." Als Ergänzung dieses Gefühlsausbruches mag folgende Stelle aus den „Geständnissen" (VI, S. 66) dienen: „Nicht selten in meiner Jugendzeit überwältigte auch mich die unendliche Süße, die geheimnisvolle selige Ueberschwänglichkeit und schauerliche Todeslust jener Poesie (d. i. des kath. Kultus und Dogmas); auch ich schwärmte manchmal für die hochgebenedeite Königin des Himmels, die Legenden ihrer Huld und Güte brachte ich in zierliche Reime."

Heine scheint sich in jener Zeit mit dem Gedanken, katholisch zu werden, getragen zu haben. Aber wie in den Knabenjahren seine Neigung zur Kirche in poetischen und ästhetischen Beweggründen wurzelte, so ging sie hier aus tiefen seelischen Leiden hervor. Heine liebte Amalie — von ihm Molly genannt —, die dritte Tochter seines Oheims Salomon, und fand keine Gegenliebe, wahrscheinlich sogar schnöde Zurückweisung. Zum ersten Mal durchströmte sein ganzes feuriges Wesen eine heftige Leidenschaft, die ihn in die furchtbarste Aufregung versetzte. Er schrieb unter dem Ausbruch echtesten Schmerzes an Sethe am 27. Oktober 1816 einen konfusen Brief, der ihn unter der Schwere unerwiderter Leidenschaft dem Wahnsinn nahe zeigt. Vielleicht kam noch ein körperliches Leiden hinzu, das seine verzweifelte Stimmung auf die Spitze trieb. Elster deutet an,[1]) daß dieselbe geheime Krankheit, die später Heines Ausschließung aus der Göttinger Burschenschaft veranlaßte, möglicherweise auch der Grund war, weshalb seine Bewerbung um die Hand seiner Cousine erfolglos blieb.

Molly, die sogar die von Heine an sie gerichteten Lieder verschmähte, heiratete am 15. August 1821 den Gutsbesitzer Friedländer. Heine hatte noch lange an seiner unglücklichen Liebe und an seinem Schmerze zu tragen und suchte das Bild des geliebten Mädchens im Taumel sinnlicher Ausschweifungen zu vergessen. „Erst der traurige Ausgang seiner Jugendliebe hat Heine zum leichtsinnigen Genußmenschen gemacht," bemerkt M. Kaufmann nicht ganz mit Unrecht dazu. Freilich hätte dieser tiefe, nie ganz überwindbare Jugendschmerz einen anderen jungen Mann mit sittlichen Grundsätzen nur geläutert; den moralisch haltlosen Heine mußte er dagegen in den Pfuhl träumerischer Verzweiflung und Selbsterniedrigung niederdrücken. Er gab sich rasch einem

---

[1]) Buch der Lieder S. XIV.

wüsten Leben hin und trank den Becher sinnlichen Genusses, der ihm in der großen Handelsstadt breitwilligst gereicht wurde, in vollen Zügen. „Mein inneres Leben," sagt er selbst in einem Briefe an Wohlwill vom 7. April 1823, „war brütendes Versinken in den düstern, nur von phantastischen Lichtern durchblitzten Schacht der Traumwelt; mein äußeres Leben war toll, wüst, zynisch, abstoßend; mit einem Worte, ich machte es zum schneidenden Gegensatz meines inneren Lebens, damit mich dieses nicht durch sein Uebergewicht zerstöre." Er handelte nach dem in seinen „Memoiren" gegebenen Rezept: „Das wirksamste Gegengift gegen die Weiber sind die Weiber" (VII, S. 510), und bewahrte infolgedessen den berüchtigten Straßen Hamburgs in seinen Werken ein freundliches Angedenken.

Bei solchem Lebenswandel, der nicht verborgen bleiben konnte, wurde das Verhältnis Heines zu seinem Onkel bald getrübt. Salomon Heine war ein guter und edler Charakter; er war gern bereit, seinen talentvollen Neffen — der ihm übrigens, von wenigen Zwischenfällen abgesehen, zeitlebens dankbar blieb — zu unterstützen und ihm die Wege zu Reichtum und Ansehen zu bahnen; aber er war eine durchaus nüchterne Natur, ein Paragraphenmensch, der nicht begreifen konnte, wie man den Feuerkopf von Neffen erziehen müsse, und der es diesem nicht verzieh, daß er, anstatt fein säuberlich seinen Geschäften nachzugehen, heimlich Gedichte machte und diese sogar, wenn auch unter falschem Namen, veröffentlichte — noch dazu Gedichte, die seiner Tochter Molly galten. Sein Interesse für den Neffen erkaltete und ward durch die Zuflüsterungen seiner beiden Schwiegersöhne — wie Heine behauptet — auf den Nullpunkt gebracht.

All' diese bitteren Erfahrungen und widrigen Verhältnisse hielten den jungen Dichter lange in einer düsteren Stimmung, die sich in seinen in „Hamburgs Wächter" unter dem grotesken Pseudonym „Sy Freud-hold Riesenharf" (zusammengesetzt aus: Harry Heine, Düsseldorf) im Februar und März 1817 veröffentlichten Gedichten kundgibt. Er-innerungen aus Sefchens und aus E. Th. A. Hoffmanns gespenstischen Erzählungen verbinden sich in ihnen mit den Klagen unglücklicher Liebe. Es sind die Gedichte: „Ein Traum, gar seltsam schauerlich", „Es treibt mich hin, es treibt mich her", „Der Zimmermann", und von den Ro-manzen: „Die Weihe", „Die Biene", sowie „Die Romanze vom Rodrigo" (später „Don Ramiro" betitelt). Die „schauerliche Todeslust", die Heine im katholischen Kultus gefunden haben wollte, durchweht auch die meisten dieser nicht unbedeutenden Gedichte. Er offenbart hier — wie auch in seinen Briefen aus Hamburg — eine hoffnungslose Stimmung, die nicht geheuchelt erscheint; noch begegnet uns nirgend ein frivoler Witz und noch hebt zynische Selbstverspottung die Wirkung der Gedichte nicht auf.

Im Sommer 1819 war Heine genötigt, sein Geschäft zu liquidieren. In Hamburg hatte er nur gelernt, wie man sein Leben vergeudet, und über allen Zweifel bewiesen, daß von berechnendem Handelsgeist nicht einmal die geringe Begabung des Vaters auf ihn übergegangen sei. Stärker als je erwachte in ihm die Sehnsucht, sich dem Studium zu widmen. Ohne Onkel Salomon ging das allerdings nicht. Der gutmütige Millionär ließ sich erweichen und versprach, „dem dummen Jungen" für ein dreijähriges Studium der Rechtswissenschaft die nötigen Gelder vorzustrecken, wenn dieser sich verpflichte, den Doktorgrad zu erwerben und sich dann in Hamburg als Advokat niederzulassen.

Am 11. Dezember 1819 wurde Heine in Bonn als Stud. jur. et cameral. immatrikuliert. Er hörte juristische und geschichtliche Kollegien, namentlich aber August Wilhelm v. Schlegels Vorlesungen über die Geschichte der deutschen Sprache und Literatur. Seine sämtlichen Professoren bekundeten ihm rühmlichen Fleiß in den Studien;[1]) und der Rektor Augusti bescheinigte ihm am 14. September 1820,[2]) sein sittliches Betragen sei stets untadelhaft gewesen. Die Tollheiten des Studentenlebens liebte Heine nicht; sie zu entbehren, wurde ihm um so leichter, als er Bier und Tabak verabscheute, und Kopfschmerzen ihn zu häufiger Zurückgezogenheit zwangen. Indessen zeigt sich in seinen von Bonn aus geschriebenen Briefen bereits ein Anfang von häßlich-frivoler Schreibweise. (Brief an Beughem 15. Juli 1820.)

Dem vom Onkel vorgeschriebenen Brotstudium widmete Heine weniger Zeit und Fleiß als der schönen Literatur, der er in Bonn näher stand als in Düsseldorf und Hamburg. Wilhelm v. Schlegel, der damals seine ästhetischen Hauptwerke bereits geschrieben hatte und als berufener Wortführer der romantischen Schule auf dem Höhepunkt seines Ansehens stand, übte nachhaltigen Einfluß auf ihn aus. Heine neigte durchaus zur Romantik, die damals ihre Blütezeit bereits hinter sich hatte, aber er bewahrte ängstlich seine Selbständigkeit. Die schrankenlose Herrschaft der Phantasie, mit ihrer Mondschein-, Zauber- und Gespensterwelt, das kühne Hervorkehren des Subjektiven mit hochmütiger Verachtung der „Philiströsität", der lebensvolle Inhalt der Dichtungen

---

[1]) Hüffer S. 106. — [2]) Gartenlaube 1877, S. 19.

sowie die lächelnde Selbstironie, die der Romantik eigen waren, ent-
sprachen seinen innersten Neigungen.

In einem Aufsatz, der 1820 im „Kunst- und Wissenschaftsblatt"
des „Rheinisch-Westfälischen Anzeigers" zu Hamm erschien (VII, S. 150),
warf er sich sogar zum Verteidiger der Romantik auf, die von
W. v. Blomberg angegriffen worden war. Er führt kurz aus, wie die
romantische Poesie im Mittelalter entstand und in neuerer Zeit wieder
aufblühte. Er stellt für die romantische Dichtung die von ihren Vertretern oft genug vernachläßigte Forderung auf, daß sie in bestimmten
Umrissen zeichne, daß sie plastisch schildere. In diesem Satze zeigt sich
schon der Gegensatz Heines zu den ihm sonst verwandten Dichtern der
romantischen Schule. Zu den größten Romantikern zählt nach seiner Ansicht Wilhelm v. Schlegel, den er ungeniert neben Goethe stellt. Ganz
entschieden verwahrt er sich gegen jene Romantik, die mit den Äußerlichkeiten des Christentums spielte. Er meint sogar, Christentum und
Rittertum seien nur Mittel gewesen, um der Romantik Eingang zu verschaffen. „Kein Priester braucht noch geweihtes Oel hinzuzugießen, und
kein Ritter braucht mehr bei ihr die Waffenwacht zu halten. Deutschland ist jetzt frei, kein Pfaffe vermag mehr die deutschen Geister ein-
zukerkern, kein adeliger Herrscherling vermag mehr die deutschen Leiber
zu Frohn zu peitschen, und deshalb soll auch die deutsche Muse wieder
ein freies, unaffektiertes, ehrlich deutsches Mädchen sein." (VII, S. 150.)
Heine hat, wie man sieht, seine katholisierende Periode bereits hinter
sich; die angebliche „schauerliche Todeslust" der katholischen Kirche und
die blassen Entsagungsgefühle, die ihn einst so unendlich anzogen, sind
einer kampfesfrohen Stimmung gewichen, die das banale: „Wider
Pfaffen und Junker" zu ihrem Feldgeschrei machte.

Schlegel, der nie ein echter Romantiker, wie sein Bruder Friedrich,
Novalis und Brentano, war und vom Katholizismus sich nicht einmal
Äußerlichkeiten angeeignet hatte, nahm die Huldigungen seines jungen
Verehrers dankbar hin, prüfte dessen dichterische Arbeiten und ermunterte
ihn zu weiterem Schaffen. Selbst ein Meister der poetischen Form und
die schöne Hülle fast höher schätzend als den Inhalt, hielt er seinen
jungen Freund an, seine dichterischen Erzeugnisse mit der peinlichsten
Sorgsamkeit zu feilen. In Schlegels Werkstatt lernte Heine, seinen
kleinen Gedichten durch mühselige Polierarbeit jene Glätte zu geben, die
Eingebung des Genius zu sein scheint. Hier machte er sich selbst zum
strengen Gebot, was er seinem Freunde Steinmann am 29. Oktober
1820 riet: „Schone nicht das kritische Amputiermesser, wenn's auch das

liebste Kind ist, das etwa ein Buckelchen, ein Kröpfchen oder ein anderes Gewächs mit zur Welt gebracht hat. Sei streng gegen dich selbst. Das ist des Künstlers erstes Gebot."

Heine widmete seinem Lehrmeister tiefste Ergebenheit und dichtete in jugendlicher Begeisterung drei formvollendete Sonette auf ihn. Dreizehn Jahre später warf er selbst sein Götzenbild vom Altar.

Mit studentischen Altersgenossen unterhielt Heine nur knappen Verkehr. Den Juden stand er gänzlich fern; mit ihnen knüpfte er überhaupt nur dann Verbindungen an, wenn sie reiche, angesehene oder gelehrte Leute waren. Es wurde ihm nicht leicht, sich Freunde zu erwerben, weil er nicht gern aus sich herausging, über sein eigentliches Wesen beständig mit witzelnden Bemerkungen täuschte und als Jude in studentischen Kreisen nur schwer Aufnahme fand. Wolfgang Menzel erzählt[1]) von ihm, er sei fabelhaft häßlich und aufbringlich gewesen und viel verspottet worden; doch habe man ihn seines Geistreichtums wegen auch geschätzt.

Die wenigen Freunde indessen, die Heine in Bonn besaß und noch einige Jahre festzuhalten wußte, gereichten ihm zur Ehre. Christian Sethe, den er in mehreren Sonetten besang, blieb auch hier sein Mentor und rückte zum gelegentlichen Säckelmeister auf. Sehr eng schloß sich Heine auch an den gläubigen Katholiken, den eifrigen, aber mittelmäßigen Dichter Joh. Bapt. Rousseau an, der dem Charakter Heines noch 1834[2]) ein sehr günstiges Zeugnis ausstellte, sowie an Karl Simrock. Unverdrossen feilte er an kleinen Liedern und arbeitete während der Sommerferien 1820 an einer Tragödie „Almansor", sowie an Uebersetzungen aus Byrons Werken.

Trotz seines geringen Verkehrs konnte er der burschenschaftlichen Bewegung sich nicht entziehen, die damals in der Musenstadt in hoher Blüte stand. Zu ihr zog ihn seine Neigung zur Opposition gegen alle Zustände, die die Freiheit des Denkens und Handelns zu hemmen geeignet waren. Mit der Tendenz der Burschenschaften, dem stillen Kampf gegen die Engherzigkeit der Regierungen war Heine einverstanden. Sein Haß gegen die bestehenden Verhältnisse, längst geweckt durch das Gefühl, einer niedergehaltenen Rasse anzugehören, fand einen energischen Ausdruck in dem hier entstandenen Gedicht „Deutschland" (II, S. 159). Die Aeußerlichkeiten der Burschenschaften in Kleidung und Benehmen machte er, der stets modisch gekleidet einherging, nicht allein nicht mit,

---

[1]) Erinnerungen S. 143. — [2]) Kunststudien S. 242.

sondern sie lieferten seiner scharfen Beobachtungsgabe reichlichen Stoff
zu boshaften Bemerkungen.   In eine der vielen gegen Studenten er-
hobenen Untersuchungen, die ihm wegen ihrer kleinlichen Nörgeleien un-
vergeßlich blieb,[1] wurde er als Zeuge verwickelt.

Nach Ablauf der Sommerferien 1820 sah Heine plötzlich ein, daß
Bonn doch nicht der geeignete Ort sei, um sich dem Brotstudium gründlich zu widmen.   Er verließ die heitere Musenstadt und wendete sich
nach kurzem Aufenthalt in Düsseldorf, den ganzen weiten Weg in einer
genußreichen Fußwanderung zurücklegend, der ernsten Georgia Augusta
in Göttingen zu, wo er am 4. Oktober immatrikuliert wurde.   Schon
nach drei Wochen erschien ihm die hier vorgetragene Gelehrsamkeit unsäglich langweilig und unfruchtbar; der unter den Studenten herrschende
„steife, patente und schnöde“ Ton (Brief an Steinmann vom 29. Oktober
1820) ärgerte ihn und zwang ihn zur Abgeschiedenheit, die allerdings
„das Ochsen“ erleichterte; sein Haß gegen die bevorrechteten Stände
fand durch die Ausnahmestellung der adeligen Studenten — „patente
Pomadehengste“ nennt er sie am 9. November — neue und reiche
Nahrung.   Er gewann einen allerdings gemäßigten und ideal ver-
anlagten Gesinnungsgenossen an dem Westfalen Benedikt Waldeck, dem
späteren angesehenen Volksmann, der damals eine Revolution für kein
großes Uebel hielt, wofern durch sie nur eine tüchtige Reform erreicht
werde.[2]   Intim wurde sein Umgang indessen weder mit Waldeck noch
mit anderen Studenten, dagegen unterhielt er eifrigen Briefwechsel mit
seinen früheren Freunden.

Die Freude am Studium der Rechtswissenschaften hatte auch hier
nur kurzen Bestand; er hörte nur das altdeutsche Kollegium, sowie
Sartorius' Vorlesungen über deutsche Geschichte regelmäßig, dichtete und
feilte aber unermüdlich und brachte auch den „Almansor“ um ein Stück
weiter.   Ueber seine sonstigen Liebhabereien gibt das, nach Hessels Fest-
stellung[3] in Göttingen entstandene Gedicht: „Auf den Wellen Sala-
mancas“ (I. S. 131) genügende Aufklärung.

Bald nahm sein Aufenthalt in der durch ihre „Würste und Universität“ berühmten Stadt ein jähes Ende.   Er forderte am 2. Dezember
1820 einen Studenten Namens Wiebel, der ihn schwer beleidigt hatte,
auf Pistolen und ward, obgleich das Duell nicht stattfand, am 23.
Januar 1821 auf ein halbes Jahr von der Universität verwiesen.   Seine

---

[1] Hüffer S. 74 f.
[2] Briefe und Gedichte S. 9. — [3] Burschenschaftl. Blätter 1888. Nr. 9, 10.

Abreise konnte er indessen wegen der schon oben angedeuteten häßlichen Krankheit, die seine Ausstoßung aus der Burschenschaft zur Folge hatte[1]), erst Ende Februar bewerkstelligen. Er verließ die Stadt mit einem tiefen Haß gegen alles, was mit ihr zusammenhing, namentlich aber gegen die Göttinger Professoren, deren angebliche Geistesarmut und Gelehrtendünkel er noch häufig geißelte.

III.

Berlin. (1821—1823.)

In Berlin, wo er am 4. April 1821 in der juristischen Fakultät immatrikuliert wurde, lernte Heine die politischen Zustände Preußens, die er in Bonn nur wie durch ein Fernglas hatte betrachten können, in der nackten Wirklichkeit kennen. Die politische Verfolgungssucht gegen alle freien Bestrebungen stand in Blüte. Die Presse, selbst die schönwissenschaftliche, seufzte unter dem Druck einer strengen Zensur. Der Buchhandel war durch drückende Bestimmungen eingeengt; die Leihbibliotheken waren gezwungen, ihre Verzeichnisse einzureichen. Wie es den burschenschaftlichen Vereinigungen erging, ist sattsam bekannt. In den Gesellschaften waren politische Gespräche durch stille Verabredung ausgeschlossen, weil keiner dem anderen traute und man das dionysische Ohr fürchtete.

Welch ein Geist sich in solcher Zwangslage ausbilden mußte, läßt sich denken: politische Heuchelei und niedrige Kriecherei nach außen, nach innen ohnmächtiges Zähneknirschen und giftige Medisance. Die gebildete Bevölkerung suchte in Literatur, Musik, Theater und rauschender Geselligkeit Unterhaltung, und zerfleischte einander in eng geschlossenen Kliquen.[2]) Ueberall feierte die Mittelmäßigkeit ihre Orgien. Ueber die Bühne schritten nicht mehr die Helden Schillers, der vor erst sechzehn Jahren gestorben war, sondern die lungenstarken Pygmäen Raupachs und Houwalds; die Oper mit glänzender Ausstattung und magerm Inhalt drängte das Interesse am Schauspiel zurück. Den Büchermarkt versorgten unter Claurens Anführung Talente dritten Ranges, deren Fruchtbarkeit vom Lesehunger des Publikums noch weit übertroffen wurde.

---

[1]) Goedeke III, S. 489. — [2]) Treitschke III, S. 481.

Indessen gab es in der Residenz noch kleine schöngeistige Gemeinden, die mit dem Alten von Weimar Götzendienst trieben. Der bedeutendste dieser Kreise bildete sich um Rahel, die leidenschaftliche Gemahlin Varnhagens von Ense; dort fand Heine als Landsmann des Hausherrn — Varnhagen war ebenfalls in Düsseldorf geboren —, gestützt auf gute Empfehlungen, Aufnahme.

Varnhagen, damals den Vierzigern nahe, war ein fein gebildeter Mann, ein eifriger Förderer dichterischer und künstlerischer Bestrebungen und ein geschmackvoller Schriftsteller auf historisch-biographischem Gebiete. Zu seinen Lebzeiten trat er als einer der Zahmen auf. Nach seinem Tode gestatteten seine bänderreichen Aufzeichnungen Einblicke in einen Charakter, der dem herrschenden Regime Verbeugungen machte, innerlich aber von ingrimmigem Haß und giftiger Spottlust beseelt war.

Seine Frau, Rahel, von Geburt Jüdin, war eine anmutige, aber nicht schöne Erscheinung; ihr geistsprudelndes, pikantes, aber unklares Wesen fesselte selbst hervorragende Männer. Als Varnhagen sie heiratete (1813), hatte sie ein bewegtes, von fast toll zu nennender Liebesleidenschaft häufig zerrissenes Leben hinter sich. Schmidt-Weißenfels[1]) sagt in bekannter Manier von ihr: „Als Muster wollen wir diesen Wechsel gewaltiger Herzensstürme nicht aufstellen. Aber Genialitäten wie die Rahels bilden eben Ausnahmen, und man darf sie nicht mit dem Maßstab der Durchschnitts-Philisterhaftigkeit messen wollen."

Rahels Weltanschauung war die freieste. Sie betrachtete den Menschen lediglich als ein Naturprodukt. „In der sittlichen Welt ließ sie allein die Willkür des persönlichen Gefühls gelten. . . . Vaterland und Kirche, Ehre und Eigentum, alles erlag ihrer zersetzenden Kritik."[2]) Sie schwärmte für die Emanzipation der Frauen im weitesten Sinne. Daß bei Umgestaltung der menschlichen Gesellschaft der Zwang der Ehe aufgehoben werden müsse, war für sie selbstverständlich; wir finden dies Streben bei solchem Ideengang immer wieder. Wie Rahel, so dachte im wesentlichen auch ihre Gesellschaft. Durfte es doch Heine wagen, Friederike Robert, der schönen Frau von Rahels Bruder, und Rahel selbst am 22. Dezember 1829 sein höchst unsauberes Buch über Platen zu senden. Männer wie Chamisso, Fouqué und Willibald Alexis (Häring), mit denen Heine dort bekannt wurde, müssen wir natürlich ausnehmen, während der Philosoph Schleiermacher, der Verfasser der berüchtigten Briefe über Friedrich Schlegels noch berüchtigtere

---

[1]) Gartenlaube 1878, S. 48. — [2]) Treitschke IV, S. 428.

„Lucinde", an Frau Rahels kühnem Weltsystem gewiß mitzuarbeiten
bereit war.

Ein anderer Kreis schöngeistiger Personen, in dem Heine Zutritt
fand, versammelte sich in dem Hause der Frau von Hohenhausen. Hier
lag man vor dem „Dichter des Weltschmerzes", Byron, wie Rahel und
ihre Jünger vor dem „Gott" in Weimar, auf den Knien. Hier traf
Heine neben dem Dichter Gotthilf August von Maltitz und dem Maler
Wilhelm Hensel — dem Bruder der Dichterin Luise Hensel — einige
bedeutende Männer jüdischer Abstammung, wie den Rechtsgelehrten
Gans und den Philosophen Benbavid.

Bei Rahel und Varnhagen fühlte sich Heine am meisten heimisch;
beide nahmen sich des jungen Mannes, der, wie sie, gern bereit war,
den philiströsen und „große Geister" beengenden Verhältnissen den Krieg
zu erklären, freundlich an und übten auf die Entwicklung seiner Weltanschauung bedeutenden Einfluß aus. Auch machten sie ihn mit einflußreichen Männern bekannt und förderten ihn in seinen dichterischen
Arbeiten. Besonders wertvoll für Heine ward die Bekanntschaft mit
dem Herausgeber der angesehenen Zeitschrift „Der Gesellschafter",
F. W. Gubitz, der dem jungen Dichter in liebenswürdiger Weise ent-
gegenkam und gern seine Zeitschrift zur Wiege der Heineschen Gedichte
machte.

Ueber die Rolle, die Heine in jenen Kreisen spielte, gehen die Ansichten weit auseinander. Die Prinzessin della Rocca, die ihren Onkel
in kindlicher Naivetät verehrt, schreibt mit offenbarer „poetischer Freiheit"[1]): „Seine satirische Art, zu plaudern, seine ironischen Bemerkungen
machten ihn zum Mittelpunkte der Gesellschaft." Strodtmann ist bei
weitem nicht so enthusiastisch. Ein Mitglied der Varnhagenschen Tafel-
runde berichtet in Westermanns Monatsheften[2]): „Heine war in unserem
Kreise einer der Jüngsten, jedoch ohne jugendliche Heiterkeit und Frische.
Ein körperlich frühverwelkter,[3]) geistig blasierter Jüngling, galt von ihm,
daß er weniger durch eigenen Witz, als vielmehr anderen zur Zielscheibe
des ihrigen dienend, zur Erheiterung beitrage; namentlich verfolgte ihn
Eduard Gans mit schneidendem Hohn und erlaubte sich mit Heines
Eitelkeit und Lüsternheit manch' kühnen Scherz. Sein Benehmen in
Gesellschaft war meist stumm, zurückgezogen und ironisch beobachtend,
um sodann plötzlich durch dazwischen geworfene Witzworte und Bemer-

---

[1]) Erinnerungen S. 63. — [2]) Bd. 5, S. 261.
[3]) Gubitz (II, 261) bestätigt, daß dem abgemagerten Gesicht Heines die Spuren
frühzeitiger Genüsse nicht mangelten.

tungen die allgemeine Aufmerkſamkeit auf ſich zu lenken und womöglich eine gewaltige Aufregung in der Geſellſchaft zu verurſachen. Die Ver- ſuchung hierzu übte einen unwiderſtehlichen Kitzel auf ihn aus, und er erlag ihr ohne Scheu und Rückſicht. Seine hohe dichteriſche Begabung wurde ſchon damals in unſerem Kreiſe anerkannt, obgleich es nicht an Stimmen fehlte, die über den Wert der Früchte ſeines Genius bei einem gewiſſen Mangel an ſittlicher Haltung und Würde Bedenken äußerten."

Heine war indeſſen weit davon entfernt, nur in ſolchen geſchmack- voll äſthetiſchen Kreiſen ſich zu bewegen. Er durchſchwärmte, [1]) ſeinen Hamburger Gewohnheiten getreu, häufig die Nächte auf den Redouten des Opernhauſes, wo die „Prieſterinnen der ordinairen Venus", ſo ſagt er ſebſt in den Berliner Briefen, „Erwerbs-Intriguen anknüpften", oder in einer Gemeinſchaft toller Geſellen, Studenten und Dichter, die allabendlich im alten Kaſino in der Behrenſtraße oder in der berühmten Weinſtube von Lutter und Wegener zuſammenkamen. — Da waren E. T. A. Hoffmann, Ludwig Devrient, Ludwig Robert u. a. Der Ausgelaſſenſte von allen war Grabbe, der Dichter „mit dem Kainsſtempel göttlichen Wahnſinns an der Stirn", deſſen zyniſcher Humor oft genug an Verrücktheit grenzte. Bei den Zuſammenkünften dieſer jungen Stürmer und Dränger ging es ſauber zu. „Da wurden", erzählt Ziegler in ſeinem „Leben Grabbes", [2]) „kleine (!) literariſche Boshheiten aus- gehe̜ckt; heute ward für die Juden geſchrieben, morgen wurde ein eitler jüdiſcher Komponiſt im Scherz mit einer ſcharfen Kritik bedroht und gab im Ernſt einige Louis her, die man in wilder Luſt verjubelte. Einmal, in einer katzenjämmerlich trüben Stimmung, fiel es ſogar mehreren Mitgliedern der Geſellſchaft ein, fromm und katholiſch werden zu wollen, und in launigem Uebermut ward ein Schreiben an Adam Müller abgefaßt, der indes nicht darauf antwortete. Eine hübſche Brünette bereitete und kredenzte den Punſch und wurde belohnt mit Gedichten und Küſſen."

In dieſer Umgebung vervollkommnete Heine ſich in der „Kunſt", die heiligſten Ueberzeugungen in ſaftigen Witzen zu verhöhnen, die ge- ſchlechtlichen Beziehungen zur Zielſcheibe zyniſcher Beobachtungen und Betrachtungen zu machen. Hier traf er die Geſellſchaft, deren Mit- glieder ſich nach ſeinem eigenen Ausdruck nur verſtehen konnten, wenn ſie im Kot ſich zuſammenfanden.

---

[1]) Strodtmann I, S. 169. — [2]) S. 48.

Uebrigens wurde Heine auch hier nicht geschont; namentlich traf ihn der angriffslustige Grabbe häufig mit seinen grotesken Witzen. Gewiß wird Heine ihm gedient haben, vielleicht mit denselben Waffen, denn Grabbe behauptete,[1] er sei nicht ohne Einfluß auf Heines witzige Manier geblieben.

Endlich kam Heine in Berlin auch mit wissenschaftlichen jüdischen Kreisen in Berührung. Die Juden, namentlich die Berliner, befanden sich in jener Zeit in einem Zustande der Gärung. Die gebildeten Israeliten neigten zum Indifferentismus, ja, manche hervorragende Persönlichkeit trat zum christlichen Glauben über, was einem Gegner des Christentums, wie Heine es geworden war, sehr mißfiel. Die Juden des mittleren Standes — von den Angehörigen des unteren ganz abgesehen — hielten sich auf einer Bildungsstufe, die sie vom geselligen Verkehr in höheren Kreisen ausschließen mußte. Männer wie Gans, Bendavid, Zunz u. a. suchten nun eine Reform des Judentums anzubahnen, es den Anforderungen der Zeit entsprechend umzugestalten und zu erheben, sowie die jüdische Religion vernunftmäßig auszubauen. Sie zogen auch Heine in die Bewegung, und er wohnte den Sitzungen eines zu diesem Zweck von Gans und Zunz gebildeten Vereins häufig bei, ohne sich tiefer in die Sache einzulassen. Die religiöse Seite der Bewegung interessierte ihn nicht allein nicht, er verabscheute sie sogar. (Brief an Moser vom 23. August 1823.) Er wollte lediglich helfen, die soziale Stellung der Juden zu verbessern, da der Erfolg dieser Bestrebungen auch ihm zugute kommen mußte. Und er hatte ihn nötig, da ihm als Juden die Bekleidung vieler Stellen versagt war. Die 1823 erfolgte Aufhebung des Edikts vom 11. März 1812, das den Juden eine gewisse Gleichberechtigung versprach, zerstörte seine Zukunftspläne und erfüllte ihn wie andere seiner Glaubensgenossen mit Haß gegen den Staat, in dem er lebte „Alles, was deutsch ist," schreibt er an Sethe, „ist mir zuwider. Alles Deutsche wirkt auf mich wie ein Brechpulver. Die deutsche Sprache zerreißt mir die Ohren."

In gleichem Maße wuchs sein Haß gegen die christliche Religion, deren Bekenner in sozialer Beziehung bevorrechtet waren. Einen schlagenden Beweis, wie sehr in dieser Hinsicht der Verkehr mit den Reformjuden und die Aufhebung des Edikts auf ihn wirkte, haben wir in seinem Briefe an Wohlwill vom 1. April 1823. Er äußert sich dort über die jüdische Bewegung in hoffnungsloser Weise und fügt die rohen Sätze

[1] Ziegler, S. 49.

hinzu: „Der endliche Sturz des Christentums wird mir täglich ein-
leuchtender.   Es gibt schmutzige Ideenfamilien, welche in den Ritzen
dieser alten Welt, der verlassenen Bettstelle des göttlichen Geistes, sich
eingenistet, wie sich Wanzenfamilien einnisten in der Bettstelle eines
polnischen Juden.   Zertritt man eine dieser Ideenwanzen, so läßt sie
einen Gestank zurück, der jahrtausendelang riechbar ist.   Eine solche ist
das Christentum, das schon vor achtzehnhundert Jahren zertreten worden,
und das uns armen Juden seit der Zeit noch immer die Luft ver-
pestet.“

Die Reformjuden, namentlich Gans, ein Anhänger der Hegelschen
Philosophie, wiesen Heine auf Hegel, die Berliner Pythia, hin.   Heine rühmt
sich, dem damals hochangesehenen Philosophen nahegetreten zu sein.   Er
hielt ihn in jener Zeit für den größten seiner Zunft und schwor auf sein
Wort, wie so viele andere.   Aus mehrfachen Anzeichen dürfen wir indessen
schließen, daß Heine von dem Hegelschen System nur wenig verstanden
hat.   Lassalle, der Hegelianer strengster Observanz war, äußerte, Heine
habe ihm bekannt, daß er von der Hegelschen Philosophie wenig be-
greife, dennoch sei er überzeugt gewesen, daß diese Lehre den wahren
geistigen Kulminationspunkt der Zeit bilde.   Worin dieser nach Heines
Meinung bestand, geht uns aus seinen „Geständnissen“ (VI. S. 48)
hervor, wo er sagt: „Ich war jung und stolz, und es tat meinem
Hochmut wohl, als ich von Hegel erfuhr, daß nicht, wie meine Großmutter meinte, der liebe Gott, der im Himmel residiert, sondern ich
selbst hier auf Erden der liebe Gott sei. . . . War ich doch selber
jetzt das lebende Gesetz der Moral und der Quell alles Rechtes und
aller Befugnis.“

Die Vorlesungen Hegels besuchte Heine fleißig.   Daneben hörte er
den großen Bopp über vergleichende Sprachwissenschaft, Hagen über
altdeutsche Literatur, Wolff über altgriechische Literatur, und seinen
Freund Eduard Gans, einen eitlen Schönredner, über juristische Themata.

Von Freunden Heines ist hier noch der schöne junge polnische
Graf Eugen v. Breza zu erwähnen, dem Heine sehr zugetan war.   Er
erklärte ihn für den einzigen Menschen, mit dem sich umgehen lasse.
Die Sommerferien des Jahres 1822 brachte er auf Brezas Einladung
auf dessen Gütern in Polen zu.   Die Frucht dieses Aufenthalts war
die Schrift über Polen, die im Januar 1823 im „Gesellschafter“ zum
Abdruck gelangte.

Je länger er indessen in Berlin verweilte, desto mehr verringerte
sich sein Kreis von vertrauten Freunden.   Sein nervöses Leiden, nament-

lich sein beständiger Kopfschmerz, wurde immer quälender. Sturzbäder brachten ihm nur wenig Linderung. Langsam entwickelte sich der Wahn, überall verfolgt zu werden, ein Wahn, der sich steigerte, als er anfing, durch Offenbarung seiner politischen Ansichten Aufmerksamkeit zu erregen. Am 14. April 1822 schreibt er an Sethe: „Ich kann fast keine Nacht mehr schlafen. Im Traume sehe ich meine sogenannten Freunde, wie sie sich Geschichtchen und Notizchen in die Ohren zischeln, die mir wie Bleitropfen ins Gehirn rinnen. Des Tages verfolgt mich ein ewiges Mißtrauen, überall höre ich meinen Namen und hinterdrein ein höhnisches Gelächter." Dieselben Klagen äußert er gegen Immermann am 24. Dezember 1822. Am 21. Januar des folgenden Jahres meint er sogar, es habe sich eine Sozietät gebildet, die systematisch durch schnöde Gerüchte und öffentliche Kotbewerfung ihn in Harnisch zu bringen suche. Dieselbe Furcht, verbunden mit wildem Trotz, spricht aus den Sonetten an Sethe.

Ganz ohne Hintergrund war dieser Verfolgungswahn nicht. Sein beißender Witz verwundete häufig selbst Personen, die ihm günstig gesinnt waren. An seinen Liebesgram glaubten nur die wenigen, die ihn näher kannten, und seine Lüsternheit wurde zum Gegenstand des Gespöttes; nicht minder seine Eitelkeit, die nach glaubwürdigen Berichten einen so hohen Grad erreichte, daß er stundenlang „Unter den Linden" auf und ab ging, in der Meinung, alle Leute flüsterten sich zu: „Das ist der Dichter Heine". [1]

Der Eifer, mit dem er für seinen Freund Immermann die Reklametrommel schlug, ward ihm von eifersüchtigen Berliner Schriftstellern sehr verdacht und veranlaßte folgendes Inserat im „Freimütigen" (vom 18. Januar 1823): „Der Rheinische Künstler, Herr Heinrich Heine, der aus allzu großer Bescheidenheit mit seinem Talente nicht hervorzutreten wagt, wird von seinen Verehrern dringendst ersucht, sie durch mimisch-plastische Darstellungen aus Immermanns »Edwin« zu erfreuen." Das Inserat hat, was noch von keinem Heine-Forscher hervorgehoben ist, einen sehr starken Beigeschmack. Junker Dunst in genanntem Drama ist genau die Person, als welche Heine in gewissen Kreisen Berlins verschrien war. Er ist stark sinnlich, prahlt gern und heuchelt beständige Melancholie. „Eure Lungen," sagt Eumer zu ihm, „waren schwach geworden vom Seufzen, und eure Augen entzündet von Tränen; ich aber habe oft die Zwiebel gesehen, die ihr verstohlen ins Schnupftuch wickeltet."

---

[1] Karpeles, S. 11.

Seine Schriftstellerei vermehrte die Gegnerschaft. Vom 26. Januar bis zum 19. Juli 1822 erschienen von ihm in dem Kunst- und Wissen=schafts-Blatt des Rheinisch-Westfälischen Anzeigers „Briefe aus Berlin". An den Brief erinnernd, den Jost v. Eichenwehen in Brentanos Godwi aus der Residenz schreibt, suchen sie in buntestem Durcheinander und leichtem Plauderton ein Bild Berliner Lebens zu geben, das wohl von der scharfen Beobachtungsgabe Heines, nicht aber von seinem Talent, mit blendenden Lichteffekten zu arbeiten, Zeugnis gibt. Seine glänzende Darstellungsgabe, die Kunst, mit packenden Gegensätzen zu spielen, liegt hier noch in den Windeln. Indessen lenkten die Briefe rasch die Auf=merksamkeit auf den Verfasser, der mit lecker Hand persönliche Hiebe austeilte, ungeniert sich über Börsianer, Aristokraten, „teutsche Jünglinge" lustig machte und selbst dem Berliner Lokalpatriotismus einige un=angenehme Wahrheiten sagte. Ein Baron v. Schilling fühlte sich durch eine Stelle beleidigt und ließ Heine eine Forderung zugehen. Dieser gab, um das Duell zu vermeiden, am 3. Mai 1822 im „Gesellschafter" (VII, S. 524) eine Erklärung, daß ein Mißverständnis vorliege, das durch ungeschickte Streichungen in seinem Manuskript hervorgerufen sei. In der Befürchtung aber, diese Erklärung werde auf seinen Mut einen Schatten werfen, veranlaßte er bald darauf Gubitz, [1]) ein von Lehmann unter dem Falschnamen H. Anselmi verfaßtes Gedicht, das dem Ver=fasser der „Briefe aus Berlin" hohes Lob spendete, am 29. desselben Monats in den „Gesellschafter" aufzunehmen.

Auch sein kleines Schriftchen über Polen zog ihm Anfeindungen zu, obgleich er Licht und Schatten im polnischen Nationalcharakter gleich=mäßig hervorzuheben sucht. Von den polnischen Juden spricht er in den stärksten Ausdrücken; sie erfüllen ihn mit Ekel und Mitleid, doch gesteht er ihnen vor manchem reinlicheren und gebildeteren deutschen Juden große Vorzüge zu (VII, S. 195). Das flott geschriebene, mit manchen guten Gedanken durchsetzte Schriftchen gibt uns einige Auf=klärung über Heines politische Gesinnungen in der damaligen Zeit. Von neuem dokumentiert es seinen Haß gegen den Adel. Die Washingtonsche Freiheit ist ihm die göttliche; er schwört aber auch auf den Glaubens=artikel, daß man sich nur vor dem Könige beugen solle (VII, S. 191). Die Idee der Nationalität verwirft er und meint, jedes Volk müsse den Todeskampf der polnischen Nationalität durchmachen, „damit aus dem Tode das Leben, aus der heidnischen Nationalität die christliche

---

[1]) Dessen Erinnerungen II, 274.

Fraternität hervorgehe" (VII, S. 199). So bezeichnet das „Kind der französischen Philosophie" nämlich die von Lessing, Herder, Schiller „ausgesprochene allgemeine Menschenverbrüderung, das Urchristentum"!

Heine dichtete in seinem Zimmerchen im dritten Stockwerk der Behrenstraße 71 in Berlin eifrig und veröffentlichte viele seiner Gedichte im „Gesellschafter". Das erste, das Traumbild „Ich kam von meiner Herrin Haus" erschien in der Nr. vom 7. Mai 1821. Für eine Buch= ausgabe fand er jedoch keinen Verleger, bis sich auf Gubitz' Empfehlung die Meurersche Buchhandlung zur Uebernahme entschloß. Das Bändchen, Traumbilder, Lieder, Romanzen und Sonette enthaltend, erschien mit der Jahreszahl 1822 Ende 1821. Als Honorar erhielt der Verfasser, der mit seinen Verlagsanträgen von Weber in Bonn und F. A. Brock= haus in Leipzig zurückgewiesen worden war, vierzig Frei=Exemplare.

Die Gedichte wurden mit Beifall aufgenommen, anerkennend be= sprochen, aber auch getadelt und sogar — im „Westdeutschen Musen= almanach" — travestiert. Varnhagen lobte im „Gesellschafter" ihre Selb= ständigkeit und ihr tiefes Gefühl; Immermann hob im „Rheinisch= Westfälischen Anzeiger" ihre Lebensfrische hervor, der man anmerke, daß der Dichter alles selbst erlebt habe. Den unbedingten Lobrednern trat in demselben Journal indessen ein Kritiker scharf entgegen, der Heines großes Talent unbedingt anerkennt, aber seine ganze Weltanschauung verwirft. Auch F. H. K. de la Motte=Fouqué, der gefeierte Dichter der „Undine", befand sich damals unter den Gönnern der Heineschen Muse. Er drückte unserem angehenden Poeten in einem Gedicht seine hohe Anerkennung aus, verband aber damit die Mahnung, Heine möge sich mit seinem Gotte versöhnen. Heine, in seiner Eitelkeit geschmeichelt, dankte in herzlicher Weise, ohne sich freilich den wohlgemeinten Hinweis des gereiften edlen Mannes zu Herzen zu nehmen.

Um den Erfolg der ersten Sammlung Heinescher Gedichte begreifen zu können, müssen wir uns vergegenwärtigen, daß sie einen neuen Ton anschlugen, sowohl gegenüber der verwässerten Lyrik wie den besten Vertretern der Romantik. Sänger wie Uhland, Eichendorff, Wilhelm Müller trugen zwar in die Poesie ihre eigene Subjektivität, aber sie versteckten sich gern unter dem Mantel des Hirten, der Bluse des Wanderburschen und dem Schnürrock des Reitersmannes. Der Gehalt ihrer Lieder war ein gesundes Empfinden und sittlicher Ernst; die Aeußerungen ihrer Gefühle waren weit entfernt von wilder Leidenschaft= lichkeit. Ihr Liebesleid offenbarten sie wohl in süßen Liederchen, aber sein krankes Herz hatte eigentlich noch keiner von ihnen besungen; und fühlten sie sich abgestoßen vom rauhen Hauch der Welt, so flüchteten sie an den „Busen der Natur". Brentano trat schon lecker auf. In Heines Liedern aber zog der Dichter mit kühner Hand den Vorhang, mit dem jene die mächtigen Bewegungen des Herzens verdeckten, hinweg und stellte seine leidenschaftlich erregte, zerrissene, von Zweifeln an Gott und der Welt angefressene Seele auf das Podium der Oeffentlichkeit. Mit einem auf die Spitze getriebenen Egoismus bespiegelte er sich selbst und forderte vom Publikum lebhafte Teilnahme für den Ausdruck seines Schmerzes. Ueberall in den „Traumbildern" die Spuren der Romantik zeigend, bewies er zugleich, daß er neuen Inhalt in die alten Formen zu gießen gedenke. Er benutzte die traumhafte Szenerie, um seinem durchaus modernen Fühlen einen wirkungsvollen Hintergrund zu geben; er arbeitete mit dem Gespenster- und Mondscheinapparat der romantischen Dichter, aber er haßte alle Verschwommenheit und gab den Nebel= gestalten Arnims, Fouqués, Hoffmanns, scharfe Umrisse und plastische Formen; ebenso fern lag ihm die religiöse Schwärmerei, der auch die nicht kirchlich gesinnten romantischen Dichter huldigten.

Sein Schmerz um die Geliebte war ihm der höchste und einzige Gegenstand der Betrachtung. Ihr Bild steht stets vor seinen Augen; sie erscheint ihm im Traume, er will sie umfassen, aber sie entschwebt ihm. Mit wollüstigem Behagen versenkt er sich in die Schreckbilder des Todes und der Geisterwelt. Er sieht im Traume die schöne Maid, die ihm sein Totenkleid wäscht, ihm einen Eichenstamm zum Sarge behaut und ihm ein Grab schaufelt (Traumbilder II). Er sieht die Geliebte als Braut eines anderen am Altare und hört, wie tausend Teufel zum „Ja" des Pfarrers „Amen" rufen (IV). Oder er muß Zeuge sein, wie seine Geliebte beim Hochzeitsschmause sein eigenes Blut trinkt, und wie der Bräutigam ihm in das Herz schneidet (V). Er träumt, daß er seinem Lieb für eine einzige Nacht seiner Seele Seligkeit gegeben (VI); wie blasse Larven ihn umgrinsen, lüsterne Pfaffen mit Nonnen tanzen, während der Teufel ihn mit seinem Liebchen traut (VII). Glutvoll bricht seine Sinnlichkeit hervor, die sich allerdings noch mit dem Mäntelchen der Liebe umkleidet. Flammen, Gluten, „wildes Liebesglühn" wogen in seinem Herzen; sein „tolles Blut kocht und schäumt und gährt"; „schauernde Lust" durchdringt ihn, und sein Herz „schwimmt in einem Freudensee". Sein Haß gegen das Christentum zuckt hin und wieder wie ein Blitzstrahl aus den Wolken seiner Leidenschaft hervor. Sein Radikalismus sieht mit Entzücken, daß man jetzt das Fegfeuer statt mit Holz, mit Fürsten- und Bettlergebein in Glut versetzt (VII).

Den wüsten Inhalt seiner Traumbilder verstärkt er durch grelle Farbengebung. Er liebt die Grabesnacht, wo gräulich-schwarze Koboldhaufen (VI) und blutfinstere Gesellen (VII) gellendes Hohngelächter ausstoßen und der kalte Tod seine Küsse austeilt (V); er liebt den Kirchhof (VIII), wo schauernde Lüfte ihn umwehen, blasse Larven, „schwarze Schlingel in Feuerlivrei," Zappelbein-Leutchen im Galgenornat und Besenstielmütterchen mit tollem Rippengeklapper ihn umrasen.

Aber diese Schreckbilder sind ihm nur phantastische Arabesken um das Bild der Geliebten; Traumbilder, Lieder und Romanzen dienen ihm nur als Mittel, einerseits das Bild der Holden zu verklären, anderseits seiner Klage und seinem hoffnungslosen Schmerz über ihre Untreue Ausdruck zu geben. Sie ist ihm verloren für ewig; sie folgte einem fremden Manne als Braut, sie, die ihm Liebe heuchelte und, wie des Stromes Bild (Lieder Nr. 7), unter gleißender Oberfläche Tod und Nacht verbarg. Wahnsinn wühlt in seinen Sinnen, und sein Herz ist krank und wund. Er fühlt, wie in seinem Innern der Zimmermann den Totenschrein für ihn herrichtet, und er bittet ihn, sich zu beeilen, da er nur im Grabe Ruhe finde (Lieder Nr. 4). Er wünscht, seine schöne, treulose Herzenskönigin nie gesehen zu haben (Lieder Nr. 5); aber er grollt ihr nicht, und wenn sein Herz auch brechen sollte (jetzt Lyr. Int. Nr. 18), denn er weiß, daß gleiches Elend sie mit ihm verbindet (jetzt Lyr. Int. Nr. 19). Er möchte nur ein stilles Leben führen, da, wo ihr Odem weht (Lieder Nr. 5), und sein Büchlein soll ein Totenschrein für seine Lieder werden, in den er auch seine Liebe legt (Lieder Nr. 9). Er will nicht, daß die Geliebte ihn beklagt; sein Schmerzensleben erscheint ihm beneidenswert, da er sie im Herzen tragen durfte (Bd. II, S. 6).

Dabei verliert er aber nie das Selbstbewußtsein, und gefällt sich in eitler Selbstbespiegelung. Er ist der bleiche Knabe, dem Schmerzen und Leiden aufs Gesicht geschrieben stehen, der allen weh tut, die ihn sehen (Romanze Nr. 1); er ist Peter, der still und stumm und blaß wie Kreide umherschleicht (Nr. 4); er ist der bleiche Heinrich, bei dessen Anblick es schön Hedwig wie mit Liebesweh ergreift (Nr. 12); er ist jetzt ein bleicher Mann, der einst ein lachend munterer Knabe war, und seine Lieder sind rote und bleiche Blumen, die aus blutenden Herzenswunden (Bd. II, S. 4) hervorgeblüht sind.

Die Tendenz der Traumbilder und Lieder finden wir auch in jenen Romanzen wieder, in denen er nicht selbst der Held ist. Der Ritter sendet seinen Knecht aus, damit er erkunde, welche von König

Duncans Töchtern sich vermähle; wenn es die Blonde sei, so solle er
ihm einen Strick mitbringen (Nr. 7); Herr Ulrich leidet unter der
Untreue eines schönen Mägdeleins (Nr. 15), und ein anderer Ritter
reitet in traurig=stillem Trab dem Grabe entgegen, wo allein er Ruhe
finden wird (Nr. 2); zwei Brüder töten sich einer Dame wegen (Nr. 3),
und Don Ramiro stirbt aus Gram, weil seine Geliebte Clara einem
anderen zum Altare folgt (Nr. 9).

Es ist eine wahre Erquickung, daß der Dichter in zahlreichen
Sonetten mit mannhaften Worten die Klage des getäuschten Liebhabers
unterbricht. Allerdings artet die Mannhaftigkeit nicht selten in Renom=
misterei aus; wer zu so furchtbaren Keulen greift, um Pygmäen tot=
zuschlagen, will am Ende nur zeigen, was für ein Kerl er ist. Aber
die meisten Sonette, namentlich die an seine Mutter gerichteten, sprechen
uns an; von den neun Sethe gewidmeten sind einige sogar bedeutend
zu nennen. In ihnen allen lebt der Geist der „Reisebilder"; aber hier
kämpft der Dichter gegen den Zwang des Konventionellen mit den
Waffen eines Herkules; in den „Reisebildern" greift er zu den ver=
gifteten Pfeilen des Spottes; in den Gedichten steht Heine noch mitten
in der Empfindung, die ihn oft genug bemeistert; in den „Reisebildern"
steht er über ihr, um mit ihr zu spielen.

Das ist überhaupt der Eindruck, den die erste Sammlung hervor=
ruft: der Dichter ist noch nicht zum vollen Bewußtsein seiner Kraft
gelangt. Er verrät ein starkes Talent, aber er kann den Strom der
Gefühle noch nicht künstlerisch eindämmen und sich noch nicht los machen
von dem Einfluß seiner Jugendlektüre. In den „Traumbildern" zeigen
sich neben anderen deutlich die Reminiszenzen der Lektüre Bürgerscher
Gedichte. „Es ist nicht nur dasselbe Versmaß," sagt ein genauer Kenner
Heinescher Poesie, Karl Hessel [1]), „sondern auch inhaltlich ganz dieselbe
tolle Jagd, das Gespenstertreiben, das spukhafte, bis ins einzelne ge=
schilderte Gesindel, derselbe Bänkelsängerton, der in eilenden Anapästen
das Grausige so übergrausig darzustellen sucht, daß es geradezu ins
Gegenteil umschlägt und als Karikatur komisch wirkt, auch dieselbe
brennende, völlig sinnliche Liebesglut."

Aber ungleich größer ist der Einfluß der „Elixire des Teufels" von
E. Th. A. Hoffmann gewesen, die 1815 erschienen und großes Aufsehen
erregten. Der Raum und andere Rücksichten verbieten uns, auf mehr als

---

[1]) Zeitschrift für den deutschen Unterricht III, S. 52. Vgl. auch desselben Aufsatz in
der Köln. Ztg. 1887, Nr. 146 I.

eine Stelle aufmerksam zu machen. Den Stoff sowie Einzelheiten zu seinem sechsten und siebten Traumbild, von denen Elster meint, daß sie auf Josepha bezüglich seien, hat Heine aus den „Elixiren" entnommen. Heine beschreibt, wie unter dem Zusammenströmen des seltsamsten Gespenster= gesindels der Teufel ihn mit der Geliebten traut (VII) und wie die Geliebte, als sie ihm im Arm ruht, ihm von den Teufeln entrissen wird (VI). Medardus träumt, wie er inmitten eben solcher Gesellschaft die Geliebte umschlingt; da trennt sie der Teufel.[1]) Medardus sieht Köpfe mit Heu= schreckenbeinen, Heine „Eulengesichter mit Heuschreckengebein"; der Teufel kommt zu Heine in Drachengespann, zu Medardus auf einem geflügelten Wurm; bei Heine erschallt zu dem Hexensabbath der „Verdammniswalzer"; bei Medardus spielt ein Konzertmeister einen Walzer zu dem Gespenster= tanz; auch die Bezeichnung der Musiker als „windbürr" bei Heine ist von Hoffmann entlehnt.

Auf die leidvolle Stimmung der ganzen Sammlung, auf die Liebäugelei mit Entsagung, Tod und Grab aber hatte Uhlands gemütvolle Lyrik Einfluß, die den Gedanken ewigen Vergessens ebenfalls gern behandelt. Die den Traumbildern folgenden Lieder hätten ihre einfache und wohl= lautende Form wohl jetzt noch nicht erhalten, wenn nicht Uhland ein Lieblingsdichter des jungen Heine gewesen wäre.

So finden wir in den Gedichten zwei Strömungen: die wild=sinnliche und phantastische wird von einer sanfteren abgelöst. Dort grelle Gegen= sätze, abgeschmackte Uebertreibungen, mit dick aufgetragenen Farben, hier weiches Kolorit und einschmeichelnde Melodie. Während von den Traum= bildern und Romanzen uns nur wenige, wie „der arme Peter", „die Grenadiere", „Belsazer", zu fesseln vermögen, bringen mehrere Lieder eine anmutige Stimmung in formvollendeter Weise zum Ausdruck und lassen den künftigen Meister ahnen. Aber auch dort, wo der Dichter uns abstößt durch ungesundes Empfinden und geschmacklose Form, zeigen höchst glückliche Wendungen, treffende Bilder und packende Bezeichnungen den originellen Kopf.

Dabei steht ihm ein großer Wortschatz zur Verfügung, den er durch eigene — allerdings nicht immer glückliche — Empfindung zu vermehren sucht. Mit richtigem Takt hält er sich von schwierigen fremden Vers= maßen fern und verwendet Jambus, Trochäus und Anapäst, häufig Jambus mit Anapästen vermischt. Der Bau der Jamben= und Trochäen= strophe bekundet bereits große Gewandtheit, häufig vollendete Virtuosität.

---

[1]) S. 229.

Dagegen steht die Verwendung falscher Reime völlig im Verhältnis zu
den zahllosen falschen Reimen seiner Gedichte überhaupt.

Die wohlwollende Aufnahme seiner ersten Gedichte ermutigte Heine,
die Silberader seines Liebesschmerzes noch weiter auszubeuten. Er hatte
den Geschmack der wankelmütigen Menge, den Ton, der Tausende zur
Bewunderung hinriß, gefunden. In den Stunden, in denen die Erinnerung an seine jungen Leiden aus dem Wirbel seiner Zerstreuungen
emportauchte, warf er ein Lied um das andere auf das Papier, jedes
nur wenige Strophen lang, leicht und gefällig gebaut und fast immer
das gleiche Versmaß zeigend. Wenn die Stimmung verflogen war, begann er daran mit seiner Berechnung der zu erzielenden Wirkung unermüdlich zu feilen. Dasselbe Wort ward fünf-, sechsmal durch ein
anderes ersetzt, diese Zeile völlig umgestaltet, jene an eine andere Stelle
gebracht. Aber trotz der artistenhaften Sorgfalt, mit der er seine Diamanten zuschliff, sind die Gedichte im vollsten Sinne Gelegenheitsgedichte.
Unmittelbar aus den rasch wechselnden Gefühlen, Empfindungen und
Eindrücken der sensitiven Psyche des Dichters herausgeboren, spiegeln
sie unmittelbar die Heinesche Natur mit all ihren Widersprüchen, dem
ewig Wechselnden ihres Ausdrucks, ihrem dichterisch Hohen und menschlich Niedrigen wider, und das viel besser, als je die eingehendste Biographie die Persönlichkeit des Dichters klar machen könnte. Heine war
ein großer Poet, der die überkommenen Formen der Romantik und des
Volksliedes mit souveräner Beherrschung zum geschmeidigen Werkzeuge
seiner dichterischen Psyche umschuf. Aber er hatte in die silbernen
Schalen dieser Form keinen kongenialen Inhalt zu geben. Ihm fehlte
die innere Harmonie; eine von Zweifeln zerrissene Seele, ein krankhaft
nervöser Organismus, ein skeptischer Geist sind keine idealen Vorbe-
dingungen zur Hervorbringung eines dichterischen Kunstwerks, dessen
Wert auf der Einheit und Stärke der übermittelten Stimmung beruht.
Heines dichterische Begeisterung ist zwar echt; und wenn der bessere
Teil seiner Natur, sein poetisches Ich, ihn beherrscht, dann sind die Ausbrüche schwärmerischen Gefühls stark, ja nicht selten hinreißend, und
überraschen den Leser durch zahlreiche lyrische Perlen von berauschendem
Glanze. Aber nicht allzuoft erhebt sich das Gefühl zu schöner Flamme,
an der eignen krankhaften Intensität verflackert es nur gar zu rasch,
und der Dichter, der keine Beständigkeit der Gefühle kennt, legt die
ätzende Sonde kritischer Selbstanalyse, die sein scharfer Verstand ihm
reicht, wider Willen in sein wundes Herz und stellt da mit bitterer
Ironie fest, was an Eitelkeit, Falschheit, Gefühlsduselei, Täuschung

in seinen schönsten Regungen lag. Seine Lyrik teilt das Schicksal der
sinnlichen Liebe, der sie geweiht ist. Sie findet die Schmeicheltöne zärt=
licher Liebe und strömt in Glutstrophen leidenschaftlichen Verlangens
über. Die Ungeduld der Erwartung steigert die Begierde, das Gehirn
schwelgt in fiebernden Phantasien und aus selbstquälerischem Schmerz windet
sich wollüstiges Verlangen los. Ist der Genuß aber erreicht, so stellt der
Getäuschte seine Sättigung, seinen Ekel mit beißender Ironie, mit em=
pörendem Zynismus fest. Und Herz und Mund des Dichters sind voll
Oede und bitteren Geschmacks von dieser vergifteten Liebe. Ein Sehnen
nach Reinheit erfaßt den Dichter dann manchmal im Herzensgrunde.
Aber zu tief ist der haltlose Mann mit der verderbten Venus verkettet,
und das grausame Spiel beginnt stets von neuem. Ein schwärmerisches
Gefühl stürmt wieder über die Schwelle seines Bewußtseins herauf,
die Gestalt der verlorenen, ungetreuen oder verratenen Geliebten tritt vor
seine Seele; aber gleichzeitig hält ihm sein skeptischer Verstand auch schon den
Spiegel vor, in dem er eine Fratze seiner Leidenschaft sieht. Und dieser
innere Zwiespalt löst sich in einem gellenden Hohnlachen oder einer
Gebärde verzweiflungsvollen Schmerzes aus, die die träumerische Poesie
oder das edle, schöne Gefühl eines Gedichtes nicht selten mit einer grellen
Dissonanz beenden. Manchmal ist es nur die leichte, spöttische Skepsis,
die da zum Ausdruck gelangt und in der der haltlose, unbeständige, pro=
teusartig mit seinen Empfindungen wechselnde Mensch Heine sein besseres,
dichterisches Ich ironisiert. Mit bebenden Lippen wütet er aber in
anderen Gedichten gegen seine Leidenschaft, die er sich nicht aus dem
Herzen reißen kann, und schleudert gegen sein eigenes blutendes Herz
und die treulose Geliebte heftige Sarkasmen und Zynismen. Im Sinnen=
rausch will er die Liebe begraben und die Geliebte vergessen, obwohl
er sich den Stachel damit nur tiefer in die Brust treibt.

Eine solche poetische Selbstzerfleischung, ein solches in Fetzenreißen
der Leidenschaft hatte man in Deutschland noch nicht erlebt.

Dabei suchte der Dichter außerdem nach Mitteln, um das Publikum
noch stärker zu fassen. Gubitz [1]) gegenüber hat er das Geständnis ab=
gelegt: „Bei den Deutschen wird man leichter vergessen, als berühmt;
jetzt zumal; sie haben in Gefühlswonne so geschwelgt, daß zu ihrer
Aufregung derbe Mittel unerläßlich sind, ganz so, wie Kirmeslust ihnen
erst vollständig ist, wenn man sich zum Kehraus noch mit Schemel=
beinen traktiert." Sein Schemelbein war die Sinnlichkeit, die in

---

[1]) II, S. 270.

seinem „lyrischen Intermezzo" (Frühjahr 1823) noch unverhüllter her-
vortritt als in den „Traumbildern", und den künftigen Sänger feiler
Dirnen prophezeit.

Das „lyrische Intermezzo" umfaßte 66 (jetzt 65) Lieder, die
wir, von einigen den Zusammenhang unterbrechenden Liedern abgesehen,
als ein geordnetes Ganzes, als ein psychologisch sich entwickelndes Her-
zenserlebnis betrachten können. In der ersten Abteilung (bis zum
zwölften Liede) singt er das Lob der Geliebten. Von ihr allein, von
ihrem Angesicht lernte er die Sprache der Liebe (Nro. 8); ihr will er
seine Tränen und Lieder weihen (2); seine Seele möchte er tauchen in
den Kelch der Lilie, und diese soll hauchen ein Lied von der Liebsten (7).
Sie ist ihm aller Schönheit Inbegriff, sie gleicht genau einem holdseligen
Bildnis unserer lieben Frau, das der Dichter im Dom im alten heiligen
Köln sah (11). Er vergleicht sich mit dem Mond, der auf die liebe-
duftende Lotosblume herabblickt, ohne sie erreichen zu können (10). Wenn
er der Geliebten in die Augen schaut, schwindet all' sein Weh (4), und
in ihren Armen stirbt er vor Liebessehnen (6). Aber in seine Seligkeit
mischt sich auch bange Ahnung des nahenden Verlustes. Wenn sie sagt:
ich liebe dich, so stürzen Tränen aus seinen Augen (4) und er ahnt
ihren frühen Tod (5). Am liebsten möchte er sie auf den Flügeln des
Gesanges nach den Ufern des Ganges tragen und dort in rotblühendem
Garten mit ihr träumen den seligsten Traum (9).

Die zweite Abteilung (Lied 12—16) enthüllt uns, daß sein Liebchen bedenkliche Eigenschaften besitzt. Er weiß, daß sie ihn nicht liebt
(12), daß ihre frommen Augen ihn betrügen (16), er ist aber zufrieden,
wenn sie ihm den Mund zum Kusse reicht (12), denn ihren Küssen glaubt
er mehr als ihren Worten (13). Er lacht der Welt, die in richtiger
Erkenntnis behauptet, seine Geliebte habe keinen guten Charakter; er
weiß, wie süß ihre Küsse sind (15) usw. Diese Abteilung, die
Heine später reinigte, zeigt den Kehraus der Kirmeslust. (Vgl. II,
S. 9, Nro. 13.)

In der dritten ist die Geliebte dem Dichter untreu geworden. (Lied
17—25, Lied 17—19 sind aus der ersten Sammlung der Gedichte ein-
geschoben.) Die böse Welt hat ihn bei ihr verklagt (24), und sie hat
den argen Zungen Glauben geschenkt. Sie reichte einem Andern ihre
Hand; bei Hochzeitsreigen ertönen die Klänge lustiger Musik, während
die Englein schluchzen und stöhnen (20). (In den „Traumbildern" rufen
dagegen bei der Trauung tausend Teufel: „Amen".) Alles scheint ihm

öb und farblos (23); niemand kennt seinen Schmerz, wie die Eine, die sein Herz zerrissen (22) und selbst so elend ist (19).

Aus der verzweifelnden Stimmung erwächst in der vierten Abteilung (26—29) eine bittere Ironie. Er witzelt darüber, daß er und sie so lange Mann und Frau und Verstedens gespielt, daß sie sich jetzt nicht wiederfinden könnten (26), und dankt ihr spöttisch, daß sie ihm wenigstens so lange treu geblieben (27). Sie habe den dümmsten der dummen Jungen geheiratet; er selbst habe allerdings den dümmsten der dummen Streiche gemacht, indem er von solchem Liebchen ließ (29). Weil sie „Madam" geworden, findet er jetzt alles miserabel (28); er glaubt nicht an Gott, nicht an den Himmel, noch an den Teufel, sondern nur an ihr böses Herz und Auge (II, S. 9, Nr. 12).

Diese Stimmung hält jedoch nicht lange stand und weicht in der fünften Abteilung (30—40) wieder einer völligen Rührseligkeit. Er vergleicht sich einem Fichtenbaum im Norden, der von einer Palme träumt (33). Er denkt immer an sie; hört er ein Lied, das sie einst ihm sang, so will ihm die Brust zerspringen vor Weh (40); aber weinen kann er nicht (35). Aus seinen großen Schmerzen macht er kleine Lieder, die er ihr sendet, sie aber verschmäht sie (36). Darum will er nichts mehr sehen von der Welt; er will seine Fenster verhängen mit schwarzem Tuch, dann kommt seine Liebe zu ihm aus dem Totenreich (37). Am liebsten möchte er im Grabe liegen und sich an sein totes Liebchen schmiegen (32). Aber auch in diese Rührseligkeit drängt sich einmal frecher Zynismus: er wolle nur ihren Leib haben, die Seele möge man begraben. (II, S. 9, Nro. 14.)

In der sechsten Abteilung (41—65) verbinden sich Klagen um das verlorene Lieb mit Erinnerungen und Träumen. Er liebt sie immer noch, obgleich sie ihn nie geliebt und nie gehaßt (47); und wenn die Welt zusammenfiele, so schlügen aus den Trümmern doch seiner Liebe Flammen (44). Böse ist er indessen der Ungetreuen nicht, bitten doch sogar die Blumen, ihre Schwestern, für sie (45). Im Traum erscheint sie ihm, seine alten Wunden brechen auf (64) und Tränen netzen sein Kissen (55). Er schließt mit der Bitte, ihm einen riesengroßen Sarg zu bringen, in dem er seine Liebe und seinen Schmerz niederlegen könne (65).

Der Dichter geht also mit völliger Ausschließlichkeit in seinen wirklichen oder erheuchelten Leiden auf. Er weiß seinem Gegenstande viele Seiten abzugewinnen, ihn in glänzende, farbenwechselnde Beleuchtung zu rücken; aber die Klippe der Einförmigkeit vermeidet er nicht. Nicht selten ist ein Gedicht leere Spielerei mit schönen Worten, oder der Ausdruck einer ungesunden Gefühlsschwärmerei. Scherer hat nicht unrecht, wenn er sagt[1]): „Selbst in Gedichten von durchweg ernster Haltung bringt Heine starke und übertriebene Wendungen auf eine Weise vor, daß unschuldige Seelen, die sie ernsthaft nehmen, davon nur um so tiefer gerührt werden müssen, daß dem minder Unschuldigen aber ein Seitenblick des Einverständnisses zu sagen scheint: die dummen Gänse glauben mir alles". Daran wird man lebhaft erinnert, wenn man sieht, wie Heine sich selbst bespiegelt und mit seinem blassen Angesicht kokettiert, wie er es schon früher tat. „Es leuchtet meine Liebe in ihrer dunkeln Pracht," singt er ganz naiv, und behauptet, daß aus seinen Tränen Blumen hervorsprießen, während seine Seufzer ein Nachtigallenchor werden!

Auch sonst spannt Heine häufig den Ton so hoch, daß er überschlägt und nun komisch wird. Nehmen wir dazu jene Ausgeburten frecher Lüsternheit und die Lieder, in denen der Ausdruck durchaus ins Triviale fällt, so bleiben immer noch gegen zwanzig übrig, welche die feinste Empfindung in einschmeichelnder Form beseelt. Wie zart und süß ist nicht: „Dein Angesicht, so lieb und schön;" wie stimmungsvoll: „Ein Fichtenbaum steht einsam;" wie rein herausgearbeitet ist Klage und Sehnsucht in: „Manch Bild vergessener Zeiten;" wie echt empfunden scheint und wie vollendet zum Ausdruck gebracht ist: „Es fällt ein Stern herunter"; und wie packend ist das düstere Kolorit in: „Am Kreuzweg wird begraben"! Und wie meisterhaft ist das Traumhafte, Sehnsüchtige getroffen in: „Auf Flügeln des Gesanges," „Die Lotusblume ängstigt," „Mein Liebchen, wir saßen zusammen" und „Aus alten Märchen winkt es"!

Aber auch von jenen Gedichten, die unter der Decke leichter Ironie eine tiefdunkele Grundfarbe verbergen, sind einige meisterhaft. Jedermann kennt die zum geflügelten Wort gewordene „alte Geschichte", die immer neu bleibt; die „Tränen und Seufzer", die hintennach kamen und das „Versteckenspiel" mit der Geliebten, bis sie sich nicht wiederfanden. Das sind Meisterstückchen, die uns in wenigen Zeilen und mit den einfachsten Worten eine ganze Novelle erzählen.

Und noch ein Drittes fesselt uns an einigen Gedichten: die ausgezeichnete Malerei. Der rotblühende Garten am Ganges (Nr. 9), die Geisterinsel (Nr. 42), das Hamburger Straßenbild (Nr. 38) sind Muster

---

[1]) S. 663.

dafür und Vorläufer der Schilderungen in der „Harzreise", dem „Buch
Le Grand" und der „Heimkehr".

Heine ist im „lyrischen Intermezzo" gegen die erste Sammlung um
einen großen Schritt weiter gekommen. Die wüsten Traumbilder sind
sanfteren Vorstellungen gewichen, aber die wilde Begehrlichkeit ist geblieben; das stürmische Wogen der schmerzlichen Gefühle hat sich zur
Wehmut geglättet; aber an Stelle der starken Empfindung ist vielfach
Sentimentalität getreten, so daß für ihn genau paßt, was sein Ratcliff
nicht sein will: (II, S. 325) Ein magenkranker, schwindsüchtelnder Poet:

Der Leibschmerz
Vor Rührung kriegt, wenn Nachtigallen trillern,
Der sich aus Seufzern eine Leiter baut.

Des Dichters Auge, das, nur nach innen schauend, für die Natur
geschlossen schien, hat sich für deren Schönheit weit geöffnet. Die Veil-
chen kichern und kosen; die Rosen erzählen sich duftende Märchen ins
Ohr; die Lotosblume duftet und zittert vor Liebesweh; die Blumen
flüstern und schauen den traurigen Mann mitleidig an; die Nachtigallen
würden erquickenden Gesang ertönen lassen, wenn sie wüßten, wie sehr
elend er ist; die Bäume sprechen, die Blumen schmachten, von oben aber
grüßt der Mond mit ernstem Blick, sprechen die Sterne eine reiche und
schöne Sprache, und sie schauen sich an in Liebesweh.

Gewiß arten solche Personifikationen oft in Tändelei aus; aber in
den meisten Fällen passen sie durchaus in die Stimmung und geben den
Gedichten einen erhöhten Reiz. Auch das Volkslied kennt diesen Zu-
sammenklang von Natur und Empfindung, aber es drückt ihn in ganz
anderer Weise aus. Beim Volkslied ist die Stimmung der Natur die Be-
gleitung, beim Heineschen Liede aber ein Teil der Themas. Das Volkslied jubelt und singt mit den Vögeln, Heine aber spricht mit ihnen.
Er hat den Kunstgriff des Volksliedes sich angeeignet und in ganz mo-
dern-sentimentalem Geiste angewandt.

Ebenso entlieh er dem Volksliede die einfache Form, aber auch
wieder nur diese. Der Inhalt seiner Gedichte ist durchaus modernes
Gefühl; er hat seine Wurzel so tief im Empfindungsschatz eines gebildeten, aber frivol denkenden Geistes, daß kein Handwerksbursche und
keine Bauerndirne ihn je verstehen würde. Das Volkslied ist naiv, das
Heinesche selbstbewußt; jenes geht im Gefühl auf, dieses kann noch beobachten, wie ihm der Liebesschmerz steht; jenes ist oft derb und sinnlich, dieses hin und wieder von abstoßender Lüsternheit.

Heine gesteht selbst zu, daß er vom Volksliede und namentlich von Wilhelm Müller, der die Volksliedform in glücklicher Weise benutzt, gelernt habe. Karl Hessel hat aus Wilhelm Müllers Gedichten eine ganze Reihe von Wendungen herausgesucht, [1]) deren Einwirkung gar nicht zu verkennen ist.

Das seinem Onkel Salomon gewidmete „lyrische Intermezzo" erschien im April 1823 nebst den Tragödien „Almansor" und „Ratcliff" bei Dümmler in Berlin, den E. Hitzig, der Freund Chamissos, zur Verlagsübernahme bewogen hatte. Von den beiden Dramen hatte er eine ziemlich hohe Meinung. Schon am 29. Oktober 1820 sprach er Steinmann gegenüber aus, daß „Almansor" ein großes Aufsehen erregen werde. Am 4. Februar 1821 gesteht er demselben, daß er an seiner Tragödie kein Herzblut und keinen Gehirnschweiß spare, daß sie „entzückend schöne Stellen und Szenen enthalte", daß überall „überraschend poetische Bilder und Gedanken" funkelten und das Ganze gleichsam „in einem zauberhaften Diamantschleier" blitze und leuchte, daß sie aber an dem großen Fehler leide, nicht drastisch zu sein. Zuversichtlicher war er hinsichtlich des „Ratcliff", den er im Januar 1822 ohne jedes Brouillon in drei Tagen geschrieben haben will.

Im „Almansor", der in Spanien zur Zeit der Maurenherrschaft spielt, schildert er die Liebe des Titelhelden zur schönen Zuleima, die während seiner Abwesenheit zum katholischen Glauben übergetreten und mit einem ihr verhaßten Manne verlobt worden war. Almansor macht seinem Ingrimm gegen das Christentum in sehr starken Ausfällen Luft, während Zuleima, jetzt Clara, ihrem noch immer geliebten Jugendfreund die Schönheit der katholischen Kirche in begeisterter Weise preist. Ohne Zweifel ist Mortimers bekannte Dithyrambe in „Maria Stuart" hier Heines Vorbild gewesen. Almansor entführt sie und stürzt sich, als die Verfolger nahen, mit ihr in den Abgrund.

„Ratcliff" hat einen fatalistischen Hintergrund. Die Tragödie behandelt die wahnsinnige Liebe des Titelhelden zur schönen Maria, die ihm untreu geworden. Er ersticht bis auf den letzten alle Männer, mit denen sie sich zu verbinden gedenkt, dann Maria, deren Vater und endlich sich selbst.

Vom „Almansor", den Heine bereits in Bonn und Göttingen begonnen und im Herbst 1821 in Berlin vollendet hatte, sagt er (29. Oktober 1820), daß das Gedicht sein eigenes Selbst enthalte, seine

---

[1]) Zeitschr. f. d. deutsch. Unt. III S. 59.

Liebe, seinen Haß, seine ganze Verrücktheit, und vom „Ratcliff" (10. April 1823), daß eine „Hauptkonfession" in ihm liege, es sei wahr oder er selbst sei eine Lüge. Am 5. Januar 1823 schrieb er an Dümmler, der Stoff des „Almansor" sei religiös=polemisch und betreffe Zeitinteressen. Mit kühler Berechnung griff er in die Vergangenheit Spaniens, weil er dort Verhältnisse fand, die ihm die Lage des jüdischen Volkes zu seiner Zeit vorzubilden schienen. Die Mauren sind ihm die Juden, und Almansor ist er selbst. Hellauf lobert sein Haß gegen das Christentum, das nach seiner Schilderung den Mauren die Berechtigung zum Leben bestritt und sie am liebsten auf dem Scheiterhaufen sah, dessen Bekenner ihm die Geliebte raubten. Der ganze Haß des Juden, dem durch die Gesetze eines christlichen Staates Wachsen und Gedeihen erschwert ist, glüht in diesem Stück.

Diese Tendenz war Heines Freunden bald aufgegangen; auch K. Immermann bemerkte, daß die Tragödie zu viel Christenhaß atme.

Im „Ratcliff" kommt noch ein zweites hinzu, der Haß gegen die Besitzenden. Ein sozialdemokratischer Agitator der Gegenwart könnte keine besseren aufwieglerischen Worte finden, als Heine sie Ratcliff in den Mund legt (II, S. 322),

> „Einen Mann ergreift der Zorn,
> Wenn er betrachtet, wie die Pfennigseelen,
> Die Buben, oft im Ueberflusse schwelgen,
> In Samt und Seide schimmern, Austern schlürfen,
> Sich in Champagner baden, in dem Bette
> Des Doktor Graham ihre Kurzweil treiben,
> In goldnen Wagen durch die Straßen rasseln,
> Und stolz herabseh'n auf den Hungerleider,
> Der, mit dem letzten Hemde unterm Arm,
> Langsam und seufzend nach dem Leihhaus wandert."

Im Anschluß daran wird die Menschheit in zwei Hälften, in die Hungerigen und Satten, getrennt, eine Einteilung, die Heine noch 1854 zu dem Gedicht: „Die Wanderratten" (II, S. 202) benutzte. Beide Stücke sind die dramatische Darstellung der leidvollen Liebesgeschichte des Dichters, in der nicht wenige Stellen uns an das lyrische Intermezzo erinnern. In beiden seufzen die Helden nach einer Geliebten, die einem anderen gehören soll, glühen sie vor Haß gegen den begünstigten Neben=buhler, vernichten sie die Geliebte. In „Almansor" tritt gegen Schluß die tierische Begier hervor, die, wie im Intermezzo (II, S. 10), von der Geliebten nur den Leib haben will. „Ich will ein glücklich Tier sein," ruft Almansor (II, S. 298), „ja, ein Tier, — Und in des Sinnen=

rauschtes Taumel will ich — Vergessen, daß es einen Himmel gibt."
Der Franzose Montégut faßt sein Urteil über „Ratcliff" und „Almansor"
treffend zusammen in die Worte: „Diese beiden Dramen sind eine
Apotheose der Liebesnarren, und der Dichter stützt diese Apotheose auf
eines der tollsten Sophismen, die je ein den tobenden Ausbrüchen unglücklicher Leidenschaft preisgegebenes Gehirn durchdrungen haben,
nämlich daß die Liebesleidenschaft über allen Dingen der Erde, über
Himmel und Hölle stehe." [1]

Die Literaturgeschichte ist über die beiden Lieblingskinder Heines
zur Tagesordnung übergegangen. Und mit Recht. Die großen Schönheiten im einzelnen können über den Mangel einer dramatisch kräftigen
Handlung und die Abwesenheit echter Helden nicht hinweghelfen. Der
Aufbau ist durchaus verfehlt und die bildreiche Diktion fällt häufig in
übertriebenen Wortschwall. Heines Hoffnung, daß er sich einen Weg
auf die „Bretter, die die Welt bedeuten", bahnen werde, wurde gar bald
zu Wasser. Von den beiden Dramen erlebte nur der „Almansor" am
20. August 1823 im Hoftheater zu Braunschweig eine Erstaufführung,
nach deren entschiedenem Mißlingen die ebenfalls projektierte Aufführung
des „Ratcliff" nicht mehr erfolgte.

Das lyrische Intermezzo und die Tragödien fanden eine zwar freund-
liche, aber keineswegs begeisterte Aufnahme. Schon am 28. November
1823 fragt Heine bei Moser an, es sei wohl nirgends mehr von ihm
die Rede. Varnhagen und Willibald Alexis begrüßten die neue Sammlung mit warmer Empfehlung; beide — namentlich letzterer — tadelten
aber die sinnliche Färbung der Lieder, und Alexis warnte den Dichter,
auf dem eingeschlagenen Wege fortzuschreiten, weil aus der Originalität
leicht Manier werden könne. Damit hatte er den Nagel auf den Kopf
getroffen, und auch andere fanden die schwache Seite der Lieder bald
heraus. Es erschienen rührselige Parodien, die von Originalen kaum
zu unterscheiden waren. Heine war scharfsinnig genug, einzusehen, daß
die allzugroße Familienähnlichkeit unter seinen Gedichten Zweifel an der
Ausgiebigkeit seines Talentes hervorrufen mußte, und schrieb an Immermann am 10. Juni 1823: „Ich will Ihnen gern eingestehen den Haupt-
fehler meiner Poesien . . . . es ist die große Einseitigkeit, die sich in
meinen Dichtungen zeigt, indem sie alle nur Variationen desselben kleinen
Themas sind." Aber in einigen Jahren werde es sich zeigen, daß er,
der bisher nur die Historien von Amor und Psyche in allerlei Gruppie-

---

[1] Vergl. Betz, S. 82.

rungen gemalt habe, ebensogut dem trojanischen Krieg darstellen könne. Trotz mancher Anläufe hat er es nicht getan, weil er es nicht konnte. Er schuf nur Fragmente und hinterließ manchen Torso, der uns lebhaftes Bedauern über die Nichtvollendung einflößt.

IV.

Abschluß der Universitätsjahre. (Mai 1823 — Juli 1825.)

Im Mai 1823 verließ Heine ohne den Doktorhut die preußische Hauptstadt. Er hatte genug gesehen und gehört, um zu wissen, daß er als Jude in Preußen vorläufig zu einer sichern Stellung nicht gelangen könne. Er wollte in Paris sich literarisch auszeichnen und dann nach berühmten Mustern in die diplomatische Laufbahn einschieben. Aber seine geschwächte Gesundheit und die Leere seines Geldbeutels, den Onkel Salomon nicht wieder füllen wollte, nötigten ihn, im Refugium peccatorum des Vaterhauses abzuwarten, ob die Stirne des Millionärs an der Elbe sich wieder glätten werde.

Seine Eltern hatten sich inzwischen in Lüneburg niedergelassen, das dem Dichter nach dem Aufenthalt in Berlin wie ein böotisches Dorf vorkommen mußte. Seine Briefe zeigen ihn in einer höchst niedergeschlagenen Stimmung. Außer mit seiner Familie verkehrte er eigentlich nur mit R. Christiani, dem Sohne des dortigen Generalsuperintendenten, an dem er einen Freund gewonnen. Die Lüneburger langweilten ihn noch mehr als ihre reizlose Heide; er betrachtete alle Menschen, die nicht so dachten wie er — und das waren ohne Zweifel viele — als unerträgliche Philister, und die Juden ekelten ihn an. „Juden sind hier, wie überall," schreibt er am 18. Juni 1823 an Moser, „unausstehliche Schacherer und Schmutzlappen." Zudem begegneten sie ihm wegen seiner Teilnahme an den Reformbestrebungen der gebildeten Berliner Juden höchst feindselig, so daß er Anfang November 1824 an Moser schreiben konnte: „Dergleichen jüdische, oder vielmehr, nur in Israel mögliche Ekelhaftigkeiten drängen sich an mich heran." Besonders quälend für ihn war der Gedanke, von seinem Onkel abhängig zu sein (an Moser, 2. Februar 1824), von einem Manne, den er als geistig tief unter sich stehend betrachtete.

Indessen war Salomon Heine die einzige Hoffnung; es galt also, sich mit ihm wieder auf guten Fuß zu stellen. Die Gelegenheit bot sich

am 22. Juni 1823, bei der Heirat seiner Schwester mit dem Kaufmann Embden — nicht von Embden, wie der Adelshasser Heine schreibt.
Salomon sagte dem ungeratenen Neffen, der es gewagt hatte, ihm eine
Gedichtsammlung zu widmen, in der seiner Tochter Amalie und deren
Gemahl übel genug mitgespielt wurde, seine Meinung und reichte ihm
dann die Hand zur Versöhnung. Im Juli durfte Heine seinen Onkel
in Hamburg besuchen. Hier erklärte sich Salomon bereit, noch für das
Jahr 1824 die sehr anständige Summe von 100 Louisd'or (500 Taler)
zu zahlen, wenn der Neffe sich verpflichte, in diesem Zeitraum sein
Examen zu machen. Auch Heines Uebertritt zum Christentum kam zur
Sprache. Alle seine Angehörigen, Salomon einbegriffen, für die das
Religionsbekenntnis nur ein Firmenschild bedeutete, waren für baldige
Taufe; nur Heine sträubte sich noch gegen den Gedanken, einer Fahne
zu folgen, die er so oft mit Füßen getreten.

„Aus meiner Denkungsweise," schrieb er bereits am 27. September
1823 an Moser, „kannst Du es Dir wohl abstrahieren, daß mir die
Taufe ein gleichgültiger Akt ist, daß ich ihn auch symbolisch nicht wichtig
achte, und daß er in den Verhältnissen und auf die Weise, wie er bei
mir vollzogen werden würde, auch für andere keine Bedeutung hätte.
Für mich hätte er vielleicht die Bedeutung, daß ich mich der Verfechtung
der Rechte meiner unglücklichen Stammesgenossen mehr weihen würde.
Aber dennoch halte ich es unter meiner Würde und meine Ehre be-
fleckend, wenn ich, um ein Amt in Preußen anzunehmen, mich taufen
ließe." Wir werden bald sehen, mit welch vollendeter schauspielerischer
Kunst Heine das geweihte Wasser über sich ergießen ließ.

In Hamburg scheint ihn eine neue Liebesleidenschaft erfaßt zu haben.
Nach den bisherigen Feststellungen (Buch der Lieder XXIX, sowie
Heines Werke I. S. 40. Elstersche Ausgabe. Hessel in der Köln.
Ztg. 1888. 8. und 9. Juni. Seuffert im Archiv f. Lit.-Geschichte.
Bd. III, S. 600) flößte ihm Therese, die jüngere Schwester Amaliens,
eine heftige Neigung ein. Er fand jedoch bei dem erst sechzehnjährigen
Mädchen eine entschiedene Abweisung. Auch an dieser Liebe krankte
Heine lange Zeit; sie hat ihn jedoch ebensowenig wie seine erste ab-
halten können, in den Armen „gutmütiger Mädchen" Trost zu suchen.

Von Hamburg aus wandte er sich am 22. Juli nach Kuxhaven,
um gegen seine wachsende Nervosität Seebäder zu gebrauchen. Der Onkel
schenkte ihm dafür zehn Louisd'or, während der flotte Neffe während
eines sechswöchentlichen Aufenthalts dreißig verbrauchte. In Kuxhaven,
wo er indessen nur geringe Milderung fand, genoß er zum erstenmal

den Anblick des Meeres, der ihn völlig begeisterte. Er dichtete hier einige seiner schönsten Lieder. Von Kuxhaven zurückgekehrt, brachte er drei Wochen auf dem Landgut seines Onkels zu. Während dieser Zeit gelangte sein neues Liebesdrama zum jähen Abschluß. Im September reiste er nach Lüneburg zurück und lebte in den folgenden vier Monaten ganz seinen literarischen Arbeiten und juristischen Studien.

Am 19. Januar 1824 reiste er nach Göttingen ab, wo er am 30. immatrikuliert wurde. Wieder beginnen seine Klagen über die Oede und Langweiligkeit des Universitätslebens, die durch die Hingabe an studentische Zerstreuungen nur selten unterbrochen wurde. Dem Studium widmete er sich gewiß nicht übermäßig. Weil er Besseres nicht zu tun fand, wohnte er häufig Duellen bei, die ihm mehr Spaß machten, „als das seichte Gewäsch der alten und jungen Dozenten". Später ertönt noch häufig, besonders in der „Harzreise", sein Groll über den „engen, trockenen Notizenstolz der hochgelahrten Georgia Augusta".

Die Osterferien 1824 brachte Heine bei seinen Freunden in Berlin zu. Vor seiner Abreise bat der vorsichtige Mann aber seinen Freund Moser, er möge doch aus dem Musen-Almanach für 1823, falls er ihn verleihe, das Heinesche Gedicht: „Mir träumt, ich bin der liebe Gott," entfernen, in dem er den Berlinern eine Ohrfeige gegeben hatte. Als „brillante Visitenkarte" aber, wie Strodtmann sich sehr hübsch aus= drückt, gab er vorher im „Gesellschafter" dreißig Gedichte aus dem später erschienenen Lieder=Zyklus „Die Heimkehr" ab, die allerdings auch dem Ungläubigsten sein hohe Begabung klar machen mußten.

Angeregt und schaffensfreudig kehrte er zurück. Die rege Be= schäftigung mit der Judenfrage brachte ihn auf den Gedanken, die Leiden seiner Glaubensgenossen in einem großen Roman dichterisch zu verherrlichen. Er sollte den Titel führen: „Der Rabbi von Bacharach." Mit Feuereifer warf er sich auf die Vorstudien und suchte sich mit der jüdischen Geschichte gründlich bekannt zu machen. Die Lektüre der ein= schlägigen Werke steigerte seinen Haß gegen das Christentum und gab ihm in einem Briefe an Moser das Gedicht: „An Edom" ein.

Auch eine Fausttragödie nahm er in Angriff, die indessen ebenso= wenig wie der „Rabbi von Bacharach" zur Vollendung gelangt ist.

In den Herbst=Ferien machte er eine genußreiche Reise durch den Harz, sowie nach Eisenach und Weimar, die ihn zu seinem ersten be= deutenden Prosawerke anregte. Natürlich kam ihm auch der Gedanke, sich Goethe vorzustellen, dem er bereits früher als Bruder in Apoll seine Gedichte gesandt hatte. Ueber die Begegnung hat er sich in widersprechender Darstellung ausgelassen, jedenfalls bot sie für seine Eitelkeit keine erfreulichen Momente.

Sofort nach seiner Rückkehr begann er seine Erlebnisse und Beobachtungen auf der Reise durch den Harz auszuarbeiten. Ende November war das Manuskript fertig, das er im April und Mai 1825 sorgfältig überarbeitete.

Gleichzeitig traf er die Vorbereitungen zum Uebertritt. Die Frage, welchem christlichen Bekenntnis er sich zuwenden sollte, kam jedenfalls nicht ernsthaft zur Verhandlung, da die beiden Städte, die er als zukünftige Aufenthaltsorte ins Auge gefaßt hatte, Berlin und Hamburg, eine protestantische Bevölkerung hatten. So wandte er sich dem Protestantismus zu und ward am 25. Juni 1825 zu Heiligenstadt vom dortigen Pfarrer Grimm getauft.

Die Taufe war für Heine lediglich die Lösung eines Eintrittsbilletts für die christliche Gesellschaft (VII, 407); er legte, um einen Ausdruck Achim v. Arnims zu gebrauchen, das Christentum wie eine neue „Liverei" an. Aber er unterzog sich der heiligen Handlung nicht etwa mit der Gleichgültigkeit eines Menschen, der über äußere Formen erhaben ist, sondern mit dem ingrimmigsten Haß gegen das Christentum, in dessen Gemeinschaft er aufgenommen werden wollte. Dem Pfarrer gegenüber spielte er die Rolle eines heilsbegierigen Proselyten, so daß derselbe in sein Protokollbuch eintragen konnte: [1] „Die Antworten Heines zeugten von eingehendem Nachdenken über den Inhalt und das Wesen der christlichen Religion, seine Fragen von scharfem Geiste; überhaupt nahm er die vorgetragene Lehre nicht einfach gläubig hin — er wollte überzeugt sein, und der Glaubenswechsel war ihm nicht ein bloßer Wechsel einer äußeren Form, erschien vielmehr als das Resultat einer aus dem Innern dringenden Notwendigkeit. Wir (Grimm und der Taufpate) haben bei der Unterredung übereinstimmend die Ansicht gewonnen, daß Heine mit voller Ueberzeugung Christ geworden ist, und ich bin heute noch der festen Ansicht, daß sein späterer Skeptizismus in Glaubenssachen nur auf der Oberfläche lag und er im innersten Herzen den Glauben an Gott nicht verloren hat. Ich habe vor der Taufe tief in sein Innerstes geblickt, und er hat uns sein ganzes Denken und Fühlen bloßgelegt; ein Mensch aber, der so denkt und fühlt, kann meiner innersten Ueberzeugung nach den Glauben an Gott nie ganz verlieren."

---

[1] Gartenlaube 1877, S. 19.

Hätte der gute Pfarrer nur gewußt, was ſein Täufling im Oktober 1825 an Moſer ſchrieb: „Da mal von Büchern die Rede iſt, ſo empfehle ich dir Golowins Reiſe nach Japan. Du erſiehſt daraus, daß die Japaner das zivilſierteſte, urbanſte Volk auf der Erde ſind. Ja, ich möchte ſagen, das chriſtlichſte Volk, wenn ich nicht zu meinem Er=ſtaunen geleſen, wie eben dieſem Volk nichts ſo ſehr verhaßt und zum Greuel iſt, als eben das Chriſtentum. Ich will ein Japaner werden. Es iſt ihnen nichts ſo verhaßt, wie das Kreuz. Ich will ein Japaner werden.“ Das ſchrieb er ein Vierteljahr nach ſeinem Uebertritt! Am 14. Dezember äußert er demſelben Freund gegenüber: „Ich verſichere dich, wenn die Geſetze das Stehlen ſilberner Löffel erlaubt hätten, ſo würde ich mich nicht getauft haben.“

Der Konverſion folgte nun endlich auch das Examen, das dem guten Salomon Heine ſo viel Geld gekoſtet hatte. Heine wollte „aus der Wagſchale der Themis ſein Brot eſſen und nicht aus der Gnaden=ſchüſſel ſeines Onkels“ (an Moſer, 2. Februar 1824). Eine andere Frage iſt, ob ihm die Gnadenſchüſſel ſo unangenehm geweſen wäre, hätte ſein Onkel ihm nicht entſchieden geboten, ſich auf eigene Füße zu ſtellen. Am 16. April 1825 ſchickte er dem Dekan der juriſtiſchen Fakultät in Göttingen die ſog. littera petitoria, worin er um Zulaſſung zur Pro=motion bat. Recht beklommen „ſtieg“ er am 3. Mai ins Examen und erreichte den dritten Grad. Intereſſant ſind die Theſen, die er in der Disputation am 20. Juli 1825 verteidigte:

1. Der Ehemann iſt Herr der Mitgift.
2. Der Gläubiger muß eine Quittung ausſtellen.
3. Alle Rechtsverhandlungen ſind öffentlich zu führen.
4. Aus dem Eid erwächſt keine Verpflichtung.
5. Die confarreatio war bei den Römern die älteſte Art einer rechtlichen Ehe.

Zweiter Abschnitt.

Der Verfasser der „Reisebilder".
(1826—1831.)

I.

Der erste Band. 1826.

Nach so großen Anstrengungen hatte Heine, der durch sein Kopf=
leiden noch immer empfindlich belästigt wurde, eine neue Erholung nötig.
Onkel Salomon bewilligte ihm für eine neue Badereise fünfzig Louisd'or,
mit denen Heine allerdings nicht auskam. Er ging nach Norderney,
wo er einige Besserung fand, genoß in vollen Zügen die köstliche Luft
und kreuzte tagelang auf der See, deren Herrlichkeit er schönheitsdurstig
in sich aufnahm. Hier entwarf er den ersten Zyklus seiner farben=
prächtigen Nordseebilder, die sich zu seinen ersten Gedichten verhalten
wie die Virtuosität des ausgebildeten Sängers zu den schüchternen Ver=
suchen eines begabten Anfängers.

Ende September kehrte er nach Lüneburg zurück, wo er die Be=
schreibung seiner Harzreise zum zweiten Male überarbeitete. Anfang
November zog er wieder in die alte Hansestadt ein, um in der „Wiege
seiner Leiden" Advokatenpraxis zu erwerben und von neuem um die
Gunst seiner schönen Cousine zu kämpfen. Aber die soliden Hamburger
konnten zu einem jungen Advokaten, der eine so brotlose Kunst wie
Versemachen betrieb, kein rechtes Zutrauen gewinnen, und die Schwester
Amaliens zeigte keine Neigung, die literarische Gloriole ihres Vetters
mit ihren Millionen zu vergolden. Andere Unannehmlichkeiten, völliges
Zerwürfnis mit Schwager und Schwester, wie mit vielen Hamburger

Juden, denen die Berliner Reformbestrebungen ein Greuel waren, neue
Gewitterwolken auf der Stirne Onkel Salomons, hervorgerufen durch
angeblich verleumberische Berichte über Heines Lebensweise (an Moser,
24. Februar 1826) verbitterten ihn vollends. Der Dichter und sein
Biograph Strodtmann ereifern sich über diese „Verleumdungen" ohne
Grund; gesteht doch letzterer selbst ein:[1] „Die »Memoiren des Herrn
von Schnabelewobski« und ein gewisses Kapitel des »Wintermärchens«
erzählen uns zur Genüge, in welcher lockeren Gesellschaft Heinrich Heine
seine Tage und Nächte verlebte." Salomon hatte gewiß nicht Tausende
von Talern für seinen Neffen geopfert, damit dieser sein Advokaten=
bureau im Hamburger Apollosaale eröffne.

Im November sandte Heine seine Harzreise, die bereits eine ver=
gebliche Wanderung gemacht hatte, an Gubitz, der das Werkchen An=
fang des nächsten Jahres im „Gesellschafter" veröffentlichte. Als Heine
aber seine Abdrücke empfing, fand er zu seinem Entsetzen, daß die
Zensur den Text unbarmherzig verstümmelt hatte. Er entschloß sich zu
einer sofortigen Buchausgabe, griff zum vierten Male zum Polierstahl
und gewann bald in Julius Campe in Hamburg einen rührigen Ver=
leger, der ihm für die „Harzreise", die 88 Lieder der „Heimkehr", die
erste Abteilung der „Nordseebilder" und fünf andere Gedichte ein für
allemal fünfzig Louisd'or bezahlte. Das Ganze wurde als „Reisebilder"
Band I bezeichnet und erschien im Mai 1826.

Als Heine die Harzreise ausarbeitete, suchte er natürlich nur nach
einer bequemen Form, um ein möglichst großes, pikantes Sammelsurium
von dichterisch ausgemalten Bildern aus Natur und Leben, Gedanken
über Gott und Welt und witzige Einfälle aller Art unterzubringen,
wie es vor ihm Sterne in seiner „Empfindsamen Reise", Thümmel in
seiner skandalösen „Reise in die mittäglichen Provinzen von Frankreich"
und andere getan. Die „Harzreise" sollte, wie er selbst an Moser schreibt
(25. Oktober 1824 und 11. Januar 1825), ein zusammengewürfeltes
Lappenwerk von edlen Gefühlen und Gemütskehricht werden; mit guter
Berechnung des Geschmacks der großen Masse hat er indessen einen
Delikatessenladen für literarische Feinschmecker daraus gemacht. Seine
Sprache war häufig bitter und der Ausdruck eines verneinenden Geistes,
aber er sagte die schlimmsten Dinge mit der liebenswürdigsten Miene
und ließ seinen radikalen Ansichten stets ein unschuldiges Lächeln folgen.
Eine solche Kühnheit mußte in einer Zeit, in der es in der Literatur

_____

[1] I, S. 424.

und auch sonst stark nach Teewasser duftete, in Erstaunen setzen; heute
hat der polemische Teil von Heines Harzreise nichts Auffallendes mehr;
uns kommt heute manches kindisch vor, was damals vielleicht selbst bei
freien Geistern zündete; heute finden wir „politisches Geschwätz leerster
Art"[1]) in Ausführungen, die damals vielleicht viele entzückten. Nur
von diesem Standpunkte aus kann Treitschke[2]) sagen, daß in dem
dumpfen und gedrückten Leben dieser Tage die „Harzreise" fast wie
eine befreiende Tat erschienen sei.

Was sagt der Dichter denn eigentlich Großes? Er wirft allerdings
um, aber er baut nicht auf. Er hat das Herz auf der linken, d. h. der
„liberalen Seite"; er freut sich augenscheinlich der „bedeutungsschweren
Zeit", in der er lebt, wo „tausendjährige Dome abgebrochen und
Kaiserstühle in die Rumpelkammer geworfen" werden (III, S. 36); er
nennt die Ahnen des heutigen Adels „privilegierte Raubvögel" (III, S.
512, eine Stelle, die er später strich); die Statuen der deutschen Kaiser
in Goslar vergleicht er mit „gebratenen Universitäts-Pedellen" (III, S.
35); er deutet in einer höchst ergötzlichen Weise die politische Symbolik
des Balletts (III, 60); er singt mit Begeisterung Arndts schönes Lied
von dem Gotte, der Eisen wachsen läßt und keine Knechte haben will,
erwärmt sich gleichzeitig für die deutsche Untertanentreue und erklärt
den Fürsten, „daß sie sich irrten, wenn sie meinten, der alte treue
Hund sei plötzlich toll geworden" (III, S. 31).

Das ist die politische Weisheit Heines in einer Zeit, wo Friedrich
Wilhelm III. sein Versprechen, eine Volksvertretung einzuführen, nicht
erfüllen zu müssen glaubte; wo Metternich durch den Bundestag frei-
heitsfeindliche Maßregeln erließ, wo die preußische Polizei überall
Demagogen witterte und die Gefängnisse füllte. Er hätte vieles sagen
können, ohne in einem zu Hamburg erscheinenden Buche die Zensur
fürchten müssen; er sagte nichts mehr, weil es ihm noch nicht genügend
am Herzen lag.

Dagegen sprach er sich in religiösen Dingen weit bestimmter aus;
in jener Zeit durfte man ja, wie vielfach auch in unseren Tagen, gegen
den Herrscher aller Herrscher sich mehr erlauben als gegen die Majestäten
auf Erden. Er spöttelt über die hl. Dreieinigkeit (III, S. 27), spricht
über die Mutter Gottes (III, S. 511) eine — später weggelassene —
gemeine Blasphemie; er freut sich, daß die Rationalisten den alten

---

[1]) Scherer S. 664. — [2]) III. S. 712.

Kirchenschutt wegräumen, worunter so viele Schlangen und böse Dünste (III, S. 515; später ebenfalls weggelassen).

In der politischen und religiösen Polemik liegt aber die Bedeutung der Heineschen Harzreise nicht, wenn seine Bewunderer es uns auch glauben machen wollen; sie liegt in dem frischen, frohen Kampfruf, den er, wie wir sehen werden, von Brentano angeregt, gleich den Romantikern, aller Philistrosität entgegenschleudert. Ueberall sieht er Engherzigkeit, Nüchternheit und Dummheit, am meisten an den deutschen Universitäten. Mit Vorliebe bringt er den Gegensatz zwischen einem frei und dichterisch empfindenden Geiste, der er selbst ist, und der sich allenthalben aufdrängenden platten Alltäglichkeit zum Ausdruck, überall flieht er aus der Armseligkeit des wirklichen Lebens, wo er keine Herzen gefunden, in die Arme der Natur. Aus dem Pandektenstall, wo römische Casuisten ihm den Geist mit grauen Spinnweben überzogen, will er auf die Berge steigen, wo die freien Lüfte wehen.

Gleich im Anfang hält er mit Göttingen, seinen Professoren und Philistern blutige Abrechnung[1]), und die dort vorgetragene Rechtswissenschaft verhöhnt er prächtig in dem bekannten ersten Traumbilde der Harzreise (III, S. 21). Noch schärfer rückt er der Philistrosität auf den Leib, die im bürgerlichen Kleide und namentlich bei Handlungsbeflissenen sich breit macht. Er hat das Unglück, ihr oft und in den verschiedensten Gestalten zu begegnen.

Ebenso wendet sich seine Satire gegen die Deutschtümelei jener Tage und die in der Presse herrschende Rührseligkeit (in der er selbst machte!). Die Schilderung der Szene im Brockenhause, wo die beiden sentimentalen Jünglinge mit sehnsüchtig ausgebreiteten Armen vor dem offenen Kleiderschranke stehen, den sie für ein Fenster halten, und die Nacht mit einem herzzerreißenden Hymnus anfingen; wo der eine eine gelblederne Hose für den Mond hält und in Ossianscher Nebellyrik seiner weinseligen Stimmung Luft macht, ist so vortrefflich, daß man den geschmacklosen Schluß derselben vergißt (III, S. 64).

Aber oft genug haut der Satiriker mit seinem Schwert daneben und gerät selbst in eine lächerliche Stellung. Neben gut pointiertem Witze und feiner Ironie begegnen wir albernen Wortspielen und nichts-

---

[1]) Die Anfangsworte: „Die Stadt Göttingen, berühmt durch ihre Würste und Universität" findet Bölsche klassisch. Das mögen sie sein, ganz original aber sind sie nicht, denn Byron sagt im Don Juan (Canto I) ähnlich von Sevilla: famous for oranges and women.

sagenden Redensarten. Ihm ergeht es wie Römer in Brentanos „Godwi": er witzelt immer und muß deswegen manchmal treffen.

Völlig erfreulich in der „Harzreise" sind die stimmungsvoll ent= worfenen Naturbilder und das, was Heine selbst „Gemütskehricht" nennt. Er handelt genau nach dem Rezepte Jean Pauls, das er in den „Briefen aus Berlin" (VII, S. 596) folgendermaßen charakterisiert: „Ein Jean Paulscher Roman fängt höchst barock und burlesk an, und geht so fort, und plötzlich, ehe man sich dessen versieht, taucht hervor eine schöne, reine Gemütswelt, eine mondbeleuchtete, rötlich blühende Palmeninsel, die mit all' ihrer stillen, duftenden Herrlichkeit schnell wieder versinkt in die häßlichen, schneidend kreischenden Wogen eines exzentrischen Humors." Solche Palmeninseln, auf die der auf den Wogen des Heineschen Capriccios umhergeworfene Leser gern sich rettet, sind die Naturschilderungen. Im lyrischen Intermezzo gab er nur kleine Ausschnitte aus dem großen Gemälde der Natur, während er in der „Harzreise" das Bild selbst entrollt mit der grünenden Erde, die der blaue Himmel umarmt. Das ist die echt romantische Natur= begeisterung, die am meisten in Brentano und Eichendorff glühte, die ihr in „Godwi" und „Ahnung und Gegenwart" bereits Ausdruck ge= geben hatten. Aber Heine übertrifft sie beide. Und im „Gemüts= kehricht" übertrifft er Jean Paul, weil er nicht so oft wie dieser die im Leser hervorgerufene Stimmung jäh durchschneidet, sondern sie sanft austönen läßt. Dabei ist er klug genug, die beiden wichtigen In= gredienzien seiner Darstellungsweise dem Gericht nur sparsam zuzumessen, um nicht Ueberdruß hervorzurufen.

Heine verfügt in der „Harzreise" über eine stilistische Meisterschaft, die uns nach seinen ersten prosaischen Darstellungen in Erstaunen setzen muß. Der ununterbrochene Fluß der Darstellung, die beständige Ab= wechselung von Witz, Satire und Begeisterung fesselt uns unwider= stehlich, das frische Leben, die volle Farbengebung reizen und erquicken uns. Der Tonfall der manchmal langen Perioden scheint mit dem Ohr versucht zu sein; leicht beginnt der Satz, er hebt sich in der Mitte und tönt voll aus. Mit großer Vorliebe verwendet der Dichter farbige Eigenschaftswörter, die allerdings oft das Maß des Erlaubten über= schreiten, wenn sie den vierten oder fünften Teil des ganzen Satzes einnehmen.

Der Heinesche Witz ist das Kind eindringenden Verstandes und einer scharfen Beobachtungsgabe. Er erspäht die Achillesferse seines Gegners, und unversehens fügt er ihm eine schwere Wunde zu; keine

Eigentümlichkeit, die zum Schaden der betreffenden Person ausgebeutet werden könnte, entgeht ihm. Treffende Vergleiche und Bilder strömen ihm dabei ungezwungen zu; er ist Meister in der Auswahl packender Bezeichnungen und das Ganze hell beleuchtender Eigenschaftswörter, sowie in der witzigen Momentaufnahme. Nur weniger Züge bedarf er, um uns eine Gestalt mit verblüffender Anschaulichkeit vor Augen zu führen. Mit den Gegensätzen spielt er mit vollendeter Virtuosität; auch das Feindlichste weiß er zu einer Vereinigung zu zwingen, die ein witziges Aeußere zeigt.

In dem allen erkennen wir deutlich den Einfluß einiger hochbegabter Dichter, von denen Heine auch sonst gelernt hat. Die Haltung des Ganzen ist sichtbar beeinflußt durch Clemens Brentanos Abhandlung über die Philister und Hoffmanns Märchen „Der goldene Topf“; im einzelnen läßt sich auch der Einfluß Jean Pauls nachweisen. Die „Harz- reise“ ist eigentlich die in Szene gesetzte Abhandlung Brentanos. Letzterer zergliedert den Philister; Heine führt ihn in mehreren Exemplaren leib- haftig vor. Brentanos Philister ist fest überzeugt, daß nüchterner Speichel etwas sehr Heilkräftiges sei; Heine zeigt uns einen philister- haften Bürger, der sich ebenfalls mit nüchternem Speichel kuriert (III, S. 43); Brentano vergleicht seinen Philister mit einem „ertrunkenen Leichnam“; Heine sagt von dem seinigen, er sehe aus, als habe er die „Viehseuche erfunden“; Brentanos Philister geht mit „weißer Nacht- mütze“ und „Flanelljacke“ zu Bett; dasselbe tut bei Heine der philiströse Kaufmann (III, S. 65). Die Ansichten, die Brentanos Philister über das Wesen der Schönheit in der uns umgebenden Natur kundgibt, finden wir in ähnlicher Plattheit bei Heine wieder. Wie Brentano, verwendet auch Heine die Namen berühmter Zeitgenossen in witziger Anordnung; wie dieser, gibt er humoristische Ableitungen der Gegenwart von der Vergangenheit (vergl. Heines Ableitung der Burschenschaften mit Brentanos Creti und Plethi). Der ganze Ton der „Harzreise“ aber findet seinen Vorgänger in Brentanos „Godwi“. Wie sehr Heine im Stile Brentanos schrieb, zeigt folgende Probe aus dem Briefe Römers an Godwi (I, S. 84 u. f.): „Ich konnte nirgends unterkommen, als im goldenen H. Nicht einmal eine Stube für mich allein konnte ich haben und mußte, da ich zu Bette ging, das Gespräch zweier mit mir einquartierten Studenten hören. Der eine, von H., kam sehr zerstört und traurig nach Hause und schrieb seinen Kummer in das Freudenbebet eines unglücklichen Frauenzimmers, deren Bilanz er heute gezogen und ein großes Defizit gefunden habe. Der andere, ein ziemlich trockener

Geselle, von J., wollte den Kummer gar in keine Rechnung gebracht wissen, und ärgerte den ersten durch seinen Trost, F. behauptе, alles läge im Kapital-Konto des Ichs, fast bis zu Tränen. Ich reiste vor Tagesanbruch ab und konnte dennoch den hebräischen Morgengebeten der polnischen Juden nicht entgehen; sie verdarben mir den Gesang der Nachtigallenlieder, die mir durch die Stadt nachhallten. . . . Ich rollte durch die schönen, breiten Straßen, ein kalter, toter Wind strich mir um jede Ecke entgegen, alles, was ich sah, waren Leute, die durch Gehorsam gerade, und Leute, die durch Stolz krumm gehen gelernt hatten, Soldaten und Höflinge." Wer weitere Muster wünscht, auch für die ernste Seite, der vergleiche folgende Stellen aus „Godwi" mit ähnlichen bei Heine (II, S. 135): „Die Sonne stieg leise hinter dem Gesichtskreise empor und küßte die Scheidetränen der Nacht von den Blumen. Sie drang aus sich selbst empor, wie die Glut der Leidenschaft, und das Leben erwachte in steigendem Glanze, während die unbestimmte Trauer im Schleier des Nebels feierlich und verheißend in die Erde stieg. So werden die Seufzer der trauernden Witwe Seufzer der Liebe, und der Kranz schwebender Lichter blühet in Irrlichtern und Feuerwürmchen über Gräbern und Blumen."

Hoffmanns Märchen „Der goldene Topf" hat ebenfalls auf Heine eingewirkt. Auch der Student Anselmus stößt jeden Augenblick mit der prosaischen Alltäglichkeit zusammen und wird dann unsanft aus seinen Phantasien in die Wirklichkeit zurückgerufen. Der Konrektor Paulmann ist just so ein Philister, wie Heine ihn oft zeichnet. Die brillant geschilderten Träume, die Heine uns ausmalt, weisen auf die tollen Phantasien des Anselmus zurück. Die vortreffliche Kneipszene im Brockenwirtshaus dürfte durch die ähnliche Szene im „Goldenen Topf", besonders aber durch die in den „Elixieren des Teufels" (Werke, Bd. VI, S. 143, Ausgabe von 1872) veranlaßt worden sein.

Auch in den Naturschilderungen erkennt man den Einfluß des tollen Romantikers. Unzweifelhaft schwebte Heine folgender Erguß seines talentvollen Vorgängers in „Der goldene Topf" vor: „Glühende Hyacinthen und Tulipanen und Rosen erheben ihre schönen Häupter, und ihre Düfte rufen in gar lieblichen Lauten dem Glücklichen zu: wandele, wandele unter uns, Geliebter, der du uns verstehst, unser Duft ist die Sehnsucht der Liebe. . . . Der Duft ist die Sehnsucht, aber Feuer das Verlangen," als er schrieb: „Die Blumen im Garten unter meinem Fenster dufteten stärker. Düfte sind die Gefühle der Blumen usw." (III, S. 39).

An Jean Paul und Brentano zugleich erinnern manche Eigentüm=
lichkeiten der Darstellung. Wie sie liebte auch Heine — Anklänge daran
finden sich schon in den „Berliner Briefen" — humoristisch gefärbte
Bilder, um eine Person kurz zu kennzeichnen. Dabei werden körperliche
Eigenschaften und Zustände in kecker Zusammenstellung auf das Geistige
bezogen, und umgekehrt. Man sehe sich die Schilderung der beiden
Damen an, die Heine in der Wirtshausszene von Nordheim trifft (III,
S. 20). Das ist die Art Witz, von der Jean Paul sagt: „Der Witz
ist wie ein Pfarrer; er kopuliert zwei entfernte Vorstellungen, am
liebsten solche, gegen deren Vereinigung alle Verwandten sind." Sehen
wir, ob Heine von Jean Paul gelernt hat.

Jean Paul spricht in den „Flegeljahren" von einem „Wüstengesicht";
Heine gebraucht „Quadratmeilen" und „Manufakturwarengesicht"; im
„Titan" nennt Jean Paul einen Prinzen „ein lebendiges Sukzessions=
pulver", Heine bezeichnet einen ihm widerlichen Menschen als „langes
Brechpulver"; einen armseligen Menschen nennt Jean Paul in den
„Flegeljahren" eine „abgepflückte winterlich kalte Gestalt", Heine redet
von einem „abgetragenen Mann" und von einem „frierend kalten Gesicht".
Wie Jean Paul von „mokanten Mädchengestalten" redet, so Heine von
„ernsthaften Bärten" usw. Die Manier ist also dieselbe.

Ganz ähnlich nennt Brentano den Philister „umwandelnden Leichen=
bitterstock" oder „transzendentalen Teeaufguß" und charakterisiert dessen
Seele als einen „gefrorenen Schlafrock". In „Godwi" spricht er von
„freudigen Hüften". Bei Heine trägt Ascher einen „transzendental
grauen Leibrock" und hat „abstrakte Beine" 2c.

Zu der schönen Charakteristik des deutschen Volksmärchens endlich
ward Heine durch die Vorrede zu Grimms „Haus= und Kindermärchen"
angeregt; sie ist eine ausgezeichnete dichterische Umschreibung eines von
den beiden Forschern hingeworfenen Gedankens.

Die im ersten Bande der „Reisebilder" enthaltenen 88 Lieder der
„Heimkehr" sind schon öfters Gegenstand ernster Untersuchungen
gewesen. Seuffert[1]) kommt zu dem Ergebnis, daß das Büchlein
nicht e i n e n Liebesroman, sondern zwei hohe, zwei niedere und mehrere
flüchtige Verhältnisse erzähle; Amalia Heine gelten eine, Therese gelten
zwei Gruppen. Das ist unbestreitbar richtig; die Abschnitte sind deutlich
zu erkennen — für den wißbegierigen Leser sei hier bemerkt, daß gleich
hinter dem häßlichen Gedicht von König Wiswamitra (Nr. 45), in dem

[1]) Vierteljahrsschrift für deutsche Literaturgeschichte III (1890), S. 601.

sich Heine in zynischer Weise selbst verspottet, die Ankündigung eines
neuen Liebesfrühlings erfolgt — und erwecken Zweifel, ob ein Mann,
der einem Zyklus der schönsten und reinsten Lieder die Mißgeburten
einer ungezügelten Sinnlichkeit einverleiben konnte, einer tiefen Neigung
fähig war.

Er beginnt mit der Versicherung, daß er nur singe, um sich von
seinem Leid zu befreien (1). Die Geliebte ist ihm die Loreley, die ihn
ins Verderben brachte (2). Am liebsten wäre es ihm, wenn die Schild=
wache ihm, den selbst die Drossel um die Ursache seiner Tränen fragt (4),
eine Kugel durch die Brust jagte (3). Diesen vier Gedichten folgt ein
Genrebild aus einem Jägerhause (5). Dem Dichter liegt indessen sehr
daran, die ernste Stimmung der Einleitung zu zerstören; er hat von
den Eltern seiner vermählten Geliebten gehört, daß sie in die Wochen ge=
kommen sei. Er gratuliert höflich und versenkt sich dann in die Augen
des Schwesterchens, die ganz den Ausdruck jener haben, die ihn so elend
gemacht (6).

Wie um sich an der ungetreuen Geliebten zu rächen, erzählt er
nunmehr ein Liebesabenteuer, das er mit einem Fischermädchen am Meere
erlebte. Sie sieht den „fremden blassen Mann" mit ihren schwarz=
braunen Augen an und fragt, was ihm fehle. In edeler Bescheidenheit
antwortet er mit den berühmt gewordenen Worten: „Ich bin ein deutscher
Dichter, bekannt im deutschen Land; nennt man die besten Namen, so
wird auch der meine genannt" (13). Das rührt ihr Herz, so daß er
in dem reizenden Gedichte: „Du schönes Fischermädchen", sie bitten
darf, ihm Vertrauen zu schenken (8). Und sie vertraut ihm, er ruht
in ihren Armen (9); aber Wehmut preßt ihr Tränen in die Augen und
er küßt die fallenden von ihrer weißen Hand; seit jener Stunde zehrt
sich sein Leib, und seine Seele stirbt vor Sehnen. Mit Pathos fügt er
hinzu: „Mich hat das unglückselige Weib vergiftet mit seinen Zähren" (14).
Im nächsten Gedicht aber erzählt er prahlerisch von drei schönen Fräulein
auf seinem Schloß, die ihn heiß lieben und küssen (15).

Die folgenden zwölf Gedichte sind wieder der Erinnerung an
Amalia Heine gewidmet und bilden eine innerlich verbundene, hoch=
bedeutende Gruppe von Liedern. Er sieht die Stadt, wo er das Liebste
verlor, von ferne (16), er tritt durch ihre Tore (17), er wandelt durch
die alten, wohlbekannten Gassen, bis zu seiner Liebsten Haus (18) und
besucht jene Hallen, wo sie ihm Treue versprochen (19). Er glaubt
sich zu sehen, wie er vor ihrem Fenster schmerzlich in die Höhe starrt (20).
Er fragt, wie sie ruhig schlafen könne, da er noch lebe, droht ihr mit

der Sage vom toten Knaben, der die Geliebte nachts zu sich ins Grab
geholt (21), und malt ihr diese schaurige Entführung in den grellen
Farben der „Traumbilder" aus (22). Dann erscheint sie ihm im Traume,
und beide weinen (23). Er nennt sich einen Atlas, er trägt eine Welt
von Schmerzen (24), aber er läßt nie von seiner Liebe, nur einmal
noch möcht' er vor ihr niedersinken und sterbend ausrufen: „Madam,
ich liebe Sie!" (25). Wieder träumt er, daß er zur Stadt komme,
in der sein Liebchen wohnt. Sie liegt blaß und verhärmt im Fenster,
während er die Steine der Treppe küßt (26). Er schließt die Gruppe
mit einigen Phrasen über seine Tränen und seine Liebe, die wie eitel
Hauch zerfloß (27).

Es folgt eine Reihe vermischter Gedichte: Genrebilder (28, 29,
38, 41), Erinnerungen an die Vergangenheit (30, 31, 33, 40), ironische
Gedichte verschiedenen Inhalts (32, 33, 34, 35, 36, 39, 42, 44),
die durch den „König Wiswamitra" (45) einen selbstironisierenden, rohen
Abschluß finden.

Die weiteren Lieder (46—63) sind, bis auf eines, einer neuen,
reinen Liebe gewidmet. Er vergleicht die Geliebte einer Blume, so
hold und schön und rein ist sie (47). Es wäre ihr Verderben, wenn
sie ihn liebte, aber es gelingt ihm, ihr Herz zu erobern (48). Er denkt
stets an sie, an ihre süßen, klaren Augen (50, 51), er träumt von ihr (49),
er betet zu ihr (52). Aber trotz aller Liebe, deren er sich nicht mehr
fähig glaubt, wagt er nicht, um Liebe zu bitten; er kann nur küssen
und scherzen und spräche vielleicht ein höhnisches Wort, während er
stirbt vor Verlangen (53). Sie teilt seine Liebe indessen nicht, obgleich
er es anfangs glaubte (55); sie sieht nicht, wie sein Herz verblutet (60),
sie hat ihn zugrunde gerichtet (62), und er kommt zu der Erkenntnis,
daß derjenige, der zum zweitenmale glücklos liebt, ein Narr ist (63).

Nach drei belanglosen Gedichten hält er es für die höchste Zeit,
die „Kirmesluft" durch ein Traktament mit „Schemelbeinen" zu erhöhen.
Er hat die platonische Liebe besungen, nun will er den „Kastraten"
neuen Anlaß zu Zetergeschrei geben (Nr. 79). Auf den Thron der
spröden Geliebten setzt er die Dirne und legt ihr ein Dutzend unzwei-
deutiger Gedichte zu Füßen. Die Mahnung: „Blamier' mich nicht, mein
liebes Kind", kennzeichnet zur Genüge das Gewerbe seines Liebchens,
das er mit blauen Husaren zu teilen hat. Bölsche [1]), der den Einfall
hatte, Heines gemeine Erotik zum Bestandteil einer neuen ästhetischen

---

[1]) S. 77.

Weltanschauung hinaufzuschrauben, hält die beiden Husarenlieder (Nr. 73, 74), „was Form und Stimmung angeht", für das „bewunderungs= würdigste Erzeugnis der Heineschen Poesie in dem ganzen Zyklus der »Heimkehr«". Wir sind über die Epoche des moralischen Erschreckens noch nicht hinaus[1]) und kümmern uns in der Tat um „nüchterne Anstandsfragen".[2]) Mit der dichterischen Freiheit, seiner Geliebten Straßendirnen an die Seite zu stellen, hat Heine freilich Schule gemacht. Heine hat übrigens später im „Buch der Lieder", getrieben durch die Opposition des Publikums und der Presse, die stärksten dieser Gedichte weggelassen.

Nach dem Hexensabbath der Sinnlichkeit läßt Heine die „Heimkehr" in sanften Worten austönen und schließt mit der Versicherung, daß dies Büchlein die Urne für die Asche seiner Liebe sei.

Die erste Gruppe der Lieder zeigt gegen das „lyrische Intermezzo" einen Fortschritt. Die Rührseligkeit hat keine so große Gewalt mehr über den Dichter, er weint und träumt nicht mehr so viel. Mit der Beseelung der Natur hat er fast gebrochen; an Stelle der liebeduftenden Blumen und flüsternden Vöglein ist eine kräftige Empfindung für die Schönheiten der Natur getreten, die er groß auffaßt und in prächtigen, fein gezeichneten Bildern wiederzugeben weiß. In vielen Gedichten ist ein reines Gefühl harmonisch zum Ausdruck gebracht. Ein kleines Meisterwerk ist in dieser Hinsicht das Gedicht: „Mein Herz, mein Herz ist traurig, doch lustig leuchtet der Mai" (3). In glänzender Klein= malerei zeigt er den Gegensatz zwischen seiner gedrückten Gemüts= stimmung und der heiteren Umgebung, bis die letzte Zeile mit einer überraschenden, aber völlig motivierten Wendung an die Eingangszeile anknüpft. Mit gleicher Meisterschaft bringt er in den schönen Gedichten: „Am fernen Horizonte" (16), „Nacht liegt auf den fremden Wegen" (86), „Wie der Mond sich leuchtend drängt" (40), Natur und Gemüt in Einklang, während „Dämmernd liegt der Sommerabend" (85) als reines Naturbild seinesgleichen sucht.

In anderen Gedichten wendet er sich an die Geliebte selbst. Er= greifend ist, wie er ihr, die ein bekümmertes, elendes Weib geworden, im Traume begegnet und für sie nebst ihren beiden Kindern die Pflege übernimmt (41); reizend in ihrer einfachen, warmen Empfindung muten uns „Du schönes Fischermädchen" (8), „Du bist wie eine Blume" (47) an. Tief innig ist eine Reihe melancholisch angehauchter Liebesgedichte;

---

[1]) S. 10. — [2]) S. 47.

ich nenne nur: „Still ist die Nacht" (20), „Ich stand in dunklen Träumen" (23), „Was will die einsame Träne" (27), „Wenn ich auf dem Lager liege" (49) und vor allen das schöne: „Der Tod, das ist die kühle Nacht" (87).

Andere Gedichte hat die Heines widerspruchsvolles Naturell kenn= zeichnende Manier, die harmonische Stimmung durch einen höhnischen Schluß zu zerstören, verdorben:

> Nur einmal noch möcht' ich dich sehen,
> Und sinken vor dir aufs Knie,
> Und sterbend zu dir sprechen:

Aber die letzte Zeile bringt das Lachen des Mephistofeles:

> Madame, ich liebe Sie! (25)

Aber er geht noch weiter. In mehreren, augenscheinlich planvoll eingeschobenen Gedichten von jedesmal zwei Strophen hält er sich selbst ob seiner Liebestorheit Predigten. Er macht sich über sich selbst lustig, daß er, doch sonst „kein Esel" in solchen Dingen, noch nicht wisse, wie er mit der Geliebten daran sei (32); er benutzt die indische Sage von der göttlichen Kuh des Wasischta, um den König Wiswamitra — d. i. den Liebenden, Heine — einen Ochsen zu nennen, weil er so viel tut, um eine Kuh — d. i. die Geliebte — in seinen Besitz zu bringen (45) usw.

In noch anderen Gedichten endlich tritt rührselige Uebertreibung und eitle Selbstbespiegelung hervor, z. B. in den Gedichten: „Der Abend kommt gezogen" (12), „Wenn ich an deinem Hause" (13), „Das Meer erglänzte weit hinaus" (14), „Ich unglücksel'ger Atlas" (24).

Von den Liebesliedern wenden wir uns zu den vermischten Ge= dichten der „Heimkehr", den Genrebildern, Balladen und Naturschilderungen. Von den ersteren muten einige uns an wie dichterische Beschreibungen von Gemälden, denn wie diese geben sie nur eine Situation, keine fort= schreitende Handlung. So schildert er das Interieur eines Jägerhauses (5), wo die blinde Großmutter wie ein Steinbild sitzt, der rotköpfige Förstersohn wütend auf= und abgeht, während die schöne Spinnerin mit ihren Tränen den Flachs netzt; sowie eines protestantischen Pfarr= hauses mit Mutter, Sohn und Töchtern (28); die eine Tochter beklagt sich über Langeweile, die andere will sich, um nicht zu verhungern, dem Grafen hingeben, der Sohn will die Alchymie erlernen. Da wirft ihm die Mutter die Bibel ins Gesicht, während von draußen der tote Vater an die Fensterscheiben pocht. Einen Abschluß gibt der Dichter nicht. Gleich fragmentarisch bleibt das Genrebild „Wir saßen am Fischerhause"

(7), so daß die drei Gedichte trotz ihrer plastischen Darstellung nicht voll befriedigen. Der Vollendung nahe kommt dagegen „Das ist ein schlechtes Wetter" (29): eine alte Mutter wankt, mit Leckereien für ihre schöne Tochter beladen, nach Hause, während diese sich schläfrig im Lehnstuhl dehnt, ein packendes, realistisches Bild aus dem Leben. Völlig aus= gereift ist die reizende Erinnerung aus der goldenen Jugendzeit: „Mein Kind, wir waren Kinder" (38), die so ungezwungen melancholisch austönt. [1]

Aus all' diesen Gedichten tritt uns eine glänzende Begabung für beschreibende Epik entgegen; aber erst die Lorelei=Ballade, die in die Harzreise eingeschobene „Berg=Idylle", sowie die der „Heimkehr" an= gehängte Romanze „Die Wallfahrt nach Kevelaer" zeigen uns dieselbe in ihrer vollen Stärke. Mit leisem Tonfall beginnt die „Lorelei", um in einer vierzeiligen Strophe anzudeuten, daß der Dichter etwas Geheim= nisvolles besingen werde. Die folgenden zwei Strophen geben in an= schaulichster Malerei ein knappes, scharfumrissenes Bild; mit der vierten und fünften geht der Dichter zur Handlung über, und die letzte schließt mit banger Ahnung. Gliederung, Malerei, Handlung, alles ist voll= kommen, und die Stimmung echt träumerisch, wie der Stoff es verlangt. Heine hatte, als er die Sage behandelte, allerdings auch Clemens Brentano als Vorgänger, aber sein Gedicht besitzt selbständigen Wert. [2]

Die „Berg=Idylle" hat dieselben Vorzüge, aber der Dichter hat sie aufgehoben durch die ironische Haltung des zweiten Teiles. Die Kleine fragt ihn, wie einst Gretchen den Faust, wie es um seinen Glauben be= stellt sei, und er hält ihr eine längere Vorlesung über s e i n e Dreieinig= keit, hinter der man mephistofelisches Kichern zu vernehmen glaubt. Der dritte Teil, reizend wie der erste durch sein kräftiges und feines Kolorit, geht in die Stimmung des ersten über und läßt das Ganze wohltuend ausklingen.

Die vielgerühmte „Wallfahrt nach Kevelaer" weist von dem katho= lischen Geist, der sie durchwehen soll, kaum eine Spur auf; eine

---

[1] Die feine Charakteristik des „liebenswürdigen Jünglings" (Nr. 65), die Elster (I, S. 124) als auf Heines Freund Christiani bezüglich bezeichnet, ist unzweifelhaft aus einer durch Hoffmann empfangenen Anregung entstanden. Hoffmann führt (Werke VII, S. 314, Ausg. 1873) in der „Nachricht von einem gebildeten jungen Manne" einen Affen als „liebenswürdigen Jüngling" vor; er schließt mit den Worten: „Es ist herz= erhebend, wenn man gewahr wird, wie die Kultur immer mehr um sich greift"; Heine bringt den entgegengesetzten Gedanken in der Schlußstrophe in ähnlicher Form vor: „O, wie ist es hocherfreulich ꝛc." — [2] Köln. Volksztg. 1894, Nr. 394.

katholische Mutter, deren Sohn sich um das tote Gretchen grämt, bringt ihren Jungen nicht nach Kevelaer, damit er dort der Mutter= gottes ein Wachsherz opfere, und so sentimental ist kein Bursch aus dem Volke, daß er es täte. Das ist eine gemachte Naivetät. Und dann stimmt zu der kindlich=frommen Färbung, die der Dichter dem Ganzen geben wollte, sehr schlecht, wie er die Wirkungen der Wundertätigkeit der Muttergottes von Kevelaer darstellt. Ohne den zweiten Teil wäre das Gedicht ein kleines Meisterwerk, denn es ist im ersten und dritten so schlicht und wahr, so anmutig im Volkston gehalten, so wehmütig und erhebend zugleich im Schluß, daß sich wohl niemand seiner Wirkung entziehen kann. [1]

Nach der „Wallfahrt nach Kevelaer" muß man die der „Heimkehr" folgenden Romanzen „Donna Clara" und „Almansor" lesen. Da ist Heine ganz wieder er selbst, ganz wieder der „Sohn der französischen Philosophie". Almansor kommt nach Cordova und tritt in den Dom, wo nicht mehr die Gläubigen das Prophetenwort singen, sondern „Glatzen= pfäfflein ihrer Messe fades Wunder" zeigen. Und „das ist ein Dreh'n und Winden — Vor den buntbemalten Puppen — Und das blökt und dampft und klingelt — Und die dummen Kerzen funkeln." Almansor knirscht mit den Zähnen und „bequemt" sich in die Zeit — er beugt sein Haupt über den Taufstein. Das ist Heine, wie er in Heiligenstadt sich das Taufwasser über den Kopf gießen ließ. Almansor reitet dann in wildem Jagen zu seiner Geliebten, versichert, daß er das Kreuz im Herzen trage und schwört an einem Abend dreißig Mal: „So wahr ich Christ bin." Als der Schwarm der Gäste sich verlaufen hat, und Al= mansor mit Clara allein geblieben, sieht er sich im Geiste wieder mit ge= beugtem und triefendem Haupte im Dome zu Cordova, er hört die Riesen= säulen unmutig ob des Renegaten murmeln: „Und sie brechen wild zu= sammen — Es erbleichen Volk und Priester — Krachend stürzt herab die Kuppel — Und die Christengötter wimmern."

Die Romanze „Donna Clara" ist eine Satire auf den Antisemitis= mus der strenggläubigen Christen. Clara liebwandelt mit einem frem= den schönen Ritter, der ihr Herz gefangen genommen. Er fragt sie, warum sie plötzlich rot werde? Antwort: Mücken hätten sie gestochen, die ihr ebenso verhaßt seien wie „Langnasige Judenrotten". Auf seine Frage, ob sie ihm gewogen, schwört sie ihm ein Ja bei dem Hei=

---

[1] Der erste Teil der „Wallfahrt" klingt an das Gedicht des „Intermezzos": „Nacht lag auf meinen Augen" (Nr. 64) an. Der Dichter hat sich hier selbst kopiert.

land, den „die gottverfluchten Juden boshaft tückisch einst ermordet". Und als er endlich fragt, ob sie nicht falsch geschworen, gibt sie zur Antwort: Falsch sei nicht in ihr, denn in ihrer Brust fließe kein Tropfen Blut des „schmutz'gen Judenvolkes". Der Ritter ist damit zufrieden, und der Dichter läßt zum Schluß eine schwüle Liebesszene folgen. Der Schluß bringt Donna Clara eine sehr unliebsame Ueberraschung: der Fremde ist der Sohn des Rabbi Israel von Saragossa. Das Gedicht wäre nicht übel, wenn es nicht an Uebertreibung litte.

„Ratcliff" vollendet die poetische Darstellung Heineschen Fühlens, indem er die an einen verhaßten Mann verheiratete, wahnsinnig gewordene Geliebte beschwört. Er spricht mit ihr, die sich in widersinnigen Reden bewegt, die sein Herz mit bitterem Weh erfüllen; plötzlich aber hellt sich ihr Gedächtnis auf und sie fragt ihn mit ihrer alten, süßen Stimme: „Wie wußtest du, daß ich so elend bin? Ich las es jüngst in deinen wilden Liedern." Da zieht's ihm eiskalt durch die Brust, ihm graust ob seinem eigenen Wahnsinn, der die Zukunft geschaut — und er wacht auf. Das ergreifende Gedicht gehört zu den schönsten, die Heine in seinen guten Stunden gedichtet.

Der Widerwille gegen das notgedrungen angenommene Christentum, der angeborene „Judenschmerz" und der Gram um die zwiefach verlorene Geliebte fluten in diesen drei, für die Charakteristik Heines bedeutenden Gedichten und finden ihren Abschluß in der „Götterdämmerung", einem formvollendeten, im Geiste Byrons gehaltenen Gedichte. Der blütenknospende Mai klopft an seine, „des bleichen Träumers", Tür und will ihn locken. Aber vergebens! Der Dichter hat zu viel und zu tief geschaut, um an der elenden, trugerfüllten Welt, von der er nicht weiß, ob sie ein Tollhaus oder ein Krankenhaus ist, Freude haben zu können. In glänzender Schilderung führt er diesen Gedanken durch und zeigt dann in einer prächtigen Phantasie den Kampf der dunkeln Erdgewalten gegen den Himmel, d. h. des Makrokosmos gegen den Heineschen Mikrokosmos. Heulend stürzen die Engelscharen auf das Angesicht, der bleiche Gott reißt sich die Krone vom Haupte und zerrauft sein Haar; als Heine aber sieht, daß ein häßlich schwarzer Kobold seinen — Heines — eigenen Engel mit der „ewigen Liebe um den Mund" vom Boden reißt und in zärtlicher Umarmung fast erdrückt — da „dröhnt ein Schrei durchs ganze Weltall, die Säulen brechen, Erd' und Himmel stürzen zusammen und es herrscht die alte Nacht". In keinem Gedichte hat Heine seiner inneren Zerrissenheit so kräftigen Ausdruck gegeben wie in diesem.

Die Naturbilder der „Heimkehr" werden am besten zusammen mit den beiden Nordsee-Zyklen behandelt. Wohl nirgend hat Heines Phantasie einen so hohen Flug genommen, und nirgend hat er bei echt lyrischem Schwung und plastischer Darstellung einem Gedicht einen so pikanten Reiz gegeben, wie in den Nordseebildern. Das Meer steigt vor uns auf in seiner ganzen Herrlichkeit, mit seinen Wundern und Schrecken, und inmitten seiner Größe taucht der Dichter auf mit seinen kleinen Liedern. Die Götterwelt des klassischen Altertums erscheint in phantastisch-humoristischer Beleuchtung. Und die Sprache! Wie Orgeltöne fluten die Verse dahin und berauschen mit ihrer Musik das Ohr; jedes Wort, jede Windung ist an der rechten Stelle und regt unsere Phantasie an.

Der Dichter beginnt mit einer etwas geschraubten Widmung an die Geliebte (1), dann entwirft er ein Bild der Abenddämmerung am Meeresstrand; er lauscht den Meereswogen, deren Murmeln ihn an die Märchen der Kindheit erinnert (2). Der „Sonnenuntergang" bringt eine echt poetisch empfundene Personifikation von Sonne und Mond (3). „Die Nacht am Strande" (4) erzählt in Anlehnung an die betr. Lieder der „Heimkehr" ein Liebesabenteuer in wilder Sturmnacht; „Poseidon" (5) berichtet echt humoristisch über einen Zusammenstoß des Dichters mit dem groben Meeresgott. Die „Erklärung" (6) enthält das allzu titanenhaft gehaltene Geständnis des Dichters, daß er Agnes liebe, und „Nachts in der Cajüte" (7) einige Lieder an die Geliebte. Die folgenden beiden Nummern bringen Schilderungen eines Sturmes auf der See (8) und, in bedauerlicher Verzerrung, der „Meeresstille" (9). In die Vergangenheit greift der Dichter im „Seegespräche" (10), wo er uns einen Blick in ein versunkenes Vineta tun läßt. „Reinigung" (11) gibt seinem Entzücken Ausdruck, daß seine Seele durch das Meer befreit wurde, und „Frieden" (12) schließt mit einer großartigen Verherrlichung des Christentums den ersten Zyklus ab.

Der zweite, minder bedeutende Zyklus beginnt mit einem Gruß an das Meer, nach dem er wie eine welke Blume geschmachtet (1). Daran reiht sich ein Gewitterbild (2). Die folgenden drei Gedichte sind rein persönlicher Natur. Der Dichter nennt sich einen schiffbrüchigen Mann, weil die Geliebte ihn verriet, und er enthüllt seinen Ekel an allem Geschaffenen (3); er vergleicht in leicht verständlicher Anlehnung an seine eigenen Erfahrungen die Sonne mit einem unglücklichen Weibe, das aus Konvenienz den alten Meergott geheiratet, (4) und führt uns einen von der Treue seiner Geliebten phantasierenden Mann vor, der von den Elementen und den horchenden Oceaniden verhöhnt wird (5). Zwei weitere

Gedichte gehen auf religiöses Gebiet über. Er sieht in den weißen Wolken die Götter Griechenlands, die jetzt als Gespenster am Himmel ziehen, und bedauert sie, die vom neuen Glauben vertrieben sind (6). Er stellt am wüsten nächtlichen Meer die uralten Fragen nach dem Ursprung des Diesseits und dem Wesen des Jenseits, ohne Antwort zu erhalten (7). Die drei letzten Nummern bringen ein Naturbild mit Liebesphantasien (8), die grotesk aufgeputzte Schilderung eines Aufenthalts im Bremer Ratskeller (9), sowie einen matten Epilog.

In den als Naturbilder ebenfalls hierher gehörenden Liedern der „Heimkehr": „Der Wind zieht seine Hosen an" (10) und „Der Sturm spielt auf zum Tanze" (11) gibt er Schilderungen der wildbewegten See, während in „Dämmernd liegt der Sommer=Abend" (85) und „Nacht liegt auf den fremden Wegen" (86) eine friedliche Stimmung durchbricht.

Vor allem spricht uns an Heines Nordseebildern an die packende Realistik der Darstellung, das glühende Kolorit und die dithyrambisch dahinstürmende Sprache. Die Bilder sind genial entworfen und in großen Zügen ausgeführt; das Detail wird nur schwach, doch erkennbar angedeutet. Aber auf wirklich Geschautem einen festen Stützpunkt fin=dend, läßt der Dichter auch seiner Phantasie die Zügel schießen; er be=seelt Meer, Sturm und Wolken und sucht in der Natur den Gleichklang mit seiner Stimmung. Kein Bild ist ihm zu kühn. Von der Sonne reißt er das strahlend rote Gold zu einem Diadem für das Haupt der Geliebten, von der flatternden, blauseidenen Himmelsdecke schneidet er ein Stück, um es als Krönungsmantel um ihre königlichen Schultern zu legen (I¹). Aus Norwegs dunkeln Wäldern bricht er die höchste Tanne, taucht sie in des Aetnas glühenden Schlund, und mit solcher feurigen Riesenfeder schreibt er an die blaue Himmelsdecke: „Agnes, ich liebe dich!" (I⁶) An die Himmelsdecke möchte er seine Lippen pressen, denn die Sterne sind die Augen der Geliebten (I⁷). Das dürfte, so in nüchterner Prosa wiedergegeben, bombastisch klingen; aber man lese diese Schilderungen in Heines freien, schwungvollen Rhythmen, und man wird das Kühnste für natürlich halten.

Die prächtigste dieser Phantasien ist „Frieden" (I¹³), ein Lob=gesang auf den Welterlöser und seine beseligende Lehre, dessen sich der begabteste christliche Dichter nicht zu schämen hätte.

Auf gleicher Höhe stehen die Gedichte, die in keckem Humor Vorstellungen der griechischen Mythologie in die Natur versetzen oder die Himmelskörper und Elemente personifizieren. Sol und Luna sind ihm getrennte Gatten, die einst „ehelich vereint am Himmel glänzten", umwimmelt von den Sternen, den „kleinen, unschuldigen Kindern". Böse Zungen trennten das „hohe leuchtende Ehepaar"; jetzt wandelt am Tage Sol, „vielbesungen von stolzen, glückgehärteten Menschen", in „einsamer Pracht", und nachts erscheint Luna, glänzend in „stiller Wehmut" „mit ihren verwaisten Sternenkindern". Sie liebt noch immer den schönen Gemahl; gegen Abend lauscht sie aus leichtem Gewölk dem Scheidenden nach, aber er glüht in doppeltem Purpur vor Zorn und Schmerz und sinkt „in sein flutenkaltes Witwerbett" (I³).

Aber die Sonne ist ihm auch eine schöne Frau, die aus Konvenienz den alten Meergott geheiratet. Tagsüber wandelt sie „purpurgeputzt und diamantenblitzend" am Himmel, abends aber kehrt sie traurig heim in die „öden Arme des greisen Gemahls", den sie mit ihren Klagen und Tränen zur Verzweiflung bringt (II⁴). Hierher gehört auch die schöne Personifikation des Nordwinds (I⁴).

Oder er zitiert den alten Poseidon. Am Meere sitzend liest der Dichter das alte, ewig junge Lied von Odysseus, der von dem erzürnten Meeresgott so Leidvolles zu erdulden hatte. Seufzend sagt er: „Du böser Poseidon, dein Zorn ist furchtbar, und mir selber bangt ob der eigenen Heimkehr." Da schäumt das Meer, schilfbekränzt erscheint das Haupt des Gefürchteten, und in wundervollem Sarkasmus erklärt er dem Poeten, daß er durchaus keine Ursache habe, sich vor ihm zu fürchten (I⁵).

In den weißen Wolken erkennt der Dichter die verbannten Götter von Hellas, und er widmet ihnen eine fein humoristisch-satirische Ansprache, die mit einem plumpen Angriff auf das Christentum schließt (II⁶).

In anderen Bildern dagegen entfaltet sich ein durchaus auf das Gegenständliche gerichteter Realismus. Er schildert die Abenddämmerung am Meer, und das Murmeln der Wogen ruft ihm die Erinnerungen einer glücklichen Jugend zurück (I³); er malt in prächtiger Farbengebung eine Nacht am Strande und knüpft daran ein anmutig dargestelltes, allerdings nicht unbedenkliches Liebesabenteuer (I⁴); durch das Wüten des Sturmes vernimmt er lockende Harfentöne und den sehnsuchtwilden Gesang eines schönen kranken Weibes, das fern an der schottischen Küste am hochgewölbten Fenster steht (I⁸); im Meer glaubt er eine versunkene Stadt und an dem Fenster eines der mittelalterlichen Häuser seine Geliebte zu sehen — er will zu ihr hinunterstürzen, aber der Kapitän hält ihn fest (I¹⁰).

In einigen Gedichten ist die Offenbarung seines Gemütszustandes der Mittelpunkt, und die Naturschilderung nur die Arabeske. Er vergleicht sich mit einem Schiffbrüchigen, der durch eines Weibes Schuld alles verloren, Glück, Hoffnung und Liebe (II 8). Er läßt sich verhöhnen von den Okeaniden, denen er erzählt, daß die Geliebte ihm treu ergeben sei (II 5); er stellt an die Wogen die erwähnten uralten Fragen und wartet wie ein Narr auf Antwort (II 7).

In den „Nordseebildern" liegt der ganze Heine mit seinen großen Vorzügen und großen Fehlern, mit seiner Freude am Schönen und Edeln und seiner dämonischen Lust, das selbst Geschaffene zu zerstören. Selbst das herrliche Gedicht: „Frieden" (I 12) muß er in den Kot ziehen; er richtet am Schluß eine Ansprache an einen Mann, der sich in der frommen Stadt Berlin bis zum Regierungsrat hinaufgefrömmelt hat, und versichert ihm, daß er, wenn er dies Gedicht selbst verfaßt und der „Hocherlauchten" vorgelesen hätte, mindestens eine Gehaltszulage von hundert Talern preußisch Kurant erhalten würde. Die Ansprache schließt: „Und du stammeltest händefaltend: »Gelobt sei Jesus Christ!«" Der ganze — von Heine später weggelassene — Zusatz ist, an und für sich betrachtet, eine Gemeinheit; er wirkt wie ein Gassenhauer nach Paläftrinas „ewigem Choral". Bölsche meint,[1]) der Zusatz sei eine Wendung des logischen Denkprozesses, der an den Mißbrauch mahnte, der mit dem Namen Jesus Christus getrieben werde. Aber die Annahme des Gegenteils wird durch das, was Heine an Verhöhnung des Heiligsten bis dahin geleistet, gestützt. Der Zusatz bedeutet nichts anderes, als die Versicherung, daß die Christen mit dem Christentum Schacher treiben. Zur Gewißheit wird diese Ansicht, wenn wir im „Buch Le Grand" lesen (III, S. 186), daß er denselben Gedanken in noch zynischerer Weise ausführt.

Und der Verehrer Heines mag weiter blättern und sich das Gedicht: „Die Götter Griechenlands" im zweiten Zyklus ansehen. Da heißt es:

> Und wenn ich bedenke, wie feig und windig
> Die Götter sind, die euch besiegten,
> Die neuen, herrschenden, tristen Götter,
> Die schadenfrohen im Schafspelz der Demut,
> O, da faßt mich ein düsterer Groll,
> Und brechen möcht' ich die neuen Tempel.

Das ist Heine, wie er im „logischen Denkprozeß" sich seine Ansicht von der Gottheit gestaltet, während der Dichter des „Frieden" eine

---

[1]) S. 105.

Verherrlichung der Lehre Jesu Christi schuf, wie sie in einem lichten Augenblick sein ästhetisches Gefühl verlangte.

Weniger beleidigen uns in anderen Gedichten der ironische oder bitter satirische Schluß oder der Rückfall in die Sprache des gewöhnlichen Lebens, aber sie beeinträchtigen die Wirkung manchen schön anhebenden Gedichtes; so in „Meergruß" (II[1]), und in der albernen Ansprache an die Wogen in „Der Gesang der Okeaniden" (II[5]). Schroff empfinden wir auch den vernichtenden Schluß der prächtigen Vision: „Seegespenst" (I[10]), wo der Kapitän den Dichter mit den Worten zurückzieht: „Doktor, sind Sie des Teufels?" Uebrigens hat Heine diesen Schluß sowie den vorangehenden Teil der Vision direkt aus Hoffmanns „Der goldene Topf" entlehnt; dort heißt es[1]): „Aufs neue ergriff ihn die unaussprechliche Sehnsucht, das glühende Verlangen: »Ach, seid ihr es denn wieder, ihr goldenen Schlänglein? singt nur, singt. Ach, seid ihr denn unter den Fluten?« So rief der Student Anselmus und machte dabei eine heftige Bewegung, als wolle er sich gleich aus der Gondel in die Flut stürzen. »Ist der Herr des Teufels?« rief der Schiffer und erwischte ihn beim Rockschoß."

In formeller Hinsicht bilden die Nordsee=Zyklen den Beginn eines neuen Abschnitts in Heines poetischem Schaffen, der mit dem zweiten Bande der Reisebilder allerdings einen raschen Abschluß finden sollte. Eine größere Gewalt über die deutsche Sprache hat Heine nicht wieder bewiesen, und er hat auch keinen ebenbürtigen Nachfolger gefunden.

Als Versmaß benutzte Heine den von Goethe in die Poesie eingeführten Streckvers (in „Prometheus" 2c. angewandt), der obenhaften Schwung gestattet. Scheinbar verfügt der Dichter völlig frei über den Rhythmus; bei genauerer Prüfung findet man indessen, daß er über vier Hebungen in der Verszeile nicht hinausgeht. „Bald ist der Rhythmus steigend, bald fallend, bald abwechselnd fallend oder steigend. Außerdem bedient sich Heine hier des Stabreims, durch den er die wichtigsten Verse kraftvoll hervorhebt und miteinander verbindet."[2])

Heine ist, wie schon erwähnt, ein großer Liebhaber farbiger Adjektive. In der „Harzreise" finden wir sie manchmal im Ueberfluß angewendet; sie sind dort nur in ihrer Zusammenstellung originell; in den „Nordseegedichten" aber begegnen wir eben so eigenartigen wie glücklichen Neubildungen. Das leise Flüstern der Wellen nennt er „wiegenliedheimliches Singen" (I[2]); Menschen, die in ungestörtem Wohlleben

---

[1]) Siehe Elster VII, S. 624. — [2]) Elster I, S. 70.

dahinträumen, bezeichnet er als „glückgehärtet" (I[8]); die Augen der auf die Märchen=Erzählerin horchenden Kinder sind ihm „neugierklug" (I[2]); das Sonett nennt er treffend „steifgeputzt" (I[1]), die Erzählungen des Nordwinds „totschlaglaunig" (I[4]), die Runensprüche „dunkeltrotzig, zaubergewaltig" (I[4]). Andere glückliche Verbindungen sind: gedanken= bekümmert (I[8]) und seelenbekümmert (I[5]), ahnungssüß (I[4]), sehnsucht= wilder Gesang (I[8]), flutenkalt (I[8]); stillverderbliche Fläche des Meeres (I[11]), vollblühender Mond (II[6]) usw. Einige Adjektive erinnern an Vossens treffliche Uebersetzung Homers: das weit aufschauernde Weltmeer (I[8]), das weithin rollende Meer (I[5]), meerdurchrauschte Blätter (I[5]),

Nicht minder originell und treffend sind viele Bilder und Gleich= nisse. Bekannt ist: Der Wind zieht seine Hosen an; die weißen Wasser= hosen (Heimkehr Nr. 10); der Sturm spielt auf zum Tanze (Das. Nr. 11). Die Sterne sind „Nachtdiamanten" (I[1]); die stürmischen Wo= gen nennt er „die weißen Wellenrosse" (II[8]) des Boreas, die friedlichen Wellen hüpfende „wollige Lämmerherden" (II[4]), das Meer „Mutter der Schönheit, der Schaumentstiegenen" (I[8]), die Wolken „graue Töchter der Luft" (II[6]); die Seevögel flattern nach ihm „wie Schatten= leichen am Styx" (II[8]); er selbst liegt am Strande „gleich einem ausgewor= fenen Leichnam" (II[8]) usw. [1])

Freilich fehlt auch die Uebertreibung nicht. Wenn er das Meer die „Großmutter der Liebe" (I[8]), d. i. Amors, des Sohnes der Schaum= entstiegenen, nennt, Worte als „süß wie Mondlicht" bezeichnet (II[8]), so wissen wir nicht, was wir damit anfangen sollen. Und wenn er dem alten Meergott die Schimpfworte gegen die Sonne in den Mund legt: „Runde Metze des Weltalls" (II[4]), wenn er die glühende Sonne eine „rote, betrunkene Nase, die Nase des Weltgeistes" (II[9]) nennt, so erkennen wir in diesen Auswüchsen des Humors den Einfluß des schließlich verrückt gewordenen Grabbe.

Die Reisebilder machten wegen ihres neuen, frischen Tones ziem= liches Aufsehen, das der Verfasser selbst und durch seine Freunde zu vergrößern suchte. Er fragte in den Hamburger Buchhandlungen nach „Heines Büchern" [2]) und bat seine Gesinnungsgenossen, für ihn in die

---

Trompete zu stoßen, da ihm bei seiner fatalen Stellung — seinen Ver=
wandten gegenüber, die ihn lieber in einer bürgerlichen Stellung, als
auf der Literaturstraße gesehen hätten — günstige öffentliche Urteile
sehr erwünscht seien. Anerkennende Besprechungen erschienen denn auch,
doch bewahrten sie, wohl mit Rücksicht auf die herrschende Strömung,
eine gewisse Zurückhaltung; selbst Freund Immermann hielt diese Vor=
sicht für notwendig. Auch scharfe Angriffe erfolgten in der Presse, und
weite Kreise des Publikums verhielten sich ablehnend. Leute wie der
Wortwitzler G. M. Saphir und der Kritiker A. Müllner suchten seine
Manier zu parodisieren. Fanny Lewald hörte sagen [1]): „Bleibt mir
mit den Schmutzbüchern, mit den Kommisvoyageur=Witzen vom Halse",
und sie berichtet, daß den Reisebildern die Aufmerksamkeit nicht so sehr
zugewendet gewesen sei. Der Band erschien auch erst 1830 in zweiter
Auflage, obgleich das in einigen Städten erfolgte Verbot Reklame für
ihn machte. In Berliner Blättern erschienen bissige Epigramme gegen
den Verfasser, persönliche Angriffe blieben nicht aus und versetzten Heine
in den ganz ungerechtfertigten Glauben, daß das deutsche Volk augen=
blicklich nichts Besseres zu tun habe, als sich mit seinen Reisebildern
zu beschäftigen.

II.

Der zweite Band. 1827.

Heine reiste im Juli 1826 nach Norderney, wo er einen großen
Teil der zweiten und dritten Abteilung der Nordseebilder ausarbeitete
und, seinen Briefen zufolge, mit schönen und vornehmen Frauen ver=
kehrte. Als er im September in die engen Verhältnisse Lüneburgs zu=
rückkehrte, stieg wieder die Sehnsucht nach Paris in ihm auf. Aber
zunächst mußte er daran denken, seine Bedürfnisse durch eine rege
Schriftstellerei zu befriedigen; auch hatte er die Hoffnung auf Theresens
Hand noch nicht aufgegeben, und er schmeichelte sich mit dem Gedanken,
daß ein außerordentliches literarisches Werk ihm die Verwandten doch
noch günstig stimmen werde. [2]) So lebte er denn ziemlich zurückgezogen
und arbeitete an dem zweiten Bande seiner Reisebilder, der viel Lärm
verursachen (14/X. 26) und das wunderbarste und interessanteste Buch
der Zeit werden sollte (6/X. 26). Er schlug aber, um unerhörtes

---

[1]) Westermann Bd. 61, S. 122. — [2]) Elster I, S. 47.

Aufsehen erregen zu können, einen — gelinde gesagt — eigentümlichen
Weg ein. Am 24. Oktober 1826 schrieb er Varnhagen, die Reisebilder
seien eine bequeme Form, in der er alles unterbringen könne, was er
wolle. „Haben Sie daher in dieser Hinsicht irgend einen besonderen
Wunsch, wünschen Sie eine bestimmte Sache ausgesprochen zu sehen,
oder irgend einen unserer Intimen · gegeißelt zu sehen, so sagen Sie es
mir, oder, was noch besser ist, schreiben Sie selber in meinem Stil die
Lappen, die ich meinem Buche einflicken soll, und Sie können sich auf
meine heilige Diskretion verlassen. . . . Wollen Sie in meine Reisebilder
ganze Stücke, die zeitgemäß sind, hineingeben, oder wollen Sie mir bloß
die Proskriptionsliste schicken — ich stehe ganz zu Ihrem Befehl." Der Vor=
schlag ist völlig ernst gemeint, denn er wiederholt ihn bei einer anderen
Gelegenheit (am 19. Oktober 1827), aber beide Male ohne Erfolg.

Am 15. Januar 1827 reiste Heine nach Hamburg, um den Druck
des Buches zu überwachen, das im April die Presse verließ. Es ent=
hielt den breits besprochenen zweiten Zyklus der Nordsee=Gedichte, einen
größeren prosaischen Aufsatz über die Nordsee, sowie die „Ideen, das
Buch Le Grand".

Heines religiöse und politische Weltansicht, die er bisher nur in
verschwommenen Grundlinien angedeutet hatte, tritt uns hier bestimmter
entgegen. Er nennt die Herrschaft der römischen Kirche im Mittelalter,
die indessen nach seinem eigenen Geständnis — da kommt der Ro=
mantiker zum Vorschein — viel ruhiges Glück mit sich brachte, eine
Unterjochung schlimmster Art. Rom habe wie eine Riesenspinne die
lateinische Welt mit einem unendlichen Gewebe überziehen wollen. „Die
Tage der Geistesknechtschaft," fährt er, nun der Schüler Voltaires, fort,
„sind vorüber; altersschwach, zwischen den gebrochenen Pfeilern ihres
Kolisäums sitzt die alte Kreuzspinne und spinnt noch immer das alte
Gewebe; aber es ist matt und morsch, und es verfangen sich darin nur
Schmetterlinge und Fledermäuse, und nicht mehr die Steinadler des
Nordens" (III, S. 92, 93). Das Christentum bezeichnet er, wie auch
die Wechsel, als eine Erfindung der Juden (III, S. 169). Er sehnt
sich nach dem lustigen, nackten griechischen Göttergesindel und meint, wir
hätten vielleicht nicht viel Vorteil von unserer neurömischen Dreigötterei
oder gar von dem jüdischen Eingötzentum (S. 153). Dem Löwenwirt
zu Bologna will er fünf Taler geben, wenn er, Heine, nur das „un=
glückselige" Wort „Religion" in diesem Leben nicht mehr zu hören
brauche (S. 154). Damit verbinden sich blasphemische Vergleiche, die
ihr Vorbild in Brentanos „Godwi" finden.

Die französische Revolution ist ihm ein guter Gedanke in dem schaffenden Gottestraum (S. 136). Mit Behagen malt er aus, wie er mit einer ganzen „aristokratischen Menagerie" und anderen vornehmen „Domestiken" an einer Tafel sitzt, wie man ihn mit den Speisen übergeht, so daß er vor Langeweile den roten Guillotinenmarsch auf dem Tische trommelt. Aber „diese Leute", fügt er hinzu, „lassen sich im Essen nicht stören und wissen nicht, daß andere Leute, wenn sie nichts zu essen haben, plötzlich anfangen zu trommeln, und zwar ganz kuriose Märsche, die man längst vergessen glaubte" (S. 156). Das ist zutreffend für den vierten Stand; aber ein Bourgeois=Revolutionär, als den Heine mit seiner „Konstitutions=Gesinnung" (S. 157) sich darstellt, hat den Hunger nicht nötig, um einen Sturm auf die Bastille zu versuchen.

Die Riesengestalt Napoleons begeistert Heine zu einem Hymnus, wie er dem korsischen Eroberer selbst von Manzoni nicht gesungen worden, und dem Hymnus auf den Unterdrücker Deutschlands ließ er die giftigsten Spottlieder auf sein Vaterland folgen. Er schildert, wie der Tambour Le Grand ihm durch Trommeln politische Begriffe und große Weltbegebenheit klar zu machen sucht: „Er wollte mir mal das Wort l'Allemagne erklären, und er trommelte jene allzu einfache Urmelodie, die man oft an Markttagen bei tanzenden Hunden hört, nämlich: dum — dum — dum. Ich ärgerte mich, aber ich verstand ihn doch" (S. 155). Dasselbe „dum — dum — dum" wiederholte sich bei der trommelnden Schilderung der Schlacht von Jena (S. 158). Der Spott trifft Deutschland und Preußen; auf letzteres zielt er noch an anderen Stellen, so besonders in der ausgezeichneten Schilderung, wie seine Vaterstadt Düsseldorf preußisch wird (S. 162).

Ueber den dritten Teil der „Nordseebilder", der neben sehr frivolen Aeußerungen vortreffliche Gedanken enthält, können wir hinweggehen. Das „Buch Le Grand" aber fesselt unsere Aufmerksamkeit in hervorragender Weise; es ist, obgleich durchaus kein einheitliches Kunstwerk, die bedeutendste Prosaschöpfung Heines und eine Zierde unserer Literatur. Der blendende Witz, der anheimelnde Humor, die Originalität des Dichters, sein reicher Geist, der hohe Flug seiner Phantasie, seine plastische Darstellungskraft treten in schönster Beleuchtung hervor, und wir dürfen uns ihrer um so mehr erfreuen, als nur selten ein frivoler Witz uns den ruhigen Genuß vergällt.

Das „Buch Le Grand" erscheint bei oberflächlicher Lektüre als eine Galerie systemlos durcheinander gehängter Gemälde: Hier Historie, dort

Genre, rechts Landschaft, links Stilleben, vor uns der Prometheusfelsen
des Weltschmerzes, hinter uns der Karneval des Witzes; aber bei ge=
nauerer Prüfung findet man, daß trotz aller Gegensätze die Bilder
Gruppen bilden: die zwanzig Kapitel lassen sich völlig zwanglos in vier
Abteilungen von je fünf Kapiteln zerlegen.

In der ersten wirft der Dichter, in der Maske des Grafen vom
Ganges, einen Blick auf die Leiden, die er durch die Härte der Ge=
liebten erlitten (I, II); er wurde aber zu neuem Leben erweckt, als er
Madame, der er das alles erzählt, erblickte; er freut sich wieder in
bacchantischer Trunkenheit des schönen Daseins (III), gedenkt wehmütig
des Tages, wo er alt geworden sein wird (IV), und endet den schönen
Traum mit der Erklärung, daß er nicht der Graf vom Ganges
sei (V).

Die zweite Abteilung ist Erinnerungen aus seiner Düsseldorfer
Jugendzeit gewidmet. Er schildert die Abreise des entthronten Kurfürsten
(VI), die Ankunft der Franzosen mit dem Tambour Le Grand (VII),
den Einzug Napoleons (VIII); er widmet dem Ende des Kaisers melan=
cholische und dessen Feinden haßerfüllte Worte (IX), und schließt mit
der Schilderung, wie Düsseldorf wieder preußisch wird, die französischen
Soldaten armselig aus Rußland wiederkehren und Le Grand verzweif=
lungsvoll seinen jungen Freund bittet, die Trommel zu zerstechen (X).

Die dritte Abteilung ist rein humoristisch=satirisch, ein prächtiges
Feuerwerk der seltsamsten Einfälle, während die letzte wieder an die
erste anschließt und von des Dichters weiteren Liebesabenteuern erzählt.

Die zweite Abteilung allein hat einen konkreten und in sich zu=
sammenhängenden Inhalt. Sie ist das Lied von Napoleons Glück und
Ende, wie es in den Jugend=Erinnerungen des Dichters in frohlockenden
und wehklagenden Melodien widerklingt. Idyllisch beginnt die in einer
Kleinstadt spielende Erzählung, um sich unmerklich zu= tragischer Bedeu=
tung und in das Welthistorische zu erheben. Wohl selten ist das
Schicksal eines mächtigen, wie ein glänzendes Meteor emporsteigenden
Eroberers einfacher und gleichzeitig ergreifender geschildert worden. Held
der Erzählung ist nicht Napoleon selbst, sondern der Tambour Le Grand;
jener geht nur an der Szene vorüber, dieser spielt mit; er ist die Ver=
körperung des siegenden und untergehenden Franzosentums, des frei=
heitlichen und des despotischen Gedankens zugleich, wie er in dem aus
der Revolution geborenen Kaiser verborgen liegt. In begeisterten Klängen
ertönt das Lob der Prinzipien von 1789, des Siegers von Jena, der

großen Nation; wehmütig tönt es aus, als die „Waisenkinder des Ruhms" aus Rußland heimkehren, elende, verlumpte Gestalten, und als der Dichter, des Tambours leise Bitte verstehend, dessen redegewaltige Trommel zersticht. Die Gestalt Napoleons ist mit hinreißender Wärme und Begeisterung vorgeführt; Heine hat indes „großen Kaisers" Porträt hineingelegt, was Lenbachs Porträts vor allen anderen auszeichnet: die Seele des Mannes und seine welthistorische Stellung. Den Hintergrund aber bilden die wechselvollen Schicksale einer kleinen Stadt, die in wenigen Jahren dreimal ihren Herrn wechselte. Hier am Rhein, bei Düsseldorf, spiegeln sich die Wandlungen wieder, die ein großer Teil des deutschen Vaterlandes durchzumachen hatte; an einem unbedeutenden Küstenort des Ozeans der Weltgeschichte empfinden wir den Wellen= schlag einer großen Zeit; wir sehen den Kurfürsten seine Stadt ver= lassen, die Franzosen einrücken und gehen und die Preußen kommen; wir sehen, wie sich mit jedem neuen Herrn die Szene verwandelt, wie aus den dem Kurfürsten nachweinenden Untertanen die wärmsten Freunde der Franzosen werden, und wie diese wieder sich wunderbar schnell in die preußische Langweile fügen, als endlich der Friede einkehrt. Das sind fein entworfene Federzeichnungen, dem Leben abgelauscht und immer auf der Höhe der Kunst sich haltend. Die Gestalten treten plastisch her= vor, auch jene, die nur als Staffage dienen, jene originellen Straßen= figuren, die keiner Stadt fehlen: der Schneider Kilian, der tolle Aloysius, der versoffene Gumpertz, der kleine Baron usw.

Auf gleicher Höhe halten sich die Erzählungen aus des Dichters Liebesleben in der ersten und namentlich der vierten Abteilung; Ge= schichten, so zart empfunden, so anmutig geschildert und so rein zu= gleich, daß man sich ihres Reizes nicht erwehren kann, obgleich sie oft genug ins Sentimentale übergehen.

Damit wären wir eigentlich an der Grenze der Analyse angekommen. Denn wer wollte zergliedern, was sich nicht fassen läßt? Wer wollte das glänzende Mosaikbild, in dem die Linien so kraus durcheinander= laufen, bei dem man nicht weiß, was man bewundern soll, die kecke, phantasievolle Zeichnung oder das blendende Kolorit; wo der tiefste Ernst plötzlich in den lustigen Reigen des Witzes und der Satire springt — wer wollte das Bild in seine Einzelheiten zerlegen? Und wenn wir die Strahlen des Humors und der Phantasie, wie sie in der ersten und dritten Abteilung schillern, durch das Prisma fallen lassen, so finden wir wohl ihre einzelnen Bestandteile, verzichten damit aber auf den Glanz, den nur das Ganze verbreiten kann. Seine Schilderungen

von Himmel und Hölle (S. 132),[1] seine gegen die frömmelnden Schriftsteller gerichteten Witzsalven (S. 175) sind frivol, aber formell ausgezeichnet; seine ironische Charakteristik der Zitatengelehrten (S. 171, 172)
ist ein kleines Meisterstück, und die Schilderung seiner Schuljahre
(S. 150) wird jeden erfreuen, der Aehnliches hat durchmachen müssen.
Die Krone von allem aber ist die in derber Holzschnittmanier durch-
geführte, höchst ergötzliche Porträtierung der Narren (S. 178), mit
denen der „Herr“ ihn zum Nutzen seiner Schriftstellerei gesegnet.

Einen ausgezeichneten, wirkungsvollen Gegensatz zu den Harlekins-
sprüngen des übermütigen Humors und eines stets das Richtige treffen-
den Witzes bilden die Aschermittwochs-Gedanken über das Alter (S. 138),
das Ende Napoleons (S. 160), und die Weltgeschichte überhaupt
(S. 166), die einem Philosophen zur Ehre gereichen würden.

Ein weiteres Element des „Buches Le Grand“ bildet eine echt
romantische Phantastik, die gern in die Lieblingssommerfrische der Romantik, nach Indien, hinüberschweift. Er sucht alle Farben, die er auf
seiner Palette hat, zusammen, um den heiligen blauen Ganges und seine
Ufer zu malen; er entwirft reizende Bilder, aber oft taucht er den
Pinsel, statt ihn über das Farbennäpfchen zu streichen, in den Farben-
topf und gibt so seiner Zeichnung ein Kolorit, dessen schreiende Töne
uns beleidigen.

Stilistisch bedeutet das „Buch Le Grand“ einen großen Fortschritt
gegen die „Harzreise“. Mit Jean Paulschem Schwung vereinigt sich
der Witz Brentanos und die nur Heine eigentümliche plastische Darstellungsgabe, um eine neue Art des Prosastils hervorzubringen. Dicht
nebeneinander liegen die verschiedenartigsten Elemente: zartes Gefühl
und scharfer Witz, hochfliegende Phantasie und kalt berechnender Verstand. Die Bilder und Gleichnisse sind zahlreich und immer glücklich
gewählt; manche überraschen durch ihre Neuheit und originelle Zusammenstellung. Die Perioden sind fest gegliedert und von seltenem Wohllaut.
In der Wahl der Adjektiva ist Heine wiederum sehr glücklich; nur häuft
er deren manchmal zu viel in einem einzigen Satz und verkehrt die Schönheit seines Stils dadurch in Schwulst.

---

[1] Hier war Blumauer mit dem sechsten Gesang der travestierten „Aeneis“ das
Vorbild Heines. Hier wie dort ist die Hölle eine Küche; bei Blumauer laufen im Himmel
gebratene Fasanen, bei Heine gebratene Gänse herum; bei Blumauer stehen die gespickten
Hasen, sie zu tranchieren, bei Heine fühlen sich die Gänse geschmeichelt, wenn man sie verzehrt. Torten wachsen, Champagner fließt bei beiden, und beide fangen mit der Schilderung der kulinarischen Genüsse des Paradieses an.

Heine glaubte (Brief an Varnhagen, 1. Mai 1827), in den politischen Bemerkungen des „Buches Le Grand" etwas Außerordentliches
geleistet zu haben und bildete sich auf die Staatsgefährlichkeit seiner
Ideen nicht wenig ein. Höchst wahrscheinlich nur, um etwaigen Verfolgungen zu entgehen, vielleicht aber auch, um das politische Leben Englands kennen zu lernen, reiste er Mitte April 1827, gleich nach Erscheinen des Buches, nach London ab. Von dort aus schrieb er am
9. Juni 1827 an Moser, daß er durch das „Buch Le Grand" eine weithin schallende Stimme erhalten habe und daß Moser sie noch oft hören
solle, donnernd gegen Gedankenschergen und Unterdrücker heiligster Rechte.
Bis dahin hatte Heine noch nicht kundgegeben, welche Rechte er als die
heiligsten angesehen wissen wollte; seine flachen Schimpfereien gegen
Junker und Pfaffen wird man doch nicht dahin rechnen können. Inzwischen sorgte er, was er niemals vergaß, auch von England aus dafür, daß sein Name in den Zeitungen oft genannt wurde, womöglich
im politischen Teile.

Was er in London gesehen, werden wir später aus seiner Schrift
„Englische Zustände" erfahren. Er beobachtete vieles, aber einen großen
Teil seiner Zeit brachte er im Verkehr mit schönen Weibern — das
Beiwort „schön" rührt von Heine her — und in Londoner Theatern
zu. „Wenn ich," schreibt er am 9. Juni 1827 an Moser, „lebendig
aus England herauskomme, so sind die Weiber nicht schuld daran. Sie
tun das Ihrige." An Varnhagen schrieb er am 19. Oktober 1827,
er habe in London bis an den Hals in Abenteuern gesteckt. Er konnte
es, denn er hatte sich durch einen Vertrauensbruch eine bedeutende Summe
Geld verschafft. Sein Onkel Salomon hatte ihm einen Kreditbrief von
400 Pfund Sterling an das Haus Rothschild mitgegeben, den er
nicht versilbern, sondern nur zur Renommage benutzen sollte. Der Neffe
dachte anders. Sofort nach seiner Ankunft in London ließ er sich von
Rothschild die Summe auszahlen, trug seine alten Schulden ab, legte
einen Kriegsschatz von 800 Talern bei Varnhagen nieder und brachte
in drei Monaten 1400 Taler durch. Unter diesen Umständen war die
geistige Ausbeute des dreimonatlichen Aufenthalts in der politisch so reich
bewegten Hauptstadt Englands eine nur geringe. Er brachte aber einen
ingrimmigen Haß gegen alles Englische und die Engländer nach Hause
zurück.

Am 8. August reiste Heine von London ab, ging über Holland
zum dritten Male nach Norderney und dann nach Wangeroge. Von
dort aus kam er Ende September nach Hamburg und verhandelte mit

Campe über eine Gesamt=Ausgabe seiner Gedichte, die den Titel: „Buch der Lieder" führen sollte. Campe zögerte lange, — was ganz für unsere Auffassung des damals noch beschränkten Ruhmes Heines spricht — bis er sich endlich entschloß, dem Dichter gegen Uebertragung aller Rechte über ein früher gegebenes Darlehen von 50 Louisd'or zu quittieren.

Im Oktober 1827 erschien die erste Auflage in 5000 Exemplaren; 1837 die zweite, 1839 die dritte, und von da an alle zwei bis drei Jahre eine neue. Die Ausgabe sollte durch Weglassung besonders an= stößiger Gedichte eine „tugendhafte" werden; indessen ist in dem Lieder= garten noch so viel häßliches Unkraut stehen geblieben, daß eine gründ= liche Reinigung viele kahle Stellen hervorrufen würde.

In der Presse fand das „Buch der Lieder" nicht die rechte Beach= tung; die meisten Kritiker hatten an den Gedichten sogar wesentliche Ausstellungen zu machen. Erst nach und nach verschafften Heines spätere Schriften, die nicht zu seinen Gunsten die allgemeine Aufmerksamkeit auf ihn lenkten, sowie die Komposition vieler Lieder durch Mendelssohn, Schubert, Löwe u. a. ihnen ein großes Publikum, während die Reise= bilder schon früher eine neue Auflage erlebten. Die spätere Wirkung der Heineschen Lieder auf weitere Kreise läßt sich aus der Tatsache ersehen, daß Karpeles [1]) an der Hand des Katalogs einer größeren Mu= sikalienhandlung feststellte, daß das Gedicht: „Du bist wie eine Blume" mehr als 170mal in Musik gesetzt worden ist, die Lieder von „Fichten= baum und Palme" und „Leise zieht durch mein Gemüt" mehr als 100mal. Mit welchen mehr oder weniger billigen Effekten aber Heine eine unfehlbare Wirkung auf nicht allzu kritisch veranlagte Gemüter hervor= bringen mußte, hat neben anderen schon Seelig in seiner Dissertation „Die dichterische Sprache in Heines Buch der Lieder" (Halle 1891) gezeigt? [2]) So zählt er im „Buche der Lieder" allein 140 Deminutive wie „Aeugelein", „Mündlein klein", „Wängelein", „Händchen klein", mit denen Heine bedeutende Wirkungen zu erzielen weiß. Seine raffinierte Verwendung der Adjektive ist schon öfters berührt worden. So ver= wendet er allein das zuckrige Beiwort „süß" nicht weniger als 83mal im Buch der Lieder. So ist vor allem alles an der Geliebten süß: das Gesicht, die Züge, die „Aeuglein", die „Wänglein", das „Herz= chen", das „Frätzchen", sogar die Füßchen. Die Adjektive selig und

---

[1]) H. Heine u. seine Zeitgenossen. 1888. S. 142.
[2]) Vergl. auch Rietzli, H. Heine als Dichter u. Mensch. 1895. S. 15 f.

fromm und die malenden Beiwörter dunkel, still, seltsam, heimlich, golden, weiß verwendet er 260mal in seiner Sammlung, ohne die Zusammensetzungen und Steigerungen, wie selig süß, qualvoll süß, märchensüß, heimlich wundersüß zu zählen. Weitere starke Wirkungen erzielt Heine durch seine Vorliebe für tonmalende Zeitwörter, wie rauschen, brausen, summen, klingen, singen, seufzen, klirren, kichern, murmeln, säuseln, ebenso durch Verba, die besonders auf den Gesichtssinn wirken, wie blitzen, leuchten, funkeln, glänzen, schimmern, flimmern, glimmern, flackern, glitzern. Er begnügt sich dabei nicht damit, ein dichterisches Bild zur Anschauung zu bringen oder eine Stimmung fein auszumalen, sondern er wendet sie auch bloß ihrer Klangwirkung wegen an. Die Blumen müssen der Geliebten zu „Veilchenaugen", „Lilienfingern", ja „Lilienohren" verhelfen; besonders aber sind Gold und Edelsteine, Perlen, Saphire, Rubinen und Diamanten dazu erkoren, die Schönheit der Geliebten hervortreten zu lassen. Von der Lorelei singt Heine:

> „Ihr goldnes Geschmeide blitzet,
> Sie kämmt ihr goldenes Haar.
> Sie kämmt es mit goldenem Kamme."

Die Nachtigall, der lyrische Lieblingsvogel, ist bei Heine endlich nach Brandes' Ausspruch „ein rein heraldischer Vogel im Wappenschild der Liebe geworden". Sie muß immer und überall herhalten.

Weiterhin hat Heine alle Mittel poetischer Rhetorik mit größter Kunst in Anwendung gebracht. Seelig (S. 49ff.) zählt sie sämtlich der Reihe nach auf: Epizeuxis, Anaphora und Epiphora, Kyklos und Anadiplosis, Polysyndeton und Asyndeton, Anomination und alle Arten von Wiederholung und Klimax, von Antithese und Kontrast. Ebenso wie alle rhetorischen sind ihm alle metrischen Künste geläufig. So wendet er oft den altdeutschen Stabreim und den Endreim zu gleicher Zeit an, womit er überraschende Wirkungen hervorbringt. Binnenreime, Mittelreime, Assonanzen und Klangfiguren weiß er gleichfalls ebenso diskret wie geschickt für die Klangwirkung eines Gedichtes zu benützen. Diese glänzenden artistischen Tricks, hinter denen aber recht oft kein Gehalt, kein Stimmungswert steckt, verschafften minderwertigen Heineschen Gedichten eine Beliebtheit, wie sie nur mit vollem Recht seine wirklichen Liederperlen verdienen. Auch der Goetheschen Dichtung schadeten sie, wie Hehn[1]) mit Recht ausführt, in hohem Maße. Goethe äußerte sich auch mißfällig über die Gedichte, von denen später viele den seinen

---

[1]) Gedanken über Goethe S. 160.

an die Seite gestellt werden sollten. Heine, der nie ein warmer Ver=
ehrer des Alten von Weimar gewesen war, meint in einem Briefe an
Moser vom 30. Oktober 1827: „Daß ich dem Aristokratenknecht Goethe
mißfalle, ist natürlich. Sein Tadel ist ehrend, seitdem er alles Schwäch=
liche lobt." In rührender Bescheidenheit fügt er hinzu: „Er fürchtet
die heranwachsenden Titanen. Er ist jetzt ein schwacher, abgelebter Gott,
den es verdrießt, daß er nichts mehr erschaffen kann." Und an Varn=
hagen schreibt er am 30. Oktober 1827 in allerdings richtigem Vorge=
fühl: „Er kann doch nicht verhindern, daß sein großer Name einst gar
oft zusammen genannt wird mit dem Namen Heinrich Heine."

Sein starkes Selbstbewußtsein ließ ihn sogar noch auf eine An=
stellung in Berlin hoffen. Als er sich in seinen Erwartungen getäuscht
sah, ging er mit Cotta Verhandlungen wegen Eintritts in die Redaktion
der Münchener „Politischen Annalen" ein, und im Oktober entschloß er
sich, Cottas Anerbieten für Januar 1828 anzunehmen. Wieder machte
er (19. Oktober 1827) Varnhagen denselben häßlichen Vorschlag, gegen
Intime vorzugehen; wieder ohne Erfolg. Ende Oktober reiste er über
Göttingen und Kassel — wo er die Brüder Grimm besuchte — nach
Frankfurt; hier verkehrte er freundschaftlich mit Börne, der in Heine
einen, wenn auch nicht genügend ernsten Bundesgenossen im Kampfe
gegen Reaktion und Goethe sah. Ende November traf er in München ein.

III.

München. Die italienische Reise. 1828.

Heine hatte sich für seine Stellung in München nur auf sechs
Monate verpflichtet, weil er zunächst Land und Leute kennen lernen und
erfahren wollte, ob das Klima seiner Gesundheit zuträglich sei. Die
Redaktion der „Annalen" führte er gemeinschaftlich mit Dr. Friedr. Ludw.
Lindner; außerdem arbeitete er für die Zeitschriften „Das Ausland"
und „Morgenblatt", wofür ihm Cotta, der nicht knauserig war und
vorerst Heines Entzücken erregte, bis Juli 1828 hundert Karolin (fast
2000 Mark) zahlte. Trotzdem stand es um Heines Finanzen beständig
schlecht.

Auch über sein körperliches Befinden hatte er anfänglich zu klagen;
als er sich jedoch an das rauhe Klima gewöhnt hatte, lebte er auf und
gab sich einem Dasein voll Anregung und Zerstreuung rückhaltlos hin.

München, über dessen Seichtheit und Kleingeisterei er sich am 1. April 1828 bei Varnhagen beschwerte, gefiel ihm bald so gut, daß er noch im September sein Leben als ein köstliches bezeichnete, an das er mit Sehnsucht zurückdachte (an Moser, 6. Sept. 1828). Am 1. April lobt er in einem Briefe an Varnhagen die „wunderschönen Weiberverhältnisse", die er habe, „die indessen leider weder seine Gesundheit noch seine Arbeits= lust beförderten". In dieser Zeit erhielt er die Nachricht, daß Therese sich verlobt habe. Der Verlust der Geliebten traf ihn nicht schwer, da eine neue Neigung ihn fesselte. „Es war eine Gräfin Bothmer, die Schwägerin des Barons Tutchef, die sein liebebedürftiges Herz durch ihr feinsinniges Wesen tröstete und entzückte. Doch scheint er nie ernstlich auf den Be= sitz ihrer Hand gehofft und gerechnet zu haben." [1]

Heines Mitarbeit an den „Annalen" beschränkte sich auf einige kleine Aufsätze; die Redaktion überließ er gern seinem Kollegen Lindner. Daß höhere Beweggründe ihn nicht zum Schreiben veranlassen konnten, gesteht er selbst am 31. Dezember 1827 seinem Freunde Merckel; bei seinen Arbeiten, sagt er, liege viel Renommage zugrunde, indem er so der Welt zeige, daß er etwas anderes sei, als die sonettierenden Al= manachspoeten. Und doch hätte er hier, wenn ihm daran lag, seine liberalen Ideen unter dem gebildeten Publikum zu verbreiten, die beste Gelegenheit gehabt, zumal Ludwig I. Vertreter der freisinnigen Richtung in angesehene Stellungen brachte. Aber seiner Untätigkeit lag, wenn wir aus sehr bezeichnenden Umständen einen Schluß ziehen, eine bestimmte Absicht zugrunde: er wollte sich in den Augen der Regierung nicht bloßstellen, weil er eine Anstellung als Professor an der Universität zu erlangen hoffte. Er bat Cotta brieflich (ohne Datum, Strodtmann XX, S. 72), dem König seine Gedichte und Reisebilder in die Hand zu spielen; Cotta möge dem König andeuten, daß der Verfasser selbst viel besser und milder und vielleicht jetzt auch ganz anders sei als seine Werke; der König sei weise genug, die Klinge nur nach ihrer Schärfe zu schätzen und nicht nach dem Gebrauch, der schon davon gemacht worden. Dem Dichter Michael Beer, der Heine bei dem ebenfalls dichtenden Minister von Schenk einführte und seine Anstellung empfahl, schrieb Heine eine günstige Rezension über das Trauerspiel „Struensee", die ihm, wie er am 14. April 1828 Merckel gestand, schwer wurde und von ihm selbst als eine Lumpigkeit, d. h. als ignobel bezeichnet wurde (an Varnhagen, 1. April 1828). Er stellt in diesem Briefe den Grundsatz

[1] Elster, I, S. 54.

auf, „daß ein Mann, der das Edelste durch Wort und Tat befördern will, sich oft kleine Lumpigkeiten, sei es aus Spaß oder aus Vorteil, zuschulden kommen lassen darf, wenn er nur durch diese Lumpigkeiten (d. h. Handlungen, die im Grunde ignobel sind) der großen Idee seines Lebens nichts schadet, ja, daß diese Lumpigkeiten oft sogar lobenswert sind, wenn sie uns in den Stand setzen, der großen Idee unseres Lebens desto würdiger zu dienen." Diesen echt „jesuitischen" Grundsatz, daß der Zweck die Mittel heiligt, präzisiert er später (III, S. 484) noch dahin, daß ein großer Mann, um große Zwecke zu erreichen, oft gegen seine Ueberzeugung handeln und zweideutig von einer Partei zur anderen übergehen dürfe; er müsse, wie der Hahn auf dem Kirchturm, mit dem Winde gehen, um sich zu halten.

Er ging noch weiter. In München lebte ein talentvoller politischer Abenteurer, Joh. Wit, genannt von Dörring, der als übelberüchtigte Persönlichkeit und als geheimer Polizeiagent der Regierung gemieden wurde. Heine kannte ihn als einen sehr unzuverlässigen Menschen (1. Dezember 1827), als ein mauvais sujet, das, weiß Gott, mit welchem Skandal noch enden werde (1. April 1828). Trotzdem trat er in ein enges Verhältnis mit ihm. Ueber die Beweggründe zu einer solchen Intimität, die Heine geflissentlich öffentlich machte, obgleich seine Freunde sie mißbilligten, spricht er sich in einem Briefe an Varnhagen vom 12. Februar 1828 offen aus: „Ich hab' ihn persönlich sehr gern und er kompromittiert mich überall, indem er mich seinen Freund nennt; dadurch aber erlange ich erstens, daß die Revolutionäre durch Mißtrauen von mir sich fern halten, was mir sehr lieb ist, zweitens, daß die Regierungen denken, ich sei nicht so schlimm, und überzeugt sind, daß ich in keiner einzigen schlimmen Verbindung stehe."

Die Krone von allem aber ist die Tatsache,[1]) daß Heine seinem Freunde die Spalten der Annalen zugunsten des Diamantenherzogs von Braunschweig anbot, wenn Wit ihm einen braunschweigischen Orden verschaffe!

Am 23. Januar 1828 schreibt er an Wit: „Ich biete Ihnen aber die politischen Annalen an zum Sekundanten und es wäre mir lieb, wenn Sie mir sobald als möglich einen Auszug Ihrer Schrift („Versuch, die Mißverständnisse zu heben, welche zwischen dem König von England und dem Herzog von Braunschweig durch den Grafen Ernst von Münster herbeigeführt worden. Von einem Privatmann aus offiziellen

---

[1]) I, S. 52. Vergl. Deutsche Rundschau 91, S. 385 f.

Quellen". Hamburg 1828. (Ein serviles Machwerk im Dienste des Herzogs; in der Vorrede ist der erzreaktionäre Metternich „der weise Fabius unserer Zeit" genannt) gegen Münster hierherschicken wollen, damit ich solchen gleich abdrucken kann. . . . Seit Januar, wie Sie vielleicht wissen, stehen ich und Lindner auf dem Titelblatt der Annalen als Herausgeber, und da wäre es artig, wenn der Herzog von Braunschweig uns nächstens ebenfalls etwas senden möchte, nämlich für mich einen Orden und für Lindner ein Fäßchen Mumme. Merken Sie sich das."

Der Herzog hat aber nichts gesandt, und auch Wits Schrift ist in den Annalen nicht erschienen.

Auch aus Heines Ernennung zum Professor wurde es nichts. Wir dürfen als sicher annehmen, daß ein so vornehm denkender Mann wie Ed. von Schenk es verschmähte, die Anstellung eines Schriftstellers zu befürworten, dessen Schriften, Leben und Charakter nicht die geringste Bürgschaft boten. Heine machte die „ultramontane aristokratische Propaganda" [1]) Münchens für seinen Mißerfolg verantwortlich und verfolgte sie, namentlich Döllinger und Görres, mit seinem unversöhnlichen Haß. Ueber König Ludwig I. goß er das Füllhorn seiner unflätigsten Angriffe, die sich nicht einmal andeutungsweise wiedergeben lassen.

Mit Juli gingen die „Politischen Annalen" ein, und im selben Monat trat Heine die längst geplante Reise nach Italien an. Er reiste über Innsbruck, Trient, Mailand, Genua, Livorno nach Lucca, wo er die „glänzendste Zeit seines Lebens" verbrachte. Er badete, kletterte auf den Bergen umher, „schwätzte", was bei Heines Reisen nie fehlt, „mit schönen Frauen", und jauchzte vor „Uebermut und Liebesglück berauscht". Liebte er doch nicht allein die liebenswürdigsten Aristokratinnen, sondern wurde auch von ihnen geliebt (an Moser, 6. September 1828). Seine Nichte, die Prinzessin della Rocca, drückt denselben Gedanken in anderer Form aus: [2]) „Hier (in Italien) hatte er in Liebe und Wonne geschwelgt und sich auch den Keim seiner Krankheit geholt; denn wie eine emsige Biene flog er von der einen zur anderen und wurde nie liebessatt." Das schreibt eine Frau!

Vom 1. Oktober ab weilte er sechs Wochen in Florenz, wo er an der Beschreibung seiner italienischen Reise arbeitete. Nie, schreibt er

---

[1]) Ganz ohne Grund, denn gerade damals (1. Sept. 1828) äußerte sich König Ludwig in einem Brief an den Minister Schenk mißtrauisch gegen Jesuiten und „kongregationistische Einflüsterungen".

[2]) Erinnerungen S. 81.

am 6. September 1828 an Moser, sei seine Liebe für Menschengleichheit und sein Haß gegen den Klerus stärker gewesen als jetzt — wo ihm die Stellung in München entgangen war — und er konnte seinen Gefühlen Luft machen, weil er eine Peitsche hatte, „die von der Höhe der Apenninen bis an die Mündung der Elbe" hinabreichte (an Salomon Heine, 15. September 1828).

Ende November wurde Heine, wie er behauptet, von einer plötz= lichen Sehnsucht nach seinem Vater ergriffen. Er reiste schleunigst heim und fand, als er im Dezember in Hamburg ankam, ihn nicht mehr unter den Lebenden. Samson Heine war am 2. Dezember 1828 plötz= lich an einem Nervenschlag gestorben; des Sohnes Trauer scheint eine aufrichtige gewesen zu sein.

Bereits Anfang 1829 finden wir ihn in Berlin, wo er wieder mit Varnhagen, Robert, Zunz und Moser verkehrte. Eine Zeitlang überwarf er sich mit Rahel, die ihm auf eine unverschämte Bemerkung scharf ge= antwortet hatte. Das war für ihn Veranlassung genug, ihr in den schnödesten Ausdrücken eine Absage zukommen zu lassen. Er suchte in= dessen sein häßliches Betragen bald wieder gut zu machen. Wie Varn= hagen und Rahel in dieser Zeit über ihn dachten, geht aus sehr bedeut= samen Stellen in ihrem Briefwechsel hervor, in dem Heines übrigens nur nebensächlich gedacht wird.

Am 11. März 1829 schreibt Varnhagen an Rahel [1]: „Er (Heine) muß sich in guter Geistesluft konservieren, denn er hat viel in sich, was leicht verdorben geht." Rahel an Varnhagen am 13. März 1829 [2]: „Heine wird sich immer von neuem besudeln, denn auch dem ist's genug, ein Aergernis zu geben, sollte er auch selbst als kotiger Harlekin oder Henker umherlaufen müssen." Am 15. März schreibt sie [3]: „Das Resumé, welches ich heraushebe, ist und bleibt sein großes Talent, welches aber auch in ihm reifen muß, sonst wird's inhaltsleer und höhlt zur Manier aus. Aber begründete Kritik hat er nicht, weil ihm in der Tiefe der Ernst und das höchste Interesse fehlt, welches allein Zusammenhang und zusammenhängendes Interesse gewährt. Er kann sich und Goethe, seinen und dessen Ruhm verwechseln . . . denkt über= haupt, was ihm entschlüpft, was er sagen mag, ist für die Menschen gut genug." Am folgenden Tage bestätigt Varnhagen die Aussprüche seiner Frau und fügt hinzu, [4] so ein Talent werde, wenn es keine

---

[1] Briefwechsel VI, S. 344. — [2] Das. S. 353. — [3] Das. S. 356, 357. — [4] Das. S. 365.

Burg im Hintergrunde habe, „endlich als gemeiner Ruhestörer auf Steckbrief eingefangen und nehme ein jämmerliches Ende". So urteilten über Heine, noch ehe dessen schlimmste Schriften erschienen waren, zwei geistig bedeutende Menschen, die sein Talent zu schätzen wußten und seiner vernichtenden Tendenz nicht feindselig gegenüberstanden.

Mitte April siedelte Heine nach Potsdam über, wo er drei Monate lang emsig an den Reisebildern aus Italien arbeitete, in denen er mit allen seinen Feinden endgültig Abrechnung halten wollte. Um keinen zu vergessen, hatte er sich, wie er Mai 1829 (Strodtmann XX, S. 109) schrieb, eine Liste angelegt von allen, die ihn jemals zu kränken gesucht. Wir würden diesen Zug von Rachsucht für scherzhaft gemeint halten, wenn nicht seine Schriften sowie andere gewichtige Zeugen den Ernst bewiesen. „Der Trieb nach persönlicher Rache," sagt Heinrich Laube [1]), „oder wenigstens nach persönlicher Genugtuung war zu stark in Heines Naturell. Auge um Auge, Zahn um Zahn war jüdisch-biblisch tief eingeprägt in seinem Wesen." Camilla Selden schreibt, daß Heine in seinen letzten Lebensjahren, als er an seinen Memoiren arbeitete, äußerte [2]): „Ich halte sie (die Feinde), weder tot noch lebendig können sie mir jetzt entschlüpfen. Wer es gewagt hat, sich an mir zu vergreifen, kann sich freuen, wenn er diese Zeilen liest. Heine stirbt nicht, wie der erste beste, und die Krallen des Tigers werden auch noch nach dem Tode des Tigers zerfleischen."

Ende September reiste Heine, nachdem er noch zwei Monate auf Helgoland zugebracht, nach Hamburg, wo er in fliegender Eile, vom Verleger Campe gedrängt, an der Vollendung des neuen Bandes der Reisebilder arbeitete, der im Januar 1830 die Presse verließ und sein literarisches Jena wurde; er zeigt den Dichter in seiner tiefsten Erniedrigung. Ob Heine bei ruhigerer Ueberlegung die anstößigsten Stellen noch gestrichen oder abgeschwächt hätte, erscheint aber trotzdem recht zweifelhaft.

IV.

Der dritte Band der Reisebilder.

Die Beschreibung der Reise von München nach Genua bietet manches Erfreuliche. Einzelne Schilderungen von Land und Leuten gewähren trotz ihrer Oberflächlichkeit einen echten Genuß. Beschreibungen, wie die

[1]) Gartenlaube 1868, S. 25. — [2]) S. 56.

von Trient, Verona und Genua, welche die Stimmung der poetischen
alten Städte des Südens so reizvoll wiedergeben, sind kleine Meister=
werke, die ich, wenn es keine unverzeihliche Ketzerei wäre, gern über die
gediegen langweiligen Beschreibungen in Goethes italienischer Reise
stellen würde. Aber je weiter er fortschreitet, desto mehr verliert er
die Lust an den Schilderungen des Tatsächlichen; er ergeht sich in
geschichtlichen und politischen Betrachtungen, die ihn auf dem Wege zur
Revolution zeigen.

Die Losung unserer Zeit, meint er, sei die „Emanzipation von dem eisernen
Gängelbande der Aristokratie"; er preist die Franzosen, welche die Köpfe
derjenigen, die durchaus hervorragen wollten, gelinde abschnitten (S. 275,
276). Sehnsüchtig erwartet er den Tag der Freiheit für ein neues
Geschlecht, das in „freier Wahlumarmung, nicht im Zwangsbett unter
der Kontrolle geistlicher Zöllner erzeugt sei" (S. 281). Er hält sich
für einen geweihten Kämpfer für die h. Sache, der müde und bleich
sein werde, wenn der Siegestag hervorstrahle; die Poesie sei ihm nur
ein h. Spielzeug oder ein geweihtes Mittel für himmlische Zwecke.
„Ein Schwert sollt ihr mir," ruft er (S. 281), „auf den Sarg legen,
denn ich war ein braver Soldat im Befreiungskampfe der Menschheit."
Ein braver Soldat, der sein Vaterland bekämpfte, während seine Unter=
händler eine angenehme Stellung im selben Vaterlande für ihn suchen
und ihm von einem der elendesten der von ihm verachteten Sedez=
Despötchen einen Orden verschaffen sollten!

Selbstredend verbinden sich mit diesen Redensarten zahlreiche Aus=
fälle gegen religiöse Einrichtungen, sowie gegen die Priester, die einer
Religion dienen, die Heine von seinem erhabenen Standpunkt aus ein
„hohles, ausgestorbenes Seelengespenst" nennt (S. 276).

Bemerkenswerte Anschauungen außer den erwähnten hat der Ver=
fasser nicht empfangen, obgleich er sich monatelang in dem gesegneten
Lande aufhielt. Goethe nahm mit seiner umfassenden Beobachtungsgabe
das Verschiedenartigste in sich auf; Heine ist wie ein Blinder an dem
Schönen und Großen vorübergegangen. Dagegen unterhält er uns, wie
das seine Gewohnheit ist, mit kleinen wirklichen oder fingierten Erleb=
nissen, die für ihn nur Wert haben als Anlaß zu einer erotischen Ab=
schweifung oder zu einem Witz. Darunter finden wir manches Schöne,
aber oft genug wechseln fade Wortspiele ab mit sentimentalen Phan=
tastereien (die ewig umgehende „tote Maria"!), an die niemand mehr
glaubt, und „geistreichen" Frivolitäten.

Indessen der Heine des ersten Teiles der italienischen Reise ist noch
ein Aloysius gegen den Verfasser des zweiten, des humoristisch-novellistischen
Fragments „Die Bäder von Lucca", in dem er zwei Hamburger Persönlichkeiten unter anderem Namen, Marchese Gumpelino (Gumpel) und
Hyacinth (Hirsch) in satirischer Beleuchtung auftreten läßt. Die magere
Handlung ist so unanständig, daß sie sich nicht wiedergeben läßt. Die
Gemeinheit ist hier, im Gegensatz zu Heines früheren Schöpfungen, nicht
mehr salonfähig. Moderne Aesthetiker, die den Naturalismus Zolas
verwerfen, dürfen sich als Verehrer Heines nicht aufspielen, denn Zolas
abschreckende Objektivität ist keusch gegen des deutschen Dichters Lüsternheit. Bölsche freilich bricht auch hier für Heine eine Lanze. „Nur ein
ganz ungeschickter Kritiker," sagt er (S. 183), „kann daran Anstoß
nehmen, daß die Unterhaltung mit diesen Damen (in: „Die Bäder von
Lucca") sich in fortgesetzten Zoten bewegt; das ist vollkommen echt;
jedes andere Wort störte die realistische Treue." Man braucht diese
einer irregeleiteten Aesthetik entlehnten Grundsätze nur auf die dar-
stellenden Künste anzuwenden, um ihre ganze Abgeschmacktheit zu erkennen.

Vom Kapitel 9 bis zum Schluß der „Bäder von Lucca" beschäftigt
sich Heine mit August von Platen. Immermann hatte für den zweiten
Band der Heineschen Reisebilder einige Epigramme geliefert, die den
krankhaft eitlen Platen tiefer verletzten, als sie es bei einem gesunden
Menschen vermocht hätten. Er nahm an Immermann, dem er schon
länger feindlich gesinnt war, und dessen Handlanger Heine blutige Rache
in dem formvollendeten parodistischen Lustspiel: „Der romantische Oedipus."
Heines jüdische Abstammung ward darin auf eine unedle Art hervorgehoben; er sei der Petrarca des Laubhüttenfestes, der Pindar vom
kleinen Stamme Benjamin, dessen Küsse Knoblauchgeruch absonderten.
Platens Rache war nicht edel, Heines Gegenangriff aber über alle Maßen
gemein. Platen richtete gegen den Feind, der ihn z u e r st gereizt, nur
wenige bittere Worte, wie dieser sie seinem Gegner bereits zu Hunderten
entgegengeschleudert; Heine aber fabrizierte ein ganzes Buch, um Platen
moralisch tot zu machen und ihm die größte Schmach anzutun. Er
fügte dem novellistischen Fragment jene skandalösen Kapitel an, die sich
mehr mit dem Menschen als dem Dichter Platen beschäftigen und ihn
in einer Weise angreifen, wie sie zur Ehre der deutschen Literatur doch
nur höchst selten ist. Unser Gefühl empört sich dagegen, in die literarische
Polemik Dinge hineingetragen zu sehen, die bei Gericht nur hinter ver-
schlossenen Türen verhandelt werden. Heine behandelte sie mit breiter

Ausführlichkeit und sichtlichem Behagen. Mochte er die Anklagen gegen Platens Sittlichkeit für berechtigt halten (Brief an Immermann vom 22./23. Dez. 1829) — sie waren es n i c h t — so durfte er als ehrenhafter Mensch sie nicht auf dem Markte wiederholen. Dagegen sprechen wir ihm gern das Recht zu, den Dichter Platen literarisch zu vierteilen. Er sagt auch vieles über dessen Werke, was als völlig zutreffend anzuerkennen ist.

Man hat später gesagt, Heine habe den Angriff nicht genügend überlegt. Das ist nicht richtig. Er hat seine Pfeile in ein ganz besonders sorgfältig bereitetes Gift getaucht. Er selbst sagt am 17. November 1829, daß er das „Geschäft" lange genug aufgeschoben habe (3. Februar 1830), daß er drei Monate nachgedacht über das, was er tun wolle; er habe ein Gegengift drucken lassen, woran noch zwanzig Grafen ihr Lebtag genug hätten; und zum Ueberfluß wissen wir von Campe, daß dieser sich vor und bei dem Abdruck alle Mühe gegeben, um diese abscheulichen Flecken zu vermeiden, aber Heine habe „einen Kopf auf sein Serail" stecken wollen.

Heine hatte es nicht auf Platen allein abgesehen, sondern er wollte in ihm dessen Gesellschaft treffen, in der er einen „Bund von Baronen und Päderasten" vermutet (an Immermann, 22. Dezember 1829) — nämlich diejenigen Männer in München, die nicht töricht genug waren, ihm zu einer Staatsstellung zu verhelfen, und den Juden nicht leiden mochten (Brief an Varnhagen vom 4. Februar 1830).

Im Januar 1830 erschien das Buch; aber schon am 22. Dezember 1829 sandte der Verfasser ein Exemplar an seine schöne Freundin Friederike Robert, mit der Bitte, sie möge nur die zweite Abteilung, „Die Bäder von Lucca", lesen. Jede ehrbare Frau würde diese Aufforderung mit Entrüstung zurückgewiesen haben — hier störte sie die Freundschaft nicht. Wenn es noch eines Beweises bedürfte, daß die Gesellschaft in Berlin, in der Heine sich bewegte, zwar eine vornehme, aber keine gute war, so liegt er hier vor.

Auch die übrigen Freunde sowie vertrauenswürdige Rezensenten wurden mit Exemplaren bedacht, und Heine wartete sehnsüchtig auf die günstigen Urteile über seine weltgeschichtliche Tat. Aber sie blieben nicht allein aus, sondern es erhob sich sogar ein Sturm der Entrüstung gegen den Verfasser. Moses Moser, vielleicht Heines bester Freund, sprach sich scharf gegen eine solche Art von Polemik aus, worauf der Dichter in verletzter Eitelkeit ihm in brüsker, roher Weise die Freundschaft aufkündigte. Michael Beer ließ Heine durch Immermann sagen, er habe sich Glacéhandschuhe bei der Lektüre seines Buches anziehen müssen. Selbst Immermann scheute sich, dem Buch einen kritischen Geleitbrief auf den Weg zu geben. Nun ergriff den mutigen Soldaten ein wahres Kanonenfieber, und er sah sich ängstlich nach Hülfe um. Er sandte seine Heerrufer aus, um die zerstreuten Freunde zur Unterstützung heranzuziehen; aber nur Varnhagen trat von seinen Freunden für ihn ein, und so kam er zu der Erkenntnis, daß er sich mit seinem Buch bei dem besseren Publikum „unsäglich" geschadet habe (4. Februar 1830).

Durch solche Erfahrungen gewitzigt, entfernte Heine, als eine neue Auflage des ersten Bandes der Reisebilder nötig wurde, einige Lieder, die den „Schwachen im Lande anstößig" erscheinen konnten, und merzte aus der Harzreise alles allzu Herbe aus.

Die Darstellungsweise und der Stil im dritten Bande der Reisebilder gehen wieder auf die Harzreise zurück. Der Kunstgriff, Sinnliches durch Geistiges und Geistiges durch Sinnliches bildlich auszudrücken, artet zur Manier aus. Wir begegnen jetzt einem „übelriechenden Lächeln", einem „sehnsüchtigen Misthaufen", „vegetabilisch=animalischen Händen" usw. Die „freudigen Hüften" in Brentanos „Godwi" kehren hier als „geistreiche" wieder; auch Jean Paul erkennen wir in manchem Bilde, und die alte Obstfrau aus Hoffmanns „goldenem Topf", die dem armen Anselmus so viele Beschwerden und ärgerliche Träume bereitet, erscheint bei Heine mit nur geringen Aenderungen.

V.

Die Abreise nach Paris.

Nach Berlin wagte Heine nach Erscheinen des dritten Bandes seiner Reisebilder nicht zurückzukehren, aus Furcht vor der preußischen Regierung, die das Buch verboten hatte. Er blieb in Hamburg, wo Gumpel, Hirsch und die gesamte orthodoxe Judenschaft ihn heftig — und wahrlich nicht mit Unrecht — befehdeten. Die Taufe hätte man ihm verziehen; sein häßliches Witzeln über seine Stammesgenossen trug man ihm erbarmungslos nach. Sein Umgang mit Juden war deshalb ein verschwindend geringer, dagegen verkehrte er viel mit talentvollen jungen Schriftstellern und sonstigen Gesinnungsgenossen. Mit Ludwig Wienbarg, dem späteren Wortführer des jungen Deutschlands, sowie

August Lewald kam er häufig zusammen. An Professor Zimmermann,
von dem Strodtmann das unglaubliche Stück berichtet, er habe seinen
Schülern die Lektüre von Heines italienischer Reisebeschreibung em-
pfohlen,[1] schloß er sich enger an als früher. „Eine minder solide
Gesellschaft," erzählt Strodtmann[2], „fand er in den Salons von Peter
Ahrens und Dorgerloh, wo jene berüchtigten Bälle der Hamburger
Phrynen stattfanden, denen er so häufig als mutwilliger Gast beiwohnte."
Die Folgen seiner Lebensweise stellten sich bald in Gestalt körperlicher Be-
schwerden und namentlich in Blutspeien ein, die ihm Ende März die Ueber-
siedelung nach dem stillen Wandsbeck rätlich erscheinen ließen. Hier las
er eifrig politische Schriften und studierte die Geschichte der französischen
Revolution.

Von Ende Juni bis Ende August verweilte er auf Helgoland, wo
ihn die Nachricht von der neuen Revolution in Paris traf und förmlich
berauschte. „Ich bin ein Sohn der Revolution," rief er nach dem Ein-
treffen jener Nachricht (VII, S. 59), „und greife wieder zu den gefeiten
Waffen, worüber meine Mutter ihren Zaubersegen ausgesprochen. Blumen! Blumen! Ich will mein Haupt bekränzen zum Todeskampfe! Und
auch die Leier reicht mir, damit ich ein Schlachtlied singe. . . . Worte
gleich flammenden Sternen, die aus der Höhe herabschießen und die Pa-
läste verbrennen und die Hütten erleuchten." Indessen hatte er doch
gewichtige Bedenken, seine hochtönenden Redensarten zu Taten zu machen;
er begnügte sich damit, den dritten Teil seiner italienischen Reisebeschreibung: „Die Stadt Lucca" zu vollenden, sowie die völlig revolutionäre
Schlußphantasie der „Englischen Fragmente": „Die Befreiung" niederzu-
schreiben.

Als der Revolutionsmann aufs Festland zurückkehrte und sah, daß
die Deutschen noch keine Lust hatten, gleich ihren westlichen Nachbaren
die Schlafhauben von den Köpfen zu ziehen, als neue Geldnot ihn
drückte und Zwist mit Onkel Salomon ihm Sorge einflößte, machte er
trotz früherer Mißerfolge wiederum Versuche, in dem Staate, dem er
den Untergang wünschte, eine Anstellung zu erlangen. Varnhagen sollte
ihm helfen, in preußische Staatsdienste zu treten. „Sie irren," schreibt er
am 19. Nov. 1830, „wenn Sie glauben, daß ich des Inhalts meiner
Schriften wegen, sobald ich transagieren möchte, nicht die preußische
Regierung für mich interessieren könnte." Daraus wurde nun allerdings
nichts, und Heine versöhnte sich auf Varnhagens Rat mit seinem Onkel,

---

[1] I. S. 629. — [2] I. S. 639.

um nicht den letzten Stützpunkt zu verlieren. Von neuem sollte Varnhagen eingreifen, als in Hamburg die Stelle eines Ratssyndikus frei wurde, für die Heine sich geeignet hielt. Das Gerücht bezeichnete ihn als einen der Bewerber, so daß Heine es für notwendig hielt, durch Zeitungsartikel einen Druck auf die öffentliche Meinung auszuüben. Dazu sollte wiederum Varnhagen, dessen Geduld bewundernswert erscheint, seine einflußreiche Hand leihen. Aber auch diese Bemühungen schlugen fehl.

Inzwischen bereitete Heine den dritten Teil seiner italienischen Reise zum Druck vor, in dem er die letzten Konsequenzen seiner religiösen Verneinung zog und auf kleinem Raum die abscheulichsten Lästerungen häufte. Das Buch mußte ihn für eine öffentliche Stellung vollends in Preußen unmöglich machen — oder sollte er den Hintergedanken gehabt haben, die Regierung werde gern die Gelegenheit ergreifen, eine so furchtbare Feder für sich zu gewinnen?

Im Januar 1831 erschien das Buch unter dem Titel: „Nachträge zu den Reisebildern von Heinrich Heine". Es enthielt außer „Die Stadt Lucca" noch die „Englischen Fragmente". Die letzteren haben für uns nur so weit Interesse, als sie uns Heines politische Ansichten weiter enthüllen. Gewiß enthalten sie vortreffliche Schilderungen Londoner Lebens und werfen helle Schlaglichter auf die politischen und gesellschaftlichen Verhältnisse Englands sowie auf den Charakter John Bulls; aber durch Darstellungen dieser Art sind wir doch in den letzten Jahrzehnten so sehr verwöhnt worden, daß die „Englischen Fragmente" heute nur noch literaturgeschichtliche Bedeutung haben. Der künstlerische Wert des novellistischen Stückes „Die Stadt Lucca", das fragmentarisch und ohne bestimmten Charakter erscheint, ist — vom Stil abgesehen — gleich Null. Aber es mag nicht leicht ein Buch auf der Welt geben, das auf kleinem Raum eine größere Sammlung von rohen Angriffen gegen das Christentum aufzuweisen hat. Fast aus jedem Satz spricht die Unfähigkeit, das Große und Erhabene der christlichen Religion zu begreifen.

Als Motto für den letzten Teil seiner „Reisebilder" hätte Heine recht gut seinen eigenen Ausspruch setzen können: „Mit den Gedärmen eines Esels möchte ich meine Leier besaiten, um sie nach Würden zu besingen, die geschorenen Dummköpfe!" (III, S. 429). Denn der wahnsinnige Haß gegen das katholische Priestertum und die katholische Kirche, die sich in diesen rohen Worten ausdrückt, durchzieht den ganzen ersten Teil des vierten Bandes: „Die Stadt Lucca". Er ist ein wahres Kom-

pendium von Schändlichkeiten.[1]) Mit abscheulichen Lästerungen, in denen
heilige Personen und Gegenstände mit den häßlichsten Dingen in Berüh=
rung gebracht werden, mit lüsternen Anspielungen mischen sich grobe
Schimpfereien über die Priester im allgemeinen und die römischen ins=
besondere. Ueber die Lästerungen müssen wir hinweggehen, weil sie eine
Wiedergabe nicht erlauben. Die schlimmsten hat er übrigens aus Bren=
tanos „Godwi"[2]) entlehnt.

Die Ansichten, die Heine über Religion und Katholizismus kund=
gibt, gipfeln in folgenden Sätzen. Wie in dem Gedicht: „Die Götter
Griechenlands" (I, S. 187), bedauert er, daß die alten Götter entschwun=
den und durch „geschundene, gebratene und gespießte Götter" ersetzt
seien, und daß an Stelle der lustigen griechischen Religion eine „trüb=
selige, blutrünstige Delinquenten=Religion" getreten sei (S. 395). Diese
Religion sei durch die Juden aus Aegypten gekommen,[3]) von wo sie
„außer den Hautkrankheiten und den gestohlenen Gold= und Silber=
geschirren auch eine sogenannte positive Religion, eine sogenannte Kirche,
ein Gerüst von Dogmen, an die man glauben, und heiliger Zeremonien,
die man feiern mußte, ein Vorbild der späteren Staatsreligionen" mitge=
bracht hätten (S. 416). Er verwahrt sich aber dagegen, daß er die Re=
ligion im allgemeinen bekämpfe; er ehre die innere Heiligkeit einer jeden
Religion, sagt er, aufrichtig aber hasse er „jene Mißgeburt, welche man
Staatsreligion nennt" (S. 418). Er führt den Gedanken noch weiter aus
und kommt zu dem Ergebnis, daß mit der Religion Christi die in ver=
schiedenen Ländern konstituierten Staatsreligionen nichts mehr gemein
hätten, daß den Religionen das „Monopolsystem" eben so schädlich sei,
wie den Gewerben, und daß sie erst durch „freie Konkurrenz" zu ihrer
alten Herrlichkeit wieder erblühen würden (S. 419).[4]) Niemand aber
sei weniger geneigt, die freie Konkurrenz der Religionen zuzugeben, als
die „Pfaffen", die „einen leidigen Popanz für Gott ausgeben und da=
mit Geld verdienen". Die Pfaffen sind ihm überhaupt — wie er in
einem gerade ihm sehr geläufigen Bilde ausführt — nur Kaufleute bzw.

---

[1]) Selbst ein warmer Verehrer Heines, wie Elster, muß zugestehen (I S. 86):
„Nur der vom Dogma Unabhängige weiß solche Darlegungen zu würdigen; wer in dem
strengen Kirchenglauben lebt, wird dagegen durch viele Stellen dieses Buches in seinem
innersten Gefühle verletzt werden."

[2]) S. 397. 398. Vgl. Godwi II, 120 und 290.

[3]) Ein Lieblingsgedanke Voltaires, von dem Heine sich anregen ließ.

[4]) Angeregt zu diesen Gedanken über das Monopolsystem der Staatsreligion wurde
Heine durch Montesquieus »Lettres Persanes« (Nr. 86).

Schacherer (S. 389). Aber das Volk werde sich nicht lange mehr von ihnen täuschen lassen und einsehen, „daß man von Oblaten nicht satt wird" (S. 421).

Als Politiker — wir ziehen hier, um Wiederholungen zu vermei= den, auch gleich die „Englischen Fragmente" in Betracht — bezeichnet sich Heine wieder als einen überzeugungstreuen Anhänger des König= tums (S. 417); aber jeder Monarch würde sich bedanken für eine solche Stütze seines Thrones. Der Wille des Volkes ist ihm die „alleinige Quelle aller Macht", das „Bißchen Salböl" macht „keinen menschlichen Kopf guillotinenfest" (S. 421). Das Volk ist der „wahre Kaiser, der wahre Herr der Lande"; sein „Wille ist souveräner und viel legitimer als jenes purpurne Tel est notre plaisir, das sich auf ein göttliches Recht beruft, ohne alle andere Gewähr als die Salbadereien geschorener Gaukler" (S. 504). Ein Muster=Monarchist! Der Staat ist ihm ein Marionetten=Theater, der König und die Beamten sind die Puppen, die vom Volke nach Be= lieben bewegt werden. Wenn aber der Fall vorkommen sollte, daß die Puppen der „alleinig rechtmäßigen Macht" nicht gehorchen wollen, so darf das Volk zum Knüppel greifen und die unbrauchbaren Spielzeuge in Stücke schlagen. Daß dabei die Hauptpuppe ebenfalls „amputiert" wird, ist „freilich entsetzlich" (S. 499); aber dann wird sie nicht so sehr ein Opfer der Leidenschaften, als der Begebenheiten (S. 499). Das ist nicht schlimm; die Revolution ist arg verleumdet und als ein „Fürsten= schreckniß und eine Volksscheuche" dargestellt worden. Es sei freilich nicht zu leugnen, daß man diese Guillotine, die heilsame Maschine, wo= mit man die dummen Köpfe von den bösen Herzen sehr leicht trennen kann, etwas oft angewandt habe, aber doch nur bei unheilbaren Krank= heiten, z. B. bei Verrat, Lüge und Schwäche, und man habe die Pa= tienten nicht lange gequält, nicht gefoltert und nicht gerädert, wie einst Tausende und Abertausende Roturiers und Vilains, Bürger und Bauern gequält, gefoltert und gerädert wurden in der guten alten Zeit (S. 499).

Dann verspricht Heine, in dem Kampfe für die Freiheit in der ersten Reihe stehen zu wollen. Er will handeln wie ein Mann, „nach= ahmend die großen Vorgänger und, will's Gott, künftig ebenfalls be= weint von Knaben und Jünglingen" (S. 425). Die Selbstsucht drängt ihn nicht zur Tribüne, und groß sind die Opfer, die er bringen muß für jedes freie Wort (S. 502). Beständig muß er auf der Mensur liegen und sich durch unsägliches Drangsal schlagen; er erficht keinen Sieg, der ihm nicht auch Herzblut kostet. Tag und Nacht ist er in Nöten (S. 427), aber sein bester Spaß und sein bestes Blut stehen

„seinem" deutschen Volke immer zu Diensten (S. 504). Weiter kann man die Prahlerei kaum treiben mit einer Gesinnung, auf deren weitere Verfechtung er gern gegen materielle Vorteile verzichtet hätte.

Während Heine sein anstößiges Buch über Platen schrieb und in der „Stadt Lucca" seinem Haß gegen das Christentum Luft machte, dichtete er auch in dem 1831 in der zweiten Auflage des zweiten Bandes seiner „Reisebilder" erschienenen „Neuen Frühling" einen Lieder-Zyklus, der zu den schönsten und reinsten Blüten seiner Lyrik zählt. Die Gedichtchen sind zum Teil veranlaßt durch seine Liebe zu Therese Heine und der Gräfin Bothmer; die übrigen entstanden auf Anregung des Komponisten Methfessel.

Der Dichter zeigt sich hier von seiner liebenswürdigsten Seite und läßt nur einmal (Nr. 33) leise durchblicken, daß seiner Liebe auch sinnliche Regungen beigemischt sind. In künstlerischer Anordnung enthüllt sich vor uns die Geschichte seiner neuen Neigung, die eben den „Neuen Frühling" bedeutet. In der ersten Abteilung (Nr. 1—10) schildert er das Erwachen seiner Liebe. Es wird Mai, sein Herz liebt aufs neue (1), so wie alles in der Natur Liebe atmet und singt (2). Die liebeheißen Lieder der Nachtigall dehnen seine Seele (3), aber er weiß noch nicht, welcher Blume er seine Liebe zuwenden soll (4). Krank liegt er im Grase und träumt, er weiß selbst nicht was (5), und bittet sein kleines Frühlingslied, die Geliebte zu grüßen (6). Vielleicht ist es die Rose, die er liebt (7), vielleicht die Lilie (10), sicher aber schlägt Amor in seinem Herzen den Takt (8).

In der zweiten Abteilung (Nr. 11—23) hat sich sein Herz entschieden. Zwei schöne Augen haben es ihm angetan (11), und er fürchtet sich vor ihnen (14), so daß der Liebe süßes Elend und bittere Lust in seinem Herzen wieder Einkehr halten (12). Er ist der Mond, sie die Wasserlilie, die er nur aus einsamer Höhe grüßen kann (15). Er sucht sie und folgt ihr überall (19), ihre blauen Augen ergießen ein Meer von blauen Gedanken in sein Herz (18), ihr Abbild zittert in seinem erschütterten Herzen (23), und er möchte sie gern meiden, weil die Liebe zu ihr ihn elend macht (21).

Die dritte Abteilung (24—38) schildert sein Liebesglück, das er aber nicht voll zu genießen vermag, da die bange Ahnung, es werde ein schnelles und trauriges Ende finden, ihn in seinen süßesten Träumen stört. In der letzten Abteilung (Nr. 39—44) ist der gefürchtete Abschluß seiner Liebes=Idylle eingetreten, die Welt erscheint ihm grau und verwelkt und sein Herz verblutet.

Der Dichter singt also wieder das alte Lied, aber er trägt es mit edlerm Ausdruck vor, als früher. Er vermeidet den Mißklang der Selbstverspottung und die unreinen Töne grober Sinnlichkeit; klar und einfach ist eine zarte Empfindung ausgesprochen, die leicht in unserem Herzen wiederklingt.

Der „Neue Frühling" war der Schwanengesang Heines als des Sängers reiner Liebe. Er reiste im Mai 1831 nach dem neuen Jeru= salem der Freiheit ab und legte von da an die meisten seiner Lieder Pariser Dirnen zu Füßen, wie er vorher schon oft genug die käuflichen Damen des Apollosaales in Hamburg und der Redouten in Berlin be= sungen hatte.

Dritter Abschnitt.

Die Mannesjahre. Politische und religiöse Kämpfe. Tod.
(1831—1856.)

I.

Beginn der politischen Schriftstellerei. (1831—1832.)

Ob Heine völlig freiwillig sein Vaterland verließ, wie H. v. Treitschke meint, oder ob er gezwungen, auf einen Wink Metternichs hin, ins Exil ging, wird sich wohl kaum mit vollster Sicherheit feststellen lassen. Allerdings „war es damals zur Regel geworden, daß jeder junge radikale Schriftsteller eine Pilgerfahrt nach dem Mekka der Freiheit unternehmen mußte, um sich den wahren politischen Glauben anzu= eignen".[1] Seit fast Jahresfrist saß Louis Philipp, der Günstling der liberalen Bourgeoisie und der Börse, auf dem Thron des hl. Ludwig. Er brach mit dem „Klerikalismus", gewährte der Presse größere Freiheit, erließ ein neues Wahlgesetz und ersetzte ein Ministerium durch ein an= deres, wenn die Kammer es verlangte. Das erschien zu jener Zeit den „Radikalen" in Deutschland als ein paradiesischer Zustand, und sie eilten scharenweise nach Paris, um ihn sich näher anzusehen. Börne schrieb von der freies Land durchfließenden Seine aus interessante Briefe ins geknechtete Deutschland, und so ging auch Heine nach Paris, um sich an dem Völkerfrühling zu erfreuen und wohl auch, um Karriere zu machen. Der Onkel war so großmütig gewesen, ihm ein Jahresgehalt von 4000 Francs zuzusichern, das bei den üppigen Lebensgewohnheiten des Dichters ihn wenigstens vor dem Verhungern schützte.

---

[1] Treitschke, III, S. 708.

Das Babel an der Seine und das Pariser Leben umfingen Heine bald mit bestrickender Gewalt; hier fand er den Boden, in dem er seiner Ansicht nach gedeihen mußte. Begeistert nennt er wenige Wochen nach seiner Ankunft Frankreich das Herz der Welt (V, S. 58), das Mutterland der Zivilisation und Freiheit (V, 63), die Franzosen das geistreichste und barmherzigste Volk (IV, S. 18); Paris ist ihm das eigentliche Frankreich, die Hauptstadt der ganzen zivilisierten Welt und der Sammelplatz ihrer geistigen Notabilitäten (V, S. 56). Das alles schrieb er öffentlich, die Franzosen und Pariser erfuhren davon und sogen das Lob des liebenswürdigen deutschen Schriftstellers begierig ein.

Heine studierte Paris und Pariser Leben in den ersten Monaten seines Aufenthalts eifrig und gründlich. Er hielt, wie seine Briefe aus Paris beweisen, Augen und Ohren überall offen, und verschaffte sich eine achtungswerte Kenntnis der öffentlichen Zustände. Abends stürzte er sich in den Strom der Vergnügungen, die gewisse Tanzlokale ihm boten, und knüpfte mit mancher Schönen ein Verhältnis an, das weder auf Reinheit noch Dauer berechnet war. „Diese Neigungen," sagte Adolf Strodtmann[1] „gingen selbstverständlich nicht tief, aber sie illustrieren die frivole Genußsucht seines Charakters, und es ist bekannt, daß er sich mit einem gewissen Cynismus seiner Lüderlichkeit rühmte." Kein Wunder, daß Heine hier sich wohl fühlte und die bekannte Redensart dahin ver= ändert wissen wollte: wie Heine in Frankreich leben. Nur die beständige Angst vor polizeilichen Verfolgungen, von der Strodtmann[2] die lächerlichsten Geschichten erzählt, trübte sein sybaritisches Dasein.

Bald fand er einen Kreis von Gesinnungsgenossen. Er wurde in die bessere französische Gesellschaft eingeführt und zwar durch Rothschild, an den sein Onkel ihn empfohlen hatte. In den Soiréen der Roth= schildschen Kreise, sowie bei Lafayette und den Ministern Comte Duchâtel und Salvandy, lernte er die Pariser Tagesgrößen sowie die bedeutendsten Dichter der Zeit kennen, wie auch seine Empfehlungen, die er Lands= leuten zur Einführung bei den literarischen Größen mitgab, beweisen. Heine war aber, wie Betz a. a. O. zeigt, kein »homme du monde«, kein Salonlöwe, der den geistreichen, unwiderstehlichen Don Juan zu spielen und es zum Frauenliebling zu bringen wußte; dafür war er zu launisch, sein Witz zu scharf und beißend. Er konnte während eines ganzen Diners kein Wörtchen von sich geben, wenn ihm etwas nicht paßte oder wenn er verstimmt war. Und von allen Pariser Salons blieb

---

[1] II, S. 11. — [2] II, S. 52.

er nur einem einzigen treu, dem der schönen italienischen Patriotin Prinzessin Belgiojoso, wo er Männer wie Mignet, Cousin, Bellini und Musset traf.

Zu seinen engeren Bekannten zählte bald der Dr. L. Véron, Verwalter der »Revue de Paris« und Direktor der »Grand Opéra«, ferner Béranger, der bekannte Chansonnier, den er aber später durch die Titulatur »polisson« beleidigte, und H. de Balzac, der Vater des realistischen Romans. Einen dichterisch ebenbürtigen Freund und Uebersetzer fand Heine an dem unglücklichen, guten und hochbegabten Gérard de Nerval, in dessen Hotel de Chimay er auch die bekanntesten Vertreter der Bohème, wie Henri Murger u. a., kennen lernte.

Wie bald die französische Geisteswelt Heine zu schätzen wußte, geht daraus hervor, daß die zwar junge, aber doch bereits führende »Revue des deux Mondes« sich die erste französische Uebersetzung der „Reisebilder" sicherte und »L'Europe littéraire«, ein großangelegtes Unternehmen, mit dem französischen Original seiner „Romantischen Schule" ihre erste Nummer einleitete.

Aber trotz dieser Erfolge und trotz seiner Eitelkeit, es auch in Frankreich zum großen und berühmten Schriftsteller zu bringen, widerstand er doch allen Verlockungen, es einem Alexander Weill und später Albert Wolff nachzumachen und sich in Frankreich zu naturalisieren. Die Liebe zum Vaterlande saß bei dem widerspruchsvollen Manne doch tiefer, als manche bissige, spöttische Bemerkung über Deutschland, manche Lobeshymne auf Paris ahnen ließ.[1])

Trotz dieses Anschlusses an französische Kreise verkehrte er jedoch vorwiegend mit Deutschen, wie Michael Beer, den er nicht leiden konnte, Felix Mendelssohn, Alex. v. Humboldt, Aug. Lewald, Koreff, Maltitz, Saphir u. a. Die Buchhandlung von Heideloff und Campe war es namentlich, wo alle durchreisenden Deutschen vorsprachen und ihre berühmten Landsleute in Paris kennen lernten. Im August 1831 traf er seinen ehemaligen Lehrer und Meister August Wilhelm von Schlegel, der sich über seinen einstigen Schüler und dessen literarische Leistungen sehr scharf aussprach. Er hatte sogar ein bissiges Epigramm über ihn veröffentlicht, in dem es hieß:

> Deine Begeisterung ist verschroben,
> Deine Lücken sind Natur.

---

[1]) Betz, S. 28 ff.

Heine rächte sich zunächst durch unanständige Witzeleien in den „Pariser Briefen" für die „Augsburger Allgemeine Zeitung" und verschob die eigentliche Hinrichtung seines Gegners auf eine spätere Gelegenheit, wo er sie mit raffinierter Grausamkeit ausführte.

Börne wurde von Heine sofort aufgesucht. Die beiden bis jetzt befreundeten Männer mißfielen sich bei der ersten Zusammenkunft auf französischem Boden gründlich. Aus Heines Feder liegt hierüber keine Aeußerung vor; Börne weiß dagegen in seinen Briefen an Madame Wohl über den Kampfgenossen nur Schlechtes zu melden.[1]) Er affektiere Melancholie, sei grenzenlos eitel und lebe in der gemeinsten Weise lüderlich; er habe eine Art von Lüderlichkeit, die ihm (Börne) weder in Büchern noch im Leben vorgekommen sei; er sei bestechlich, und man habe gesagt, daß er für tausend Francs das Schlechte lobe.

In der Tat finden wir in Heines bald nach seiner Ankunft in Paris erschienenen Schriften eine leichte politische Schwenkung. Hierbei kommen in Betracht die Artikel, die er im zweiten Halbjahr 1831 über die Gemäldeausstellung in Paris (Bd. IV. der „Sämtl. Werke") für das „Morgenblatt" schrieb, sowie die Briefe, die er am 28. Dezember 1831 der „Allgemeinen Zeitung" zusandte (Bd. V). Er spricht sich jetzt entschieden für die Monarchie aus und findet sogar in der Lehre von der absoluten Gewalt der Fürsten nichts Schlimmes (V, S. 110, IV, S. 63, 90). Das hindert ihn indessen eben so wenig wie früher, dem Königtum die Narrenkappe aufzusetzen und ihm begreiflich zu machen, daß es nur ein Königtum von Volkes Gnaden, also das Gegenteil eines Sakramentes, sei. „Die Völker sind ewig, nur die Könige sind sterblich," sagt er (V, S. 137) mit Benutzung des Mirabeauschen Spruches.[2]) „Die Privilegien werden vergehen, aber das Volk ist ewig." Eine noch stärkere Stelle (V, S. 510) strich er nach einiger Ueberlegung selbst. Einen anderen Artikel, in dem er, wie Börne erzählt,[3]) den grotesken Satz verteidigte: „Jedes Volk dürfe seinen König absetzen, wenn ihm dessen Nase nicht mehr gefiele," unterdrückte die „Allg. Ztg.".

Die Verwunderung über Heines scheinbare Bekehrung zum „uralten Sakrament des Königtums", das er jetzt sogar in der Form des Absolutismus verteidigte, blieb nicht aus. Gutzkow schrieb in seinen „Briefen eines Narren an eine Närrin",[4]) nachdem er Heine Abtrünnigkeit vorgeworfen: „Nur das versöhnt mich, daß er den Umfang seiner Jakobinermütze nicht

---

[1]) Prölß 197—198. — [2]) Stern I, S. 281.
[3]) Dessen Sämtl. Werke X, S. 29. — [4]) S. 75.

nach und nach kleiner gemacht hat, sondern plötzlich wie ein Gott mit seinem neuen Glauben, dem konsequentesten Royalismus, dastand." Allgemein geriet Heine bei den deutschen Radikalen in den Verdacht, ein Renegat aus unlauteren Beweggründen zu sein. Daß Heine der Vorwurf politischer Gesinnungslosigkeit gemacht werden konnte, beruht vor allem darin, daß der Dichter eben so wenig eine abgeschlossene politische Weltanschauung besaß wie er eine geordnete sittliche Weltanschauung gewinnen konnte. Und da er keine feste Ueberzeugung hatte, keine bleibenden Grundsätze anerkannte, so wurde seine Beurteilung der jeweiligen politischen Lage und der handelnden Persönlichkeiten naturgemäß von den rasch wechselnden Gefühlen und Eindrücken seiner sensitiven Psyche bestimmt. Daß dabei egoistische und persönliche Rücksichten eine große Rolle spielten, kann nicht wundernehmen.

In den Pariser Briefen spann er sein Lieblingsthema weiter (V, 149, 151). Höhere Beweggründe leiteten ihn dabei nicht, denn er gestand in einem Briefe an Varnhagen ein (Strodtmann, XX, 245): „Wenn meine Artikel in der »Allgemeinen Zeitung« Ihnen gefallen, so ist es für mich tröstlich. Denn ich traue ihrem Werte nicht; ich schrieb sie, teils um mich auch auf diese Weise geltend zu machen, teils des baren Vorteils wegen." Diese Aeußerung stimmt genau mit jener überein, die er von München aus machte.

Im Anschluß an diese Darlegung seiner politischen Ansichten bringt Heine Betrachtungen und Charakteristiken aus der Zeit der großen Revolution, die vortrefflich geschrieben sind, obgleich die Brille, durch die er die Taten der Revolution ansieht, vieles in trügerischer Beleuchtung erscheinen läßt. Hier fällt uns vor allem die Schilderung Mirabeaus auf (V, S. 165). Er hat die Gestalt des monarchischen Revolutionärs, des konstitutionellen Aristokraten liebevoll gezeichnet und ihr ein wenig von seinem eigenen Wesen mitgeteilt. Die bereits etwas abgekühlte Begeisterung für Napoleon I. sinkt noch um einige Grade. Schon in den Berichten über die Gemäldeausstellung bemerkte er, der Corse habe Europas Washington werden können, er sei aber nur dessen Napoleon geworden (IV, S. 65); jetzt sagt er, St. Helena sei für den Kaiser der Ort gewesen, wo er für die Treulosigkeit gegen die Revolution, „seine Mutter, habe büßen müssen" (V, S. 195). Damit vergleiche man das IX. Kapitel des „Buches Le Grand", wo St. Helena als das hl. Grab der Völker und Napoleon als der weltliche Heiland bezeichnet wird! (III, S. 160).

Ueber Louis Philipp äußert er sich wiederholt wegwerfend. Er läßt ihm als Menschen Gerechtigkeit widerfahren; als Herrscher bewitzelt

und bekämpft er ihn, weil er in ihm einen verkappten Feind der bürgerlichen Freiheit wittert (V. 30, 81, 172, 176, 204). Ebenso schlimm
ergeht es Guizot, der damals als Minister kandidierte (V, 27, 108).
Später sind diese beiden Männer in der Gunst Heines gewaltig ge-
stiegen — wir werden sehen, warum.

Die Berichte Heines fanden in Deutschland und, da die französischen
Zeitungen Teile aus ihnen übersetzten, auch in Paris Beachtung. Der
Verfasser schwebte indessen in beständiger Furcht, wie die deutschen
Regierungen und die Republikaner in beiden Ländern seine Artikel auf-
nehmen würden. Die Republikaner dachten aber weit weniger oft an
Heine als er an sie; den deutschen Regierungen waren die Berichte
freilich unangenehm, aber doch eigentlich nur, weil sie in einem so angesehenen und verbreiteten Blatte, wie die „Allgemeine Zeitung", Aufnahme fanden. Gentz schrieb in Metternichs Auftrag einen Brief an
Baron von Cotta,[1] in dem er Heine — den er als Dichter liebe —
einen verruchten Abenteurer nennt und bringend ersucht, ihm die Spalten
der Zeitung zu verschließen. Cotta beeilte sich, dem zarten Winke, dem
unangenehme Maßregeln folgen konnten, nachzugeben. Am 15. Juli
1832 mußte Heine seine Berichte einstellen.

Das erregte ihn derart, daß er beschloß, die Briefe sofort als Buch
herauszugeben und alle Stellen aufzunehmen, welche die Zensur gestrichen
hatte. In einer Vorrede, die sich hauptsächlich gegen den das Re-
präsentativ-System verwerfenden Bundestagsbeschluß vom 28. Juni 1832
richtete, redete er eine kühne Sprache. Er strebe, sagt er (V, S. 11
u. ff.) ein großes Völkerbündnis an, das gestatte, nicht mehr stehende
Heere von vielen hunderttausend Mördern zu füttern. Eine Handvoll
Junker, die nichts gelernt haben, als ein bißchen Roßtäuscherei, Volte-
schlagen, Becherspiel oder sonstige plumpe Schelmenstücke, wähnten, ein
ganzes Volk betören zu können. Die kleinen deutschen Fürsten will er
nicht so sehr beschuldigen wie Oesterreich und Preußen, und von diesen
beiden will er ersteres noch schonen, weil es ein offener, ehrlicher Feind
sei. Aber Preußen! Er spottet über die gelehrten Knechte an der
Spree, die von einem großen Imperator des Borussenreichs träumen;
„die langen Finger der Hohenzollern", denen es nicht gelingen werde,
die Krone Karls des Großen zu erfassen und zu dem Raube so vieler
polnischer und sächsischer Kleinodien in den Sack zu stecken. Er traue
diesem Preußen nicht, diesem langen, frömmelnden Kamaschenhelden mit

[1] Strodtmann II, S. 55.

dem weiten Magen und dem großen Maule und dem Korporalstock, den er erst in Weihwasser tauche, ehe er zuschlage. Tief widerwärtig sei ihm dies steife, heuchlerische und scheinheilige Preußen, dieser Tartüffe unter den Staaten. Vom König von Preußen verlangt er die ver= sprochene Konstitution und er erinnert ihn in hämischen Worten an die Schlacht bei Jena. Napoleon habe damals unterlassen, Preußen völlig zu vernichten; aus Dankbarkeit habe der „preußische Esel" einige Jahre später den „sterbenden Löwen" noch mit Fußtritten traktiert. Schließlich nennt er das deutsche Volk einen riesengroßen Narren, dessen buntscheckige Jacke aus sechsunddreißig Flecken zusammengesetzt sei, dessen Schellen aus Kirchenglocken beständen, und dessen Brust von unendlichen Schmerzen durchwühlt werde. Er ergötze mit seinen Riesenspäßchen die Junkerlein, balanciere unzählige Lasten auf seiner Nase und lasse viele hundert= tausend Soldaten auf seinem Bauche trampeln. „Aber," fragt Heine die Fürsten am Schluß, „habt ihr gar keine Furcht, daß dem Narren mal all die Lasten zu schwer werden, daß er eure Soldaten von sich abschüttelt und euch selber aus Ueberspaß mit dem kleinen Finger den Kopf eindrückt, so daß euer Hirn bis an die Sterne spritzt?" (S. 25.) Der letzte Satz ist eine sehr belehrende Illustration zu Heines „uraltem Sakrament des Königstums".

Aus der Vorrede blickt überall der persönlich beleidigte Verfasser hervor, dem „ein Knecht des Bundestags" im Auftrage seines Herrn eine ergiebige Einnahmequelle verstopft hatte. Der Ton dieser Kriegs= erklärung schwankt beständig zwischen lächerlichem Pathos und Trivialität. Was er geschrieben, mußte allerdings, wie er selbst einsah (16. Juli 1833), ihm für immer die Rückkehr nach Deutschland versperren, und gleichzeitig beweisen (19. Dezember 1832), daß er kein bezahlter Schuft sei. Indessen spielte ihm die Zensur einen bösen Streich, indem sie die Vorrede unbarmherzig verstümmelte und manchen Satz in das Gegenteil verkehrte. Heine beklagte sich in einem höchst erregten Briefe an Campe, wie in einer öffentlichen Erklärung, bitter über ein solches Verfahren und forderte von seinem Verleger, daß die Vorrede unverstümmelt in besonderen Abzügen gedruckt werde. Kaum war die Broschüre aber fertig gestellt, als Heine, dem inzwischen bange geworden war, die Weisung ergehen ließ, alle Exemplare einzustampfen. Trotzdem erschien bald darauf die unverkürzte Vorrede in einer Pariser Buchhandlung.

Die anscheinend unbedeutende Angelegenheit wirft ein helles Licht auf Heines geheime Beweggründe. An Varnhagen schrieb er (16. Juli 1833), der Verleger habe trotz seinem Verbot, die Vorrede auszugeben,

einige Exemplare derselben an durchreisende Polen geschenkt, eines der=
selben sei einem Deutschen in Paris in die Hände gefallen, der nunmehr
die Vorrede auf eigene Faust veröffentlicht habe. Aus einem Briefe an
Laube (23. November 1835) erfahren wir, die famose Vorrede sei durch
den preußischen Spion Klaproth in die Welt gekommen. Am 10. Juli
1833 jedoch rühmt er sich in einem Briefe an Laube der Veröffent=
lichung der Vorrede, die das Publikum belehren werde, ihm zu ver=
trauen, wenn er auch etwas allzu gelinde rede; er fürchte jeden Augen=
blick, wegen der Vorrede arretiert zu werden. Dem preußischen Gesandten
in Paris aber machte er einen Besuch, um ihm die Versicherung zu
geben, daß er gegen Preußen nicht so feindliche Dinge im Schilde führe,
als das Gerücht ihm zuschreibe. [1]

Anscheinend hat Heine selbst jenen angeblichen „preußischen Spion"
veranlaßt, die Vorrede herauszugeben, um die Schuld auf einen anderen
wälzen zu können. Wir begegnen hier bei dem „todwunden Kämpfer"
für die Sache der Freiheit von neuem dem Bestreben, öffentlich feind=
selig aufzutreten und heimlich um die Gunst der Angegriffenen sich zu
bemühen. Bat er doch auch, als Graf Moltke nach Paris kam, den=
selben am 25. Juli 1831 um Verzeihung wegen der Vorrede, die er
zu Kahldorffs Schrift gegen den Grafen verfaßt hatte. Heine hatte
immer noch die Absicht, es mit der preußischen Regierung nicht ganz
zu verderben. Eine Aeußerung in Börnes Pariser Briefen [2] deutet
darauf hin, daß man in Preußen gefährliche Personen durch eine An=
stellung unschädlich mache, und er nennt auch Heine dabei. Wir wissen,
daß letzterer tatsächlich in dieser Richtung Schritte getan hat, die er
freilich am 19. November 1833 in einer öffentlichen Erklärung ableugnen
konnte (VII, S. 529), weil er nie ein direktes Gesuch eingereicht hatte.
In Paris trieb er dasselbe Spiel weiter. Für eine sorglose Existenz
hätte er viel gegeben. Eine solche zu erwerben, hatte er nach eigener
Angabe (an Varnhagen, Mitte Mai 1832) oft Gelegenheit, aber es
sollte angeblich unter Bedingungen geschehen, „gegen die er nicht als
Patriot, sondern als vornehmer Mann eine bestimmte Repugnanz" hatte.
Also auch andere Personen, als Börne und dessen Bekannte, hielten
Heine für käuflich. Etwas ähnliches deutet Gentz in seinem Briefe an
Cotta an, [3] indem er sagt: „Was ein verruchter Abenteurer, wie Heine,
eigentlich will und wünscht . . . mag ich nicht weiter untersuchen, ob=
gleich es sich leicht erraten läßt."

---

[1] Strodtmann II, 64. — [2] VIII, Brief 27. — [3] Strodtmann II, 55.

Verschiedene Anzeichen lassen allerdings stark vermuten, daß Heine bei seiner politischen Schriftstellerei Nebenabsichten verfolgte. Der Verherrlicher der Revolution, der in so leichtfertiger Weise von Fürstenmord spricht, spielte sich als Verteidiger der Monarchie auf, während er gleichzeitig gegen die Pfaffen und Junker ins Feld zog. Ein Brocken für die Radikalen, und ein Butterbrot für die Regierungen! Er trug auf beiden Schultern. „Halten Sie mich doch beileibe für keinen Vaterlandsretter!" bittet er am 19. Dezember 1832 Immermann. In einem Briefe an seine Mutter drückt er sich noch schärfer aus. Als er ein Jahr später den ersten Band des „Salon" herausgegeben hatte, schrieb er ihr (4. März 1834), es seien viele Zoten darin, das sei politische Absicht gewesen. „Ich wollte der öffentlichen Meinung eine gewisse Wendung geben. Besser, man sagt, ich sei ein Gassenjunge, als daß man mich für einen allzu ernsthaften Vaterlandsretter hält. Letzteres ist in diesem Augenblicke kein ratsames Renommee. Die Demagogen sind wütend über mich, sie sagen, ich werde bald öffentlich als Aristokrat auftreten. Ich glaube, sie irren sich. Ich ziehe mich aus der Politik zurück. Das Vaterland mag sich einen anderen Narren suchen." An Laube schreibt er (10. Juli 1833): „Halten Sie sich in diesem Augenblick so ruhig als möglich. Dissimulieren Sie. Fürchten Sie nicht, verkannt zu werden. Auch ich habe dies nie gefürchtet." Aber er hat es durch sein Dissimulieren dahin gebracht, daß man ihn „verkennen" muß. „Ich habe wahrlich nicht die Absicht, demagogisch auf den Moment zu wirken," gesteht er Varnhagen (16. Juli 1833), „glaube auch nicht mal an die Möglichkeit einer momentanen Wirkung auf die Deutschen." Mitte Mai 1832 schrieb er Varnhagen sogar, er stehe jetzt auf dem Friedensfuß mit allem Bestehenden, und wenn er noch nicht desarmiere, so geschehe es nur der Demagogen wegen, gegen die er einen schweren Stand habe. Endlich teilt er seinem Bruder Maximilian mit (21. April 1834): „Ich will jetzt nichts Politisches herausgeben (obgleich ich dessen genug geschrieben), überhaupt will ich in dieser Reaktionsepoche nur zahme Bücher herausgeben."

Ein Mann, der heimlich in solchen Winkelzügen sich ergeht, während er öffentlich mit der Idealität seiner Absichten prahlt, verdient wahrlich nicht, daß man ihn als ernsthaften Politiker und politischen Martyrer feiert.

Die Buchausgabe der Pariser Berichte erregte in Deutschland nur geringes Aufsehen. Dagegen trat Börne nunmehr entschieden gegen seinen ehemaligen Gesinnungsgenossen auf. Schon im 106. Briefe [1])

---

[1]) XII, 48.

gibt er ihm einen Seitenhieb; im 109.[1]) hält er blutige Abrechnung.
Er läßt ihm seinen Ruhm als Dichter, wirft ihm aber in seiner poli=
tischen Schriftstellerei Mangel an Ernst und Gesinnung vor. Er nennt
ihn — in Börnes Augen ein fürchterlicher Schimpf — den Jesuiten
des Liberalismus und fügt hinzu: „Ich habe es schon einmal gesagt,
daß dieses Spiel der guten Sache nützen kann; aber weil es eine ein=
trägliche Rolle ist, darf sie kein ehrlicher Mann selbst übernehmen."
Heines Antwort erschien erst — nach Börnes Tode!

II.

Die Schriften über Deutschland. Die „Neuen Gedichte" und Verwandtes.
(1833—1835.)

Schon bald nach seiner Ankunft in Paris ward Heine mit dem
System des Grafen Claude Henry St. Simon und mit einigen von
dessen Jüngern bekannt. St. Simon erklärte das Christentum für eine
abgelebte religiöse Form. Seine neue verwässert=pantheistische Religion
sollte eine vollständige Umwandlung der gesellschaftlichen Verhältnisse
einleiten. In seinem neuen Staat sollte lediglich der Erwerb durch
eigene Arbeit zulässig sein. Die Regierung wollte er unter Ausschluß
des Repräsentativ=Systems in die Hände der Priester der neuen Religion
legen, die gesetzgebende und vollziehende Gewalt haben sollten.

Heine interessierte sich lebhaft für diese Ideen, die nach seiner Ansicht
„nur ausgesprochen zu werden brauchten, um früh oder spät ins Leben
zu treten" (an Varnhagen, Mitte Mai 1832). Die tieferen Fragen
der Revolution, schreibt er (10. Juli 1833) an Laube, „betreffen weder
Formen noch Personen, weder die Einführung einer Republik noch die
Beschränkung einer Monarchie, sondern sie betreffen das materielle
Wohlsein des Volkes. Seit durch die Fortschritte der Industrie und
der Ökonomie es möglich geworden, die Menschen aus ihrem materiellen
Elende herauszuziehen und auf Erden zu beseligen, seitdem — Sie ver=
stehen mich. Und die Leute werden uns schon verstehen, wenn wir
ihnen sagen, daß sie in der Folge alle Tage Rindfleisch statt Kartoffeln
essen sollen und weniger arbeiten und mehr tanzen werden." Es fiel
Heine indessen nicht ein, für die Verbesserung der Lage des arbeitenden

---

[1]) XII. 65.

Standes auch nur einen Federstrich zu tun. Er haßte den Pöbel (VI, S. 41—44), achtete ihn aber seiner kräftigen Fäuste wegen als den wirksamsten Hebel, um den Staat aus den Fugen zu heben.

Zunächst schätzte Heine an der neuen Lehre den Haß gegen den Katholizismus; am meisten aber zogen ihn die Folgerungen an, die St. Simons Schüler Enfantin aus dessen Lehren zog. Enfantin baute seines Meisters System nach der sittlichen Seite aus und warf dem Christentum vor, daß es dem Trieb des Menschen zu sinnlichen Genüssen Hindernisse in den Weg lege. „Auch in der Materie offenbare sich der Geist Gottes, und die Sinnlichkeit des Menschen sei so gut sein Werk wie das geistige Streben." [1]) Er verlangte Freiheit des Genusses, Freiheit in der Liebe, Weiber= und Männergemeinschaft.

Heine war klug genug, die letzte Forderung unbeachtet zu lassen. Dagegen stimmte er für die Lehre von der Rehabilitation des Fleisches, die auch die Parole des jungen Deutschlands wurde. [2]) Die Philo= sophie des sinnlichen Genusses wird das Leitmotiv seiner schriftstellerischen Arbeiten und mancher Auslassung in seinen Briefen. „Monarchie oder Republik," schreibt er am 23. November 1835 an Laube, „demokratische oder aristokratische Institutionen sind gleichgültige Dinge, solange der Kampf um erste Lebensprinzipien, um die Idee des Lebens selbst, noch nicht entschieden ist. Erst später kommt die Frage, durch welche Mittel diese Idee im Leben realisiert werden kann, ob durch Monarchie oder Republik, oder durch Aristokratie oder gar durch Absolutismus . . . für welch letzteren ich gar keine große Abneigung habe. . . . Die Moral ist nur eine in die Sitten übergegangene Religion (Sittlichkeit). Ist aber die Religion der Vergangenheit verfault, so wird auch die Moral stinkig. Wir wollen eine gesunde Religion, damit die Sitten wieder gesunden, damit sie besser basiert werden, als jetzt, wo sie nur Unglauben und abgestandene Heuchelei zur Basis haben."

Wir werden später sehen, was Heine unter der Idee des Lebens und unter gesunder Religion versteht.

Zuerst trat er mit seiner, wenn nicht neuen, doch nunmehr „philo= sophisch begründeten" Weltansicht in dem 1833 erschienenen Buche über

---

[1]) Elster I, 105. — [2]) Ein franz. Kritiker, E. Montégut, hat dagegen darauf hin= gewiesen, daß Heine die Lehre von der Rehabilitation des Fleisches nicht von den St. Simonisten übernommen habe, wie dies allgemein geglaubt werde, sondern daß diese Lehre schon im „Almansor" hervortrete und in »De l'Allmagne« dann offen und voll Beredsam= keit gepredigt werde. Montégut dreht sogar den Stiel um und stellt die Hypothese auf, daß es im Gegenteil Heine war, der die St. Simonisten beeinflußte. Betz, S. 808.

die romantische Schule in die Oeffentlichkeit (Elster, Bd. V). Er bekennt sich darin (S. 253) zum Pantheismus St. Simons und wendet sich dann gegen den Katholizismus. Derselbe habe als erstes Dogma die Verdammnis alles Fleisches. Durch dieses unnatürliche Prinzip sei recht eigentlich die Sünde und Hypokrisie in die Welt gekommen. Durch Verwerfung der irdischen Güter und Auferlegung der „Hundedemut und Engelsgeduld" sei der römische Katholizismus eine der festesten Stützen des Despotismus geworden. Jetzt habe die christliche Weltansicht ihr Ende erreicht. Die Menschen ließen sich nicht mehr mit Anweisungen auf den Himmel abspeisen und verlangten nach den Genüssen der Erde (S. 218). Sie sei heilsam gewesen gegen den altrömischen Materialismus, aber sie habe auch Rom vernichtet. „Rom wurde durch das jüdische Gift so wirksam verzehrt, daß Helm und Harnisch seinen welkenden Gliedern entsanken und seine imperatorische Schlachtstimme herabsiechte zu betendem Pfaffengewimmer und Kastratengetriller" (S. 219). Im germanischen Norden dagegen wirkte das Christentum dadurch heilsam, daß es die vollblütigen barbarischen Völker zivilisierte.

In dem Buche zur „Geschichte der Religion und Philosophie in Deutschland" (Bd. IV), das zuerst französisch in der »Revue des deux mondes«, Jahrgang 1834, und Anfang 1835 als zweiter Band des „Salon" erschien, führt er das Thema weiter aus. Die christliche Idee habe sich entwickelt aus den Lehren der Gnostiker und Manichäer, die ihr die Lehren von den beiden Prinzipien, dem guten und dem bösen, Christus und Satan, verliehen hätten. Jenem gehört die Seele, diesem der Leib. Die ganze Natur ist ursprünglich böse; deshalb muß man allen sinnlichen Freuden entsagen und den Leib, das Lehen Satans, kasteien (S. 169). „Diese Weltansicht, die eigentliche Idee des Christentums, hatte sich unglaublich schnell über das ganze römische Reich verbreitet ... das ganze Mittelalter hindurch dauerten die Leiden ... und wir Modernen fühlen noch immer Krämpfe und Schwäche in den Gliedern. Einst, wenn der Friede zwischen Leib und Seele wieder hergestellt, dann wird man den künstlichen Hader, den das Christentum zwischen beiden ge= stiftet, kaum begreifen können. Die glücklicheren und schöneren Genera= tionen, die, gezeugt durch freie Wahlumarmung, in einer Religion der Freude emporblühen, werden wehmütig lächeln über ihre armen Vor= fahren" (S. 170).

Fast demselben Gedanken hatte Heine bereits in der Beschreibung seiner italienischen Reise Ausdruck gegeben (S. 281). Dies Ideal der Freiheit sinnlichen Genusses schwebte ihm noch in seinen letzten Lebens=

jahren vor, als er zu Fanny Lewald äußerte: [1] „Es hat mir immer leid getan, wenn die Häßlichkeit lasterhaft wurde; aber wenn die Schönheit sich ruinierte, tat es mir weh. Es ist dies ein Ausschlag des christlichen Spiritualismus, das Geschlechtsverhältnis ist dadurch unheilbar korrumpiert. Wir haben bis jetzt nur auf der einen Seite den ganz unerträglichen Zwang der Polizeiehe des Christentums und auf der anderen die Depravation, der das Konkubinat anheimfällt, weil es außer dem Gesetz ist und unnatürlich genug für eine Schande gilt. Das alles muß geändert werden."

Enfantin hatte nur ausgesprochen, was längst Heines Sittenkoder bildete; Heine bemächtigte sich der neuen Formeln, entkleidete sie der überschwenglichen philosophisch-religiösen Phrasen, mit denen »Père« Enfantin sie dem Publikum darbot, und brachte sie nun in gefälliger Gestalt wieder in Umlauf. Die Lehre vom geknechteten Fleisch, vom Ursprung der römisch-katholischen Weltansicht, von ihrer Ausbreitung und ihrem Ende ist wesentlich das Eigentum St. Simons und Enfantins.

Heine zeigt dann in der Darstellung des Auftretens Luthers und in der Geschichte der Reformation neben vielen überraschend richtigen Urteilen eine noch größere Oberflächlichkeit. Merkwürdigerweise ist ihm Luther Vertreter des Spiritualismus. Sehr gut ist seine Schilderung der rasch eintretenden Wirkung der Reformation auf heiratslustige Mönche und Nonnen, ländersüchtige Fürsten und weltlich gesinnte Prälaten (S. 188, 189). Aber von dem segensreichen Einfluß der Reformation ist Heine überzeugt. „Indem die notwendigsten Ansprüche der Materie nicht bloß berücksichtigt, sondern auch legitimiert werden, wird die Religion wieder eine Wahrheit" (S. 192).

Mit der Reformation, fährt Heine fort, wurde die Vernunft die oberste Richterin in allen religiösen Streitfragen, und die Blüte dieser Denkfreiheit sei die deutsche Philosophie. Er geht dann auf die einzelnen philosophischen Systeme von Descartes bis auf Schelling ein. Hervorhebung verdient die Schärfe und Konsequenz, mit der er aus der Reformation die deutsche Philosophie und aus dieser die politische Revolution herleitet (IV, S. 293).

Heine zeichnet die verschiedenen Philosophien in großen Zügen und bemüht sich, den inneren Zusammenhang der einzelnen Systeme klarzulegen. In die Tiefe geht er nicht, aber das Charakteristische weiß er

---

[1] Westermann, Bd. 62, S. 102.

scharf hervorzuheben. Er erinnert an einen geschickten Fremdenführer, der in der großen Stadt ziemlich Bescheid weiß und Herkunft und Stil der Monumentalbauten seiner wißbegierigen Gesellschaft in leicht fließender Rede zu erklären sucht. Meist weiß er auch von den manchmal wunder= lichen Heiligen zu erzählen, die einst in den jetzt nur schwach bewohnten oder verlassenen Palästen hausten. Häufig fesselt der liebenswürdige Cicerone seine Zuhörer durch pikanten Anekdotenkram so sehr, daß sie ganz vergessen, wie wenig ihnen der Mann über die Bauten selber sagt. Erst wenn sie wieder im Coupé sitzen und an der Hand ihres Reisebuches das Geschaute noch einmal an ihrem Geiste vorüberziehen lassen, finden sie, daß der gefällige Führer doch noch weit mehr hätte sagen können.

Mehr Beachtung als der feuilletonistische Geschichtsschreiber der deutschen Philosophie verdient der Literaturhistoriker. Sein Buch über die romantische Schule muß trotz einseitiger Auffassung zu den aus= gezeichnetsten Werken unserer ästhetisch=kritischen Literatur gezählt werden. Hier ist der Cicerone nicht allein gleichzeitig feinsinniger Kenner der von ihm gezeigten Kunstwerke, sondern auch ein Meister vom Fach. Wir staunen über die Fülle literaturhistorischen und ästhetischen Wissens. Die Folgerungen, die Heine aus ihr zieht, fordern freilich oft unseren lebhaften Widerspruch heraus.

Nachdem Heine, wie oben angegeben, zu zeigen versucht, daß das Christentum die Völker des Nordens vergeistigt habe, fährt er fort: Die Kunstwerke des Mittelalters zeigten mit seltenen Ausnahmen die Bewältigung der Materie durch den Geist und den romantischen Cha= rakter, der sie von der klassischen Poesie streng unterscheidet. Die klassische Kunst hatte nur das Endliche darzustellen, und ihre Gestalten konnten identisch sein mit der Idee des Künstlers. Die romantische Kunst hatte das Unendliche darzustellen[1]) und nahm ihre Zuflucht zu einem System traditioneller Symbole; sie machte die entsetzlichsten An= strengungen, das Reingeistige durch sinnliche Bilder darzustellen (S. 224).

---

[1]) K. E. Franzos rühmt in der „Frankf. Ztg." (1890 Nr. 144) diese Definitionen als ausgezeichnet und als Heines Eigentum; ich glaube aber annehmen zu dürfen, daß er sie von A. W. von Schlegel geradezu entlehnt hat. In seinen 1801 in Berlin gehaltenen „Vorlesungen über schöne Literatur und Kunst", die Seuffert 1884 herausgegeben, sagt der Theoretiker der romantischen Schule (Bd. I, S. 90, 91): „Das Schöne ist eine sym= bolische Darstellung des Unendlichen .... Wie kann nun das Unendliche an die Oberfläche, zur Erscheinung gebracht werden? Nur symbolisch, in Bildern und Zeichen . . . Dichten ... ist nichts anderes als ein ewiges Symbolisieren; wir suchen entweder für etwas Geistiges eine äußere Hülle, oder wir beziehen ein Äußeres auf ein unsichtbares Inneres." Sicher hat Heine diese Ansichten auch aus dem Munde Schlegels selbst vernommen.

Als der Katholizismus erblich, lebte die griechische Poesie wieder auf, und in Kunst und Leben regte sich der Protestantismus (S. 227). In Frankreich gewann die neuklassische Poesie das Regiment und beherrschte von dort aus auch das übrige Europa (S. 228).

Gegen diese Fremdherrschaft erhob sich Lessing und empfahl die wahre griechische Kunst. Dadurch aber veranlaßte er törichte Nachahmungen, und seine religiösen Forschungen riefen den plattesten Rationalismus hervor. Die Mittelmäßigkeit gewann die Oberhand (S. 230), gegen die selbst Goethes Genie lange Jahre erfolglos ankämpfte. Die romantische Schule bildete aber eine wirksame Reaktion (S. 232). Die Gebrüder Schlegel priesen hauptsächlich die Werke der christlich-katholischen Kunst des Mittelalters als Muster (S. 233) und sie führten den Dichter an den verschütteten Quell einer naiven, einfältigen Poesie. Aber viele tranken im Uebermaß aus dem verjüngenden Quell, und sie wurden kindisch (S. 234).

Als aber die Rückkehr zum Mittelalter so innig wurde, daß viele der romantischen Dichter und Künstler zur katholischen Kirche übertraten, da schüttelte man im protestantischen Deutschland den Kopf, und als man gar entdeckte, „daß eine Propaganda von Pfaffen und Junkern, die sich gegen die religiöse und politische Freiheit Europas verschworen, die Hand im Spiele hatte, daß es eigentlich der Jesuitismus war, welcher mit den süßen Tönen der Romantik die deutsche Jugend so verderblich zu verlocken wußte, wie einst der fabelhafte Rattenfänger die Kinder von Hameln: da entstand großer Unmut und auflodernder Zorn unter den Freunden der Geistesfreiheit und des Protestantismus in Deutschland" (S. 240). Voß kämpfte gegen das jesuitisch-aristokratische Ungetüm (S. 242) und zerstörte die in Deutschland grassierende Vorliebe für das Mittelalter (S. 245). Auch Goethe erhob nun seine Stimme gegen die romantische Schule und „vernichtete den ganzen Spuk" (S. 246). Damit begründete er seine Alleinherrschaft, und von den Schlegeln sprach man nicht mehr (S. 248).

Das Bild ist im allgemeinen richtig; im einzelnen zeigt es Lücken und enthüllt am Schluß arge Voreingenommenheit. Heine hebt nicht hervor, daß die Romantik doch auch eine Reaktion gegen den Klassizismus bedeutete, und daß die Philosophie Fichtes und Schellings einen hervorragenden Einfluß auf die Ausgestaltung der romantischen Doktrin ausübte.[1]) Daß an der Zertrümmerung der Romantik das „beleidigte

---

[1]) Haym S. 256, 778.

protestantische Bewußtsein" nicht geringen Anteil hatte, ist sicher; zu=
grunde gegangen ist aber die romantische Schule an sich selbst, da ihre
Hauptvertreter nicht gelernt hatten, mit ihrem Reichtum zu wirtschaften.
Sie ist gestorben am embarras de richesse, und der Protestantismus gab
mit Vossens ungeschlachten Holzschuhen, um ein Lieblingsbild Heines
zu gebrauchen, „dem sterbenden Löwen den letzten Tritt". Die Jesuiten
hatten mit der romantischen Schule so wenig zu tun, wie mit den
Klassikern von Weimar; wäre es der Fall, so hätte Haym in seinem
tendenziösen Werke über die romantische Schule sie gewiß festgenagelt.

Nach dieser allgemeinen Betrachtung geht Heine an die Charakteristik
der einzelnen romantischen Dichter. Er beurteilt Friedrich Schlegel noch
ziemlich günstig; über August Wilhelm, den er fast nur als Uebersetzer
und Metriker gelten läßt, hält er fürchterlich Gericht. Er verurteilt
seinen ehedem begeistert besungenen Meister zu langsamem Martertode
und nimmt die Exekution selber vor. Aber er geht doch nicht so weit,
wie bei der Hinrichtung des Grafen Platen. Mit freundlichem Lächeln,
unter pikanten Witzen, in tadellosem Frack und weißen Handschuhen
führt er sein Opfer auf das Schafott und befördert es mit so liebens=
würdiger Heiterkeit in das Jenseits, daß der Zuschauer meint, der
Gemarterte müsse selbst noch mitlachen.

Was Heine über das kritische und dichterische Können der beiden
Schlegel sagt, wird man im ganzen unterschreiben dürfen. Eben so
richtig beurteilt er Tieck. Sobald er aber einen wahren Katholiken zu
charakterisieren hat, wird er ungerecht und sogar gemein. Die Bedeutung
des großen Görres ist ihm durchaus nicht klar geworden. Mit wenigen
Worten berührt er dessen publizistische Tätigkeit, und am Schluß beschimpft
er ihn in abscheulicher Weise (S. 297). Bei dieser Gelegenheit drängt
er auch in wenigen Zeilen die krassen Verleumdungen gegen den Jesuiten=
orden zusammen (S. 299). Ebenso oberflächlich behandelt er Brentano,
Novalis und E. Th. A. Hoffmann, während er von Arnim ein fein
gezeichnetes Bild entwirft. Gegen den Schluß eilt er rascher vorwärts
und gibt nur noch leichte Skizzen an Stelle ausgeführter Charakterbilder.

Heines Buch ist eine gründliche Abrechnung mit seiner Vergangen=
heit als Dichter. Er selbst war ein Sohn der Romantik; viele Eigen=
schaften der schönen Mutter hatten sich auf ihren Sohn vererbt, aber
von ihrer Glaubensfreudigkeit, ihrer Begeisterung für das Christlich=
Schöne war nichts auf ihn übergegangen als ein flüchtiges Interesse.
Gern erkannte er mit ihr der Phantasie den größten Einfluß zu, aber
er litt nicht, daß sie ihn kommandierte. Sehr früh schon trennte er sich

von seinen Brüdern, mit denen er in Äußerlichkeiten bis an sein Lebensende Aehnlichkeiten zeigte, die oft überraschend hervorsprangen; er ging seinen eigenen Weg. Jene glaubten, was sie schrieben; um sich sahen sie die schattenhaften Gestalten schweben, die sie ihren Freunden vorführten; Heine beschwor die Bewohner anderer Welten, vor ihm zu erscheinen und seinen Befehlen zu gehorchen. Jene schwelgten in der Schönheit der Natur; für Heine war sie oft nur geschmackvolle Dekoration, der Frühlingsduft ein anmutiges Parfüm, um seine Verehrer zu erfreuen, und seine Liebeslieder wurden oft nur gesungen des Publikums wegen. Die Romantiker unterlagen ihrer Phantasie, wie ein Monarch der Revolution; Heine bändigte sie und bezwang mit ihr einen großen Teil der gebildeten Welt. Die Romantiker waren Verschwender; Heine kannte seine Mittel und berechnete wie ein vorsichtiger Spekulant, wie viel er wagen könne.

Dieser Gegensatz tritt in seinem Buche scharf hervor. Er zerlegt die Erscheinungen der christlich-deutschen Poesie und hebt ihre unleugbaren Schwächen mit eindringender Schärfe hervor; für die Größe dieser wunderbaren Literatur-Erscheinung, für den tiefen Gehalt, der ihr zugrunde lag, hat er kein Auge.

Seine erweiterte religiös-sittliche Weltansicht hat Heine 1834 im ersten Bande des „Salon" in Dichtung umgesetzt, der neben den bereits erwähnten Berichten über die Gemälde-Ausstellung eine Reihe von Gedichten, sowie „Die Memoiren des Herrn von Schnabelewopski" enthielt. Das Urteil über diese schamlose Bordellpoesie überlassen wir einem Biographen und Bewunderer Heines. Strodtmann sagt:[1] „Es war ein trübseliges Schauspiel, dieser Fall Luzifers von der Höhe des Ideals in den Gassenkot, diese schamlose Prostitution des Genius auf öffentlichem Markte, nur noch buhlend um den Beifall eines verworfenen Pöbels . . . . . . Hier wurde in glatten Versen ein Evangelium der Unzucht, hier wurde die ruchlose Lehre gepredigt, daß Freiheit von der Liebe und Wechsel des Gegenstandes den Sinnengenuß steigere, der Geist wurde in den Staub getreten, und das Fleisch, das allein seligmachende Fleisch wurde als anzubetende Gottheit auf den Thron gesetzt." Ebenso schroff drückt R. von Gottschall sich aus,[2] den niemand der Prüderie anklagen wird. „Hier wird der Dichter," sagt er, „ganz zum poetischen

---

[1] II, 112, 118. — [2] II, S. 61.

Sklavenhändler, der die Reize und Formen der feil gebotenen Schönheit besingt . . . ., Das ist der offenbare, unmaskierte Standal." Heine schadete sich durch die Herausgabe des „Salon" außerordentlich in Deutschland, so daß er fürchten mußte, neue Werke von ihm würden in seinem Vaterlande nicht mehr genügenden Erfolg haben.

III.

Literarische Streitigkeiten. Wiederaufnahme der politischen Schriftstellerei. (1836—1843.)

1836 traf Heines literarische Tätigkeit ein schwerer Schlag. Das junge Deutschland, zu dem Männer wie Karl Gutzkow, Heinrich Laube, Theodor Mundt und Ludwig Wienbarg gehörten, die an dichterischer Bedeutung an Heine nicht entfernt heranragten, ihn aber an Kenntnissen und zielbewußtem Streben überragten, predigte in zahlreichen Schriften und eigenen Journalen ein neues Evangelium der sittlichen, religiösen und politischen Freiheit. Wolfgang Menzel, der bis dahin mit den Hauptvertretern der Schule auf gutem Fuß gestanden hatte, trat von September 1835 bis Frühjahr 1836 heftig gegen sie auf, forderte die verbündeten Regierungen zu entschiedenen Maßregeln heraus und behauptete, daß der ganze Unfug von Heine ausgegangen sei. Damit tat er Heine eine zu große Ehre an. Gewiß waren die Männer des jungen Deutschland in ihren Endabsichten mit Heine in voller Uebereinstimmung, gewiß hatten sie auch in der Methode viel von ihm gelernt, aber sie standen ihm persönlich fern und sie marschierten getrennt. Im Grunde waren sie auch nur eine durch die neueste deutsche Philosophie beeinflußte Nachbildung jener französischen Geistesrichtung, von der auch Heine die saftigsten Bestandteile in sich aufgenommen hatte. Heine, der angriffslustigste Schriftsteller jener kampfbegierigen Zeit, konnte das Gleiche von anderen nicht ertragen; er geriet über das Vorgehen Menzels, mit dem er wegen einer 1828 in Menzels Literaturblatt erschienenen ungünstigen Kritik seiner Gedichte noch abzurechnen hatte,[1] in heftige Aufregung und gab Laube am 23. November 1835 neben anderen nicht auszuführenden und nicht wiederzugebenden Ratschlägen auch den, den Gegner persönlich anzugreifen. „Lassen Sie sich aus Breslau und der Schweiz, wo er

[1] Karpeles S. 294.

gestänkert, die nötigen Details geben zu einer Biographie." Seit jener
Zeit wird Menzel in den meisten deutschen Literaturgeschichten als
verabscheuungswürdiger Denunziant behandelt. Denunziant kann man
aber nicht jemanden nennen, der in einer Zeitung erzählt, was dem
gebildeten Deutschland längst bekannt war.

Menzels Vorgehen hatte Erfolg; am 10. Dezember 1835 erließ der
Bundesrat ein Verbot (VII, 545) der sämtlichen Schriften der genannten jungen Männer, während Preußen noch besonders gegen sie
vorging. Mundt und Laube unterwarfen sich, Heine dachte nicht daran.
Er hatte ein gutes „loyales und royales Gewissen" (an Campe, 12. Januar
1836) und glaubte, man erwarte nur Demarchen von seiner Seite, um
ihn frei zu geben.

Am 28. Januar 1836 richtete er ein Bitt= und Protestschreiben
(VII, S. 530) an den Bundestag, das in jenem „Stil des kecksten
Tertianers" gehalten ist, den er an Herwegh tadelte (II, S. 190). Von
den Gesandten wurde es gewiß mit einem Lächeln beiseite gelegt.
Preußen war indessen so einsichtig, am 16. Februar 1836 das Verbot
dahin zu lindern, daß es den genannten Schriftstellern nicht jede literarische Tätigkeit fernerhin verbot, sondern ihnen gestattete, mit ihrem
Namen unter der Aufsicht der Zensur zu schreiben. Heine sträubte sich
in mehreren Briefen an Campe ganz entschieden, sich der Zensur zu
unterwerfen, und verlangte, daß sein Verleger den dritten Salon=Band
unter Heines Namen herausgebe. Indessen erklärte er sich schließlich
damit einverstanden, den Band nach Gießen zur Zensur zu senden. Als
derselbe, mit dem dortigen Imprimatur versehen, erschien, wurde er doch
in Preußen und Bayern sofort verboten. Ebenso erging es einer Broschüre gegen Menzel, die von Zensur zu Zensur wandern mußte, ehe
die Druckerlaubnis erteilt wurde.

Heine will lange gezögert haben, ehe er gegen den ehemaligen
Kampfgenossen die Feder ergriff; dann aber tauchte er sie in Gift und
Galle und überhäufte Menzel mit einer Fülle von Schimpfworten. Die
literarische Bedeutung Menzels suchte er herabzudrücken, obgleich er
selbst dessen Werk über die deutsche Literatur 1828 (VII, S. 244) sehr
gerühmt und in einem Briefe an den Verfasser (8. Mai 1828) als das
bedeutendste Buch seit Fr. Schlegels Vorlesungen bezeichnet hatte.
Nebenbei suchte er die Wirkung seiner Broschüre durch anonyme Korrespondenzen in hervorragenden Zeitungen, aus Stuttgart datiert und
des Inhalts, daß Menzel sich dort infolge der Heineschen Angriffe

nicht mehr halten könne, zu unterstützen (3. Oktober 1837).[1] Das Büchlein hatte übrigens geringen Erfolg. Das Publikum blieb teilnahmlos, und Menzel ließ die Herausforderungen Heines völlig unbeachtet, was diesen mit großem Ingrimm erfüllte.

Allem Anschein nach trat um diese Zeit eine heftige moralische Krisis an den Dichter heran. Das Verbot seiner Bücher und der immer drohendere Geldmangel drückten ihn nieder, die Aussicht auf eine baldige Rückkehr ins Vaterland und die Hoffnung auf eine gesicherte Stellung entschwanden immer mehr; augenscheinlich hätte der schwankende Mann gern seinen Frieden mit Deutschland gemacht, wenn er nicht auf der anderen Seite gefürchtet hätte, durch eine entschiedene Schwenkung seine bisherigen Freunde allzu sehr vor den Kopf zu stoßen und des Renegatentums geziehen zu werden. Und dann war sein Herz doch allzu sehr bei den Göttern, die er bisher angebetet, als daß er leichten Sinnes sie verleugnet hätte, ohne — des Nutzens von vornherein ganz sicher zu sein. Dazu kam seine stets schwankende Gesundheit. 1836 befiel ihn die Gelbsucht, und die Aerzte rieten ihm, nach dem Süden zu gehen. Von Aix in der Provence, wo er einige Zeit weilte, schrieb er am 30. Oktober 1836 an seine Freundin, die Fürstin Belgiojoso, einen Brief, der einen tieferen Blick in seine damalige innere Verfassung werfen läßt. Es heißt da: „Sie sehen, daß selbst die Steine sich der Notwendigkeit unterwerfen, der siegreichen Partei zu dienen — sie, die sich nicht einmal mit unseren menschlichen Bedürfnissen entschuldigen können, die weder vom Hunger gequält werden, noch vom Durst, noch vom Ehrgeiz... Madame, werde ich bald meinen Frieden, einen schimpflichen Frieden, mit den Machthabern von jenseits des Rheins machen, um aus der Langweile des Exils und dieser verdrießlichen Bedrängnis herauszukommen, die schlimmer als vollständige Armut ist? Ach! Die Versuchungen werden groß seit einiger Zeit... Nicht wahr, ich bin offenherziger als die anderen, welche sich Brutusse, Regulusse nennen! Nein, ich bin kein Regulus, ich würde mich nicht gern in einer mit Nägeln gespickten Tonne wiegen lassen. Ich bin auch kein Brutus; ich werde niemals einen Dolch in meinen armen Leib stoßen, um den Preußen nicht zu dienen. Nein, in einer solchen Alternative werde ich mich nicht erschießen, aber ich werde dumm werden..."[2]

Es entspricht ganz Heines Natur, daß er sich, als er die Verhältnisse nicht zu ändern vermochte, nach diesen richtete und sich beim

[1] Vergl. auch Deutsche Rundschau 1885, I, S. 443.
[2] Deutsche Rundschau Bd. 79, S. 348 f.

Schreiben in politischer Hinsicht großer Vorsicht befleißigte. Er glaubte sogar, Fürst Metternich sei ihm im Grunde geneigt (an Campe, 23. Januar 1837) und in Preußen hätten sich die einflußreichsten Staatsmänner zu seinen Gunsten ausgesprochen (25. Januar 1837). Lewald gegenüber äußerte er Ende Januar 1838: es koste ihm nur ein Wort, die ihn beengenden Fesseln zu lösen; teils Faulheit, teils der Grundsatz des laisser venir und teils auch die Angst, man könnte die harmloseste Handlung als Servilismus auslegen, hätten ihn noch nicht dazu kommen lassen, die Preußen auf immer zu beschwichtigen.

Diese eigentümliche Politik zeigt sich im hellsten Lichte in den anfangs 1838 gemachten Bemühungen, in Paris eine deutsche Zeitung zu gründen, für die ein ungenannter vermögender Herr ihm 150 000 Franks zur Verfügung gestellt hatte. Da sie hauptsächlich für Deutschland bestimmt sein sollte, so war Preußens Wohlwollen eine bringende Notwendigkeit. Er richtete deshalb an den Minister v. Werther, denselben, dem er früher seine Harmlosigkeit versichert hatte, die Anfrage, ob dem Debit in Preußen Hindernisse erwachsen würden, wenn seine Zeitung sich jeder Animosität gegen Maßnahmen der preußischen Regierung enthielte. In einem Briefe an Lewald (1. März 1838) spricht er sich aus, was er darunter versteht: „Ganze Unparteilichkeit habe ich versprochen; sind die Leute klug, so verstehen sie, daß ich nicht mehr versprechen durfte, aber mehr erfüllen werde. Denn in betreff der wichtigsten politischen Fragen brauche ich nur dem eigenen Willen zu folgen, um den preußischen Interessen zu willfahren, und Preußen wird, wenn es in der jetzigen Stellung beharrt oder gar fortschreitet, in mir einen Alliierten finden." Eine merkwürdige Wandlung in sehr kurzer Zeit! Unter die wichtigen politischen Fragen, in denen Heine sich jetzt auf einmal in Uebereinstimmung mit dem verhaßten Preußen (vergl. 3. Abschnitt I.) befindet, dessen innere Politik doch eine wesentliche Umwandlung nicht erfahren hatte, gibt ein Brief an Varnhagen vom 13. Februar 1838 Aufklärung. Damals wogte der Streit um die gemischten Ehen in Preußen; der Erzbischof von Köln war bereits verhaftet, das Verfahren gegen den Erzbischof von Posen eingeleitet. Mit Bezug darauf schreibt Heine: „Ich bin der Meinung, daß in der erzbischöflichen Sache die preußische Regierung viel zu milde Maßregeln nimmt; hier helfen keine Palliative, sondern durchgreifende Operationen. Es ist ein Glück, daß dieses Uebel jetzt, in der Stillzeit, sich zeigte." Also jetzt, wo Preußen sich anschickte, gegen die katholische Kirche vorzugehen, erwachte plötzlich Heines Sympathie für den gehaßtesten unter den sechsund=

dreißig Staaten Deutschlands! Der Freiheitsheld preist die Knute, weil sie den Rücken eines oft bekämpften Gegners trifft!

In demselben Briefe widmet er seinen rheinischen Landsleuten folgende Liebenswürdigkeit: „Ihnen, dem Landsmann, darf ich es wohl ohne Scheu sagen, daß unsere Landsleute nie Charakter besessen, nie ein Volk waren, sondern ein zusammengelaufener Haufen, den jeder Rabulist regieren kann, dessen Frechheit durch Nachgiebigkeit nur gesteigert wird, aber kleinlaut zu Kreuze kriecht, wenn man strenge Maßregeln entgegensetzt — sie sind weder Deutsche noch Franzosen, sie haben nur die Fehler der ersteren, Brutalität namentlich, ohne die Tugenden der letzteren zu besitzen." Auf ein Düsseldorfer Denkmal hätten diese Worte mit der Widmung geschrieben werden müssen: „Seinem größten Lobredner das dankbare Rheinland."

Anfangs schienen die Aussichten für Heines Pläne günstig zu sein; er spricht sogar (6. März 1838) davon, daß ihm aus Berlin der „erfreulichste Bescheid" zugekommen sei, aber schließlich stieß die Ausführung des Unternehmens doch auf Schwierigkeiten seitens der preußischen Regierung. Nun nahm der große Mann sich vor, das undankbare Preußen durch Stillschweigen zu strafen, und ein Buch, das er zur Verteidigung der preußischen Kirchenpolitik gegen Görres verfassen wollte, ungeschrieben zu lassen (31. März 1838).

Andere literarische Pläne, zu denen er hauptsächlich durch Geldmangel veranlaßt wurde, scheiterten. Dichterisch schaffte er sehr wenig, und was er in Prosa während dieser Zeit herausgegeben, hat keinen großen Wert. Die Briefe über die französische Bühne sind sehr anziehend und geistreich geschrieben, ohne jedoch höhere Bedeutung zu besitzen. Er deckt die innere Faulheit der sozialen und gesellschaftlichen Verhältnisse Frankreichs auf, zeigt, wie sie sich in den Erzeugnissen der dramatischen Kunst widerspiegeln, und charakterisiert diese selbst mit Schärfe und Feinheit. Die Ehebruchsdramen, die damals wie heute in Frankreich die Stelle der Tragödie einnahmen, geißelt er mit einem unverkennbaren Widerwillen, und sein Urteil über den Naturalismus auf der Bühne (IV, S. 523) ist eine ausgezeichnete Mahnung für die jüngsten deutschen Dramatiker, die mit Bölsche in Heine den Vorläufer des Naturalismus bezw. Realismus erblicken. Schade nur, daß Heine diese Grundsätze nicht auch für seine Novellistik und Lyrik in Anwendung brachte!

Die unbedeutenden Charakteristiken von Shakespeares Mädchen und Frauen, die Heine 1838 zu einer Anzahl Illustrationen lieferte, sind augenscheinlich als reine Brotarbeiten ohne Liebe geschrieben.

1837 gab Heine den britten Band des „Salon" heraus, der das novellistische Fragment „Florentinische Nächte", sowie die Plaudereien über „Elementargeister" enthielt. Das Fragment zeigt die Bestandteile der „Harzreise" und des „Buches Le Grand" in feiner Mischung und könnte recht gut als ein Jugendprodukt des Dichters betrachtet werden. Die Handlung ist verschwindend klein; in der Geschichte der Tänzerin Laurence hat er eine Episode seiner italienischen Reise kopiert (vgl. III. S. 249). Das reiche Arabeskenwerk, in dem heterogene Dinge in sentimental-humoristischer Weise behandelt werden, ist stellenweise von großem Reiz; ein kleines Meisterstück ist die Charakteristik Paganinis. Im Anfang der Novelle ist der Einfluß von Eichendorffs „Marmorbild" unverkennbar. Die „Elementargeister" bestehen aus einer Sammlung von Sagen und Märchen über Kobolde, Elfen, Nixen, Riesen usw., deren „wissenschaftliche" Verbindung keinen Wert beanspruchen darf. [1])

Bedeutend ist dagegen das 1840 im vierten Band des „Salon" veröffentlichte Roman-Fragment „Der Rabbi von Bacharach". an dem Heine schon als Student gearbeitet hatte. Wir können nur bedauern, daß es nicht vollendet, bez., daß der Schluß dem Dichter verloren gegangen ist; die wenigen Blätter zeigen ein gutes Talent für kulturhistorische Schilderungen. Auch die wenigen Personen, die wir kennen lernen, sind vorzüglich gezeichnet. Das Ganze ist in einem echt epischen Ton erzählt, der uns bei Heine seltsam anmutet.

1838 trat Heine gegen die schwäbischen Dichter auf, weil diese sich geweigert hatten, zu dem von Chamisso und Schwab herausgegebenen Musen-Almanach für 1837, der mit Heines Porträt erscheinen sollte, Beiträge zu liefern. [2]) Für Heines Rachsucht ist es bezeichnend, daß er dieser Bagatelle und einer von Pfizer veröffentlichten ungünstigen Kritik wegen eine eigene Broschüre: „Schwabenspiegel" veröffentlichte, in der er jene Dichter heftig in seiner geistreich-unanständigen Weise angriff. Er hatte damit wenig Glück; die Zahl seiner Verehrer vermehrte er nicht und die Zahl seiner Gegner, unter denen sich nunmehr Schriftsteller wie Alexander Jung, Melchior Meyr, der berühmte Aesthetiker Fechner, Arnold Ruge, Gustav Pfizer, sein ehemaliger Freund Rousseau, schließlich selbst, als der hitzigsten einer, Karl Gutzkow befanden, wuchs von Tag zu Tag. Ebenso wendeten sich die in

---

[1]) Elster weist in seiner Ausgabe genau nach, in welcher Weise Heine die Quellen benutzt. — [2]) R. E. Franzos in der Frankf. Ztg. 1890, Nr. 144, 149, 155.

Paris lebenden deutschen Flüchtlinge von ihm ab, weil sie in ihm einen Renegaten, mindestens aber einen durchaus unsicheren Kantonisten erblickten. Heine liebte es, seine Landsleute als Lumpen zu bezeichnen, doch dürfen wir der Versicherung Strodtmanns, [1] daß den Notleidenden seine Börse stets offen gestanden habe, Glauben schenken; Heine war nicht geizig und achtete den Wert des Geldes immer gering. [2]

Im Oktober 1834 lernte Heine ein junges Mädchen Mathilde Crescenze Mirat, kennen, welches ihm eine heftige Leidenschaft einflößte. Sie stammte aus dem Weiler Vinot de la Crétoire in der Normandie und war, wie der Trauungsakt angibt, am 15. März 1815 geboren. Sie war die natürliche Tochter eines reichen Mannes, der sich aber nicht weiter um sie kümmerte. Mit etwa fünfzehn Jahren kam sie nach Paris zu ihrer Tante Maurel, in deren Schuhwarenladen sie als Verkäuferin tätig war. Als sie mit Heine in ein Verhältnis getreten war, nahm sie dieser aus dem Laden und ließ sie, da sie weder lesen noch schreiben konnte, erst etwas zu Madame Parte nach Chaillot in Pension gehen, damit sie ein wenig Erziehung erhalte. Trotzdem fesselte sie ihn so, daß er am 11. April 1835 an August Lewald schreiben konnte: „Das ist alles, was ich Ihnen heute sagen kann; denn die rosigen Wangen umbrausen mich noch immer so gewaltig, mein Hirn ist noch immer so sehr von wütendem Blumenduft betäubt, daß ich nicht imstande bin, mich vernünftig mit Ihnen zu unterhalten. Haben Sie das hohe Lied des Königs Salomo gelesen? Nun, so lesen Sie nochmals, und Sie finden darin alles, was ich Ihnen heute sagen könnte." Sie war hübsch und üppig gebaut und besaß ein sehr lebhaftes, heiteres Temperament, an dem Heine sich bis zur Ausgelassenheit ergötzen konnte, sonst aber war sie nach Fanny Lewalds Bezeichnung, „leerste Aeußerlichkeit". [3] Heines Biographen rühmen von ihr Tugend und Frömmigkeit; sie nahm indessen keinen Anstand, ohne den Segen des Priesters mit Heine zusammen zu leben. Von Prüderie besaß sie jedenfalls keine Spur, wie eine von Weill [4] mit großem Behagen ausgemalte Szene sattsam beweist.

---

[1] II, S. 216.
[2] Der verstorbene Hofrat Dr. Haller, der in den vierziger Jahren in Paris lebte und mit Heine verkehrte, erzählte Herrn Dr. Franz Binder unter anderem: bei einem Besuche bei Heine habe sich dieser beklagt, daß ihn wieder einmal ein deutscher Flüchtling in der Presse verunglimpft habe, worauf Mathilde (Heines Frau) bemerkte: „Mais la redingote, que tu lui avais donnée, était encore assez bonne."
[3] Westermann, Bd. 62, S. 107. — [4] S. 86, 87.

Schon bald, nachdem die beiden eine gemeinsame Wohnung gemietet hatten, kam es indes, Mitte 1835, zu einem ernsten Bruche, da er sich ihren Launen nicht fügen wollte. Ueberdies wollte der Kreis um die Fürstin Belgiojoso, wohl besonders aber die Fürstin selber, ihn von dieser Liaison mit einer so unbedeutenden, geistig tiefstehenden Person abbringen. Für mehrere Monate verließ Heine Paris und wohnte auf dem der Fürstin gehörigen Schlosse Jonchère bei St.-Germain. Von da begab er sich nach Boulogne; aber er hielt es ohne Mathilde nicht aus und kehrte im Dezember wieder nach Paris zu der Verlassenen zurück. Nachdem in einem Restaurant die Versöhnung gefeiert war, betrachtete sie der Dichter von da an als seine Frau, stellte sie seinen Freunden vor und besuchte mit ihr öffentliche Orte, Theater und Ver- anstaltungen.

Heine liebte Mathilde wirklich, obgleich seine Neigung nur auf sinnlichen Regungen beruhte und er ihr oft genug in krasser Weise untreu wurde und Grisetten nachlief.[1] Er sorgte für sie ängstlich und suchte ihr nach seinem Tode eine angenehme Existenz zu sichern. Die Briefe, die er während seines Aufenthalts in Hamburg ihr schrieb, zeigen uns Heine noch einmal, wie er in seiner Jugend war, mit einem warmfühlenden Herzen.

Aber so sehr Heine Mathilde liebte, ihre Verbindung blieb nicht ohne die Wunde, an der ein jedes Verhältnis dieser Art notwendig krankt: er traute ihr nicht und wurde, wenn er von ihr getrennt war, von heftiger Eifersucht gequält; er ließ sie bei ihren Ausgängen sogar überwachen.[2] Von ihrer Launenhaftigkeit und ihrer Wildheit hatte er viel auszustehen, wie zahllose Stellen in seinen Briefen beweisen. Schließ- lich gewöhnte er sich indessen auch an die Ausbrüche seines Hausvesuvs. „Zu einer Idylle machen zu wollen," sagte Camilla Selden, die es wissen kann,[3] „was der Dichter selbst nie für eine solche auszugeben gedachte, hieße Poesie auf Kosten der Wahrheit schaffen."

Selbstredend fehlte bei Heines Lebensweise und Mathildens Un- kenntnis vom Wert des Geldes ihrem Zusammenleben auch die pro- saischste Seite nicht: der Mangel an Geld. Heine verdiente zwar jähr- lich mit schriftstellerischen Arbeiten gegen 3000 Franks und bezog von seinem Onkel eine Rente von 4000 Franks, aber diese Summe

---

[1] Deutsche Rundschau 1884, III. S. 168. Briefe an Lassalle vom 10. Februar und 27. Februar 1846. Weill an mehreren Stellen.
[2] Camilla Selden bei Schorer 1885, S. 68. — [3] S. 5.

reichte bei weitem nicht aus, seine Bedürfnisse zu decken. Bürgschaften für Freunde kamen dazu, um ihn schließlich in eine schwere Schuldenlast zu stürzen. Er half sich einigermaßen, indem er April 1837 das Ver= lagsrecht seiner Werke auf elf Jahre um 20 000 Franks an Campe ver= kaufte; aber das genügte nicht. Onkel Salomon sträubte sich lange, zu helfen und entfachte damit in seinem Neffen wieder einmal einen heftigen Zorn über die Knickerigkeit des Millionärs. Als Salomon aber zu der Hochzeitsfeier eines Verwandten nach Paris kam, versöhnte er sich mit seinem berühmten Neffen und erhöhte sogar dessen Rente auf 4800 Franks. Nach Heines Tode sollte die Rente auf Mathilde übergehen. Trotzdem hörte der leidige Geldmangel nicht auf.

Die Pension, die Heine, wie die Enthüllungen aus den Staats= archiven nach dem Sturze der Juli=Regierung 1848 dartaten, von der französischen Regierung bis 1848 erhalten hatte, führt Legras[1]) auf den Salon der Prinzessin Belgiojoso zurück. Heines Gegner behaupteten allerdings mit viel Anschein von Berechtigung, er sei durch die Pen= sion von 4800 Franks nur für der französischen Regierung geleistete Handlangerdienste bezahlt worden. Die Darstellung Legras' ist aber geeignet, diesen Vorwurf zugunsten des Dichters zu entkräften, wenn es für einen Schriftsteller auch bedenklich bleiben muß, von einem fremden Staate eine so ansehnliche Unterstützung anzunehmen. — Die italienische Patriotin Fürstin Belgiojoso gab sich gern als weiblicher Mäcenas, wobei sie wohl von ihrem Herzensfreund, dem „schönen Mignet", dem glücklicheren Rivalen von Musset und Heine um ihre Gunst, beeinflußt wurde. Und wie Mignet sich für Aug. Thierry, den bedeutenden Historiker, bei der Fürstin verwandte, so bewog ihn wohl auch die prekäre Lage Heines, etwas für den Dichter zu tun und, wohl auf das Drängen der Fürstin hin, wollte er Thiers für Heine interessieren. Ein Billett Heines an die Fürstin vom 11. April 1835, in dem es heißt: »J'ai bien compris et je serai demain à dix heures et demie chez Monsieur Mignet pour aller avec lui chez Monsieur Thiers. Je suis charmé que Mr. Mignet se donne tant de peine pour moi, j'en suis charmé« bestätigt Legras diese Vermutung. Er fährt fort: „Mignet, wahrscheinlich, führte Heine zu Thiers, um miteinander die Bedingungen zu überlegen, unter denen die französische Regierung dem deutschen Flüchtling eine Unterstützung gewähren könne. Thiers bekleidete damals schon seit einigen Jahren den Posten eines Ministers, und man

---

[1]) Deutsche Rundschau Bd. 79, S. 348 ff.

weiß, wie sehr dieser Mann — lebhaft, offenherzig, heiter und aller Welt zugänglich — bereit war, seinen Freunden mit Geld zu dienen. Ich kann nicht behaupten, daß die Pension gerade von diesem Zeit= punkte (April 1835) datiere, denn das Bundestagsdekret, das die Schriften Heines in Deutschland verbot, ist vom Monat Dezember dieses Jahres und die Erwiderung Heines an diese Versammlung vom 30. Januar 1836 (Journal des Débats, 30. janvier 1836). Nun versichert Heine in seiner „Erklärung" von 1848 (Elster, VI, S. 524), daß infolge jenes vom Bundestag ausgesprochenen Interdiktes die französische Regierung ihm eine Subvention angeboten habe. Mög= lich, daß Heine hier das Jahr genau angibt, möglich aber auch, daß er sich um ein Jahr irrt; denn 12 oder 13 Jahre waren seitdem verflossen. Das obige Billett scheint mir klar anzudeuten, daß Mignet auf Veran= lassung der Fürstin Belgiojoso sich mit Heine zu Thiers begab, und er erhielt seine Pension von Thiers." Diese beiden Tatsachen stehen im Zusammenhang.

Daß der Ursprung von Heines Pension im Salon der Fürstin zu suchen ist, geht auch schon daraus hervor, daß sich hier Heine, Mignet und Thiers am häufigsten getroffen haben und daß die beiden letzteren nicht nur gute Freunde, sondern auch engere Landsleute waren. Legras steht es außer allem Zweifel, daß von den vier Tischgenossen der Fürstin — Thiers, Mignet, Heine, Thierry — die beiden Bedürftigen, Heine und Thierry, durch ihre gemeinsamen Freunde eben dem Mäch= tigsten unter ihnen, dem Minister Thiers empfohlen wurden. Der nachfolgende Minister Guizot hatte mit der Pension nichts zu tun. Guizots Sohn bestätigte vielmehr Legras, daß Thiers selbst 1840 seinen Vater gebeten habe, dem deutschen Dichter auch ferner die Pension auszahlen zu lassen.

Wenn wir Heines politische Schriften von 1837 bis 1843, wo er die politischen Korrespondenzen für die „Allgemeine Zeitung" einstellte, [1] mit seinen früheren vergleichen, so fällt uns eine Milderung, ja Aende= rung seiner Ansichten sofort auf. Die wüsten Schimpfereien gegen Pfaffen und Junker haben aufgehört; er behauptet sogar, daß das Miß=

---

[1] Rietzki („H. Heine als Dichter u. Mensch" S. 127) vermutet, daß Guizot von den Artikeln Heines vom 6. Mai u. 1. Juni 1848, wo Heine die Schäden des Guizot= schen Regierungssystems zu tadeln wagt, Kenntnis erhielt und den Dichter vor die Alter= native stellte, entweder seine Berichte einzustellen oder seine Pension zu verlieren. Karpeles erklärt es für eine „Tatsache", daß Guizot Heine eines Tages wegen seiner Sprache interpellieren ließ.

trauen gegen den Adel immer eine Ungerechtigkeit bleibe (VI, S. 311). Gegen das in Frankreich herrschende parlamentarische Regime wendet er sich in starken Ausdrücken, weil es dem König Ungelegenheiten bereite.

Seine Meinung über den früher so oft bespötelten Bürgerkönig hat sich sehr zugunsten des letzteren geändert. Ende Oktober 1840 war Guizot an die Spitze der Regierung getreten und hatte Heine, als dieser ihm einen Besuch machte, die fernere Auszahlung der Pension zugesichert. Schon am 4. November wird der Ton in Heines Berichten ein sehr warmer, sobald er die Person des Königs und seines ersten Ministers erwähnt. Er überschüttet den Staatsmann, für den er früher nur Worte des herbsten Tadels hatte, mit ausgesuchten Lobsprüchen. Am 27. Januar 1841 schreibt er an Kolb, den Redakteur der „Allgemeinen Zeitung": „Ich habe große Furcht vor dem Greuel einer Proletarierherrschaft und gestehe Ihnen, aus Furcht bin ich ein Konservativer geworden. Sie werden in diesem Jahre an meinen Artikeln wenig zu streichen haben und vielleicht über meine Mäßigung und Aengstlichkeit lächeln. Ich habe in die Tiefe der Dinge geschaut, und es ergreift mich ein sonderbarer Schwindel; ich fürchte, ich falle rückwärts." Der Brief klingt genau so, als wolle er einer wenig schmeichelhaften Vermutung von vorneherein den Boden entziehen.

Heines Pariser Briefe sind anziehend geschrieben wie alles, was aus der Feder des hochbegabten Mannes geflossen, und überraschen hin und wieder durch scharfsinnige Urteile. Ich kann es ihm indessen nicht, wie seine Verehrer, zu großem Verdienst anrechnen, daß er auf die Wichtigkeit der orientalischen Frage (VI, S. 185, 186, 255) und die Gefahr des Kommunismus (VI, 279, 315, 316, 609) so nachdrücklich aufmerksam machte. Jenes taten deutsche Journalisten um diese Zeit noch nachdrücklicher — ich erinnere nur an Franz von Florencourt —, und er hätte blind sein müssen, wenn er die Bedeutung der so heiß verteidigten kommunistischen Theorien nicht erkannt hätte. Uebrigens spricht er vom Kommunismus immer mit geheimer Angst vor der Herrschaft des Pöbels, der jedoch der Haß gegen die Geldaristokratie die Wage hält.

1837 war Börne gestorben, dessen scharfe Angriffe Heine nicht vergessen hatte; er vergaß ja niemals eine Beleidigung. „Er konnte hassen," sagt Alfred Meißner,[1] „tief, ingrimmig, mit einer Energie, wie ich sie bei keinem anderen Menschen angetroffen, aber nur darum, weil er auch lieben konnte." Heine hat indessen von seinem Hasse hundertmal mehr

---

[1] Heinrich Heine S. 212.

Beweise abgelegt, als von seiner Liebe. So lange Börne lebte, hatte er es nicht gewagt, gegen ihn aufzutreten; erst drei Jahre nach Börnes Tode hatte er den Mut, sich an seinem Feinde zu rächen. Er besaß die von ihm selbst an den Germanen gerühmte Tugend nicht (IV, 312): gegen den Wehrlosen nimmermehr das Schwert zu ziehen, den geknebelten Feind nicht anzutasten. Er folgte im Gegenteil dem von ihm scherzhaft aufgestellten Grundsatz (VII, S. 400), dem Feinde erst dann zu verzeihen, wenn er gehenkt worden sei. Sein giftiges Buch gegen Börne, das er für sein bestes Werk hielt, ist hervorgegangen aus demselben Geiste unversöhnlicher Rachsucht, der seine unflätigen Angriffe gegen Menzel, Platen, Schlegel u. a. hervorgerufen hatte, aber es ist größtenteils in einem scheinbar leidenschaftslosen Ton geschrieben, der größere Wirkung hervorbringt, als seine frühere grobe Kampfesmethode.[1]

Für Heine war die Veröffentlichung des Buches von so unangenehmen Folgen, daß er die Herausgabe schon bald lebhaft bedauerte. In ganz Deutschland, namentlich im jüdischen Teile der Bevölkerung, erfuhr seine unehrenhafte Handlungsweise die schärfste Verurteilung. Karl Gutzkow wurde von nun an Heines erbitterter Gegner, und dessen beste Freunde verhehlten ihm ihre Mißbilligung nicht. So Heinrich Laube, mit dem der Dichter seit 1833 in Beziehungen stand. 1839 war Laube mit seiner Frau nach Paris gekommen, blieb bis Ende des folgenden Jahres in Frankreich und verkehrte die ganze Zeit eng und freundschaftlich mit Heine. Als Laube die Schrift gegen Börne Heine nicht ausreden konnte, riet er ihm, sie wenigstens mit einem „Berg" zu versehen, d. h. eine allgemeine Idee in den Mittelpunkt des Buches zu stellen und seine Ausfälle gegen Börne nur gelegentlich, gleichsam der menschlichen Vollständigkeit halber, dabei anzubringen. Heine versicherte denn auch, er arbeite fleißig am „Berge", aber als die Schrift erschien, war Laube recht enttäuscht und machte auch kein Hehl daraus. Der „Berg" war über hügelige Ansätze nicht hinaus gediehen.[2] Die deutschen Patrioten, bei denen Börne in hohem Ansehen stand, verfolgten ihn erbarmungslos persönlich und in der Presse. Von dem Gemahl der ebenfalls schwer beleidigten Freundin Börnes, Herrn Straus aus Frankfurt am Main, wurde Heine in den deutschen Zeitungen derart angefeindet,

---

[1] Neben der Polemik gegen Börne enthält das Buch eine Reihe der bissigsten Bemerkungen über die deutschen Radikalen und Republikaner, so daß es als ein Absagebrief Heines an seine einstigen Gesinnungsgenossen bezeichnet werden kann.

[2] Nord u. Süd Bd. 64, S. 23 ff.

daß er ihn schließlich fordern ließ. Straus hat sich in unehrenhafter Weise gerächt;[1] Heine hatte aber nicht das Recht, sich darüber zu be=klagen. Vor dem Zweikampf ließ Heine sich am 30. August 1841 in der Kirche St. Sulpice noch rasch mit Mathilde kirchlich trauen, damit sie im Falle seines Todes die Rechte seiner Witwe geltend machen könne, nachdem er die katholische Erziehung der Kinder in üblicher Weise zu=gesichert — er hält die Stellung dieser Bedingung seitens der Kirche für natürlich und selbstverständlich (VI, S. 65) —. Am 7. September 1841 fand das Duell statt, in dem Heine leicht verwundet wurde. Nach dem Duell gab Heine der Frau Straus eine bündige Ehrenerklärung, sowie das Versprechen, in einer neuen Auflage die auf sie bezüglichen Stellen fortzulassen. Der Streit nahm also ein für Heine wenig rühm=liches Ende. Aber Ruhe fand er noch nicht. Die beleidigte Frau und ihr Gemahl griffen ihn und Mathilde immer wieder in Zeitungen an und ließen kein Mittel unversucht, ihm zu schaden. Heine erntete nur den Lohn seiner Taten; wir können das Treiben seiner Gegner verur=teilen, ohne ihr Opfer zu bedauern.

IV.

Die letzten Lebensjahre. Religiöse Kämpfe. Nihilismus.

Zu den nie endenden literarischen Kämpfen Heines gesellte sich 1845/46 ein rein persönlicher, den er mit der heftigsten Leidenschaft führte. Am 23. Dezember 1844 starb sein Onkel Salomon, der ihn zu seinem Entsetzen nur mit einem Legat von 8000 Mark bedacht und die ihm zugesicherte Rente gar nicht erwähnt hatte. Infolgedessen weigerte sich Salomons Sohn Karl, der gegen den Dichter wegen der vielen An=griffe gegen die Verwandten seiner Frau, die Foulds, eine berechtigte Mißstimmung hegte, die Rente weiter zu zahlen. Dagegen erbot er sich,[2] dem Vetter jährlich eine Pension von 2000 Francs auszusetzen gegen die Verpflichtung, ihm alles, was er über Salomon Heine jemals schreiben werde, zur Durchsicht zu senden. Heine, der durch Mathildens

[1] Ob Salomon Straus Heine wirklich auf offener Straße beohrfeigte, wie es da=mals in deutschen Zeitungen hieß, ist sehr zweifelhaft. Jedenfalls aber hatte Heine durch seine schamlose Verleumdung der Frau Straus eine derartige Insultierung geradezu heraus=gefordert. Vergl. Nietzki a. a. O. S. 97.
[2] Deutsche Rundschau 1885. I, S. 451.

Angst, in Not zu geraten, in die höchste Aufregung versetzt war, drohte anfangs, zu klagen, beschritt dann den gütlichen Weg und nahm schließlich die Presse zu Hülfe. „Das Beste," schreibt er an Detmold,[1]) „muß hier die Presse tun zur Intimidation, und die ersten Kotwürfe auf Karl Heine und namentlich auf Adolf Halle (dessen Schwager) werden schon wirken. Die Leute sind an Dreck nicht gewöhnt, während ich ganze Mistkarren vertragen kann, ja diese, wie auf Blumenbeeten, nur mein Gedeihen zeitigen." Er bat ihn dann, einen Artikel zu fabrizieren, in dem der Onkel verteidigt, der Neffe angegriffen wurde. Auch an Laube wandte er sich um Hilfe, wie aus einem Brief vom 1. Februar 1845 hervorgeht. Dabei benahm er sich wie ein Revolverjournalist. Er schickte Laube zwei aus Hamburg datierte anonyme Artikel, deren hinterlistigen Zweck das Begleitschreiben erklärt: „Ich schicke Ihnen anbei zwei Artikel, die Sie von fremder Hand abschreiben lassen und in der brockhausischen Leipziger Zeitung sobald als möglich zu inserieren suchen müssen. Zerreißen Sie nur gleich meine Handschrift. Nr. I ist ein Angriffsartikel, suchen Sie etwas den Stil zu verändern im Anfange, damit man nicht auf mich rate; der Schluß aber muß ganz so bleiben. Bitte, machen Sie nur, daß er unverzüglich abgedruckt wird. Nr. II ist ein Verteidigungsartikel, woran nichts zu verändern; ich habe ihn so perfid dumm als möglich geschrieben und so stilistisch schlecht, wie reiche Leute verteidigt zu werden pflegen. Zögert etwa die Redaktion, diesen Artikel im Journal aufzunehmen, so lassen Sie ihn unverzüglich (ebenfalls in der Leipziger Zeitung von Brockhaus) als Inserat drucken (das ist noch perfider)." Der „Angriffsartikel" beleuchtet in gehässiger Weise die Absicht Adolf Halles, des Schwagers Karl Heines, Senator zu werden und schließt dann mit folgender Insinuation gegen Halle: „Ja, sogar die Gegner bedauern den leichtsinnigen Dichter, der in der Liebe und dem Worte eines todkranken Greises eine hinlängliche Garantie zu haben vermeinte gegen abgefeimte Advokatenkniffe, unterstützt von notariellem Hasse." Noch perfider ist der „Verteidigungsartikel", der den Anschein erweckt, als ob er von einer bezahlten Kreatur Halles herrühre. Der verstorbene Millionär Salomon Heine wird wegen seiner Großmut gepriesen, besonders aber wird sein Schwiegersohn Halle als „Muster von Sittenreinheit" und aller anderen Tugenden gerühmt, während zwischen den Zeilen zu verstehen gegeben wird, als habe der also Gelobte wenig erbauliche Dinge zu verdecken.[2])

[1]) Deutsche Rundschau, 1885. I, S. 451.
[2]) Nord und Süd Bd. 64, S. 23 ff. — Nietzki a. a. O. S. 68 f.

Im folgenden Jahre suchte Heine dann den jungen Laſſalle, der im Winter 1845/46 mehrere Monate lang in Paris geweſen und Ende Januar von dort wieder nach Berlin zurückgekehrt war, durch einen Brief vom 27. Februar 1846 für ſeinen Feldzug gegen Karl Heine zu ge=winnen.[1]) Er ſchrieb einen Schmähartikel gegen ſich ſelbſt, der aber ſo abgefaßt war, daß gleichwohl die „Niederträchtigkeit ſeiner Feinde" aus ihm zu entnehmen war. Dieſer „Schmähartikel" ſollte in der „Köln. Ztg." erſcheinen und Laſſalle darauf eine Erwiderung veröffentlichen, zu der ihm Heine eine Anleitung gab und in der Karl Heine das Nötige geſagt werden ſollte. Auf Laſſalles Anregung hin ſchrieb auch der Fürſt Pückler einen Brief an Karl Heine in des Dichters Intereſſe. Ebenſo ſollte Laſſalle auch Meyerbeer zu einem ſolchen Schreiben veranlaſſen. Auch Levin Schücking trieb Heine an, ſeinen Vetter durch Zeitungs=artikel in Schrecken zu ſetzen. Prof. Elſter nennt dieſen ganzen „elenden" Erbſchaftsſtreit mit gutem Grund „eines der ſchmutzigſten Ereigniſſe, von denen die neuere Literaturgeſchichte Kenntnis zu nehmen hat".[2])

Im Januar 1845 traf den Dichter ein Schlaganfall, der ihm die Augenlider und die unteren Gliedmaßen lähmte, ſowie ihn der Fähig=keit, zu ſchmecken, beraubte. Raſch nahm ſeine Erkrankung eine ſehr ſchlimme Wendung, und dieſe erweichte den Hamburger Millionär. Er ordnete die Fortzahlung der Penſion an und leiſtete ſeinem Vetter ſogar noch bedeutende Zuſchüſſe. So bezahlte er für 5000 Francs Schulden Heines in Paris, in „verdrießlich direkteſter Weiſe", wie dieſer meinte. Auch erhöhte er für das Jahr 1849, nachdem des Dichters ſchreckliche Krankheit ihren Anfang genommen, die Penſion auf 7800 Francs. Eine Schuld Heines an deſſen Bruder Max im Betrage von 2000 Francs zu bezahlen, lehnte er jedoch entſchieden ab.

Die höhere Summe von vierteljährlich 1950 ſtatt 1200 Francs war auch noch für das erſte Quartal 1850, aber nicht mehr für das zweite bezahlt worden, was Heine aufs äußerſte erbitterte, wie aus einem Brief vom 22. oder 23. März 1850 an ſeinen Bruder her=vorgeht.

Von 1847 begann für den Dichter eine faſt zehnjährige Leidens=zeit, deren Qualen uns mit Grauen und tiefem Mitleid erfüllen müſſen. Heine hat für die Sünden ſeiner Jugend gebüßt, wie wohl nur wenige büßen müſſen; die einzelnen Phaſen ſeiner furchtbaren Krankheit, der Rückenmarksdarre, ſind oft genug beſchrieben worden. Er hat helden=

---

[1]) Deutſche Rundſchau Bd. 91, S. 401. — [2]) Deutſche Rundſchau Bd. 92, S. 51.

mütig gegen den Feind angekämpft und seinen blendenden Geist frisch
erhalten bis an sein Ende.   Seine Leidensgeschichte bedeutet einen glän-
zenden Sieg des Geistes über den Körper, des Immateriellen über das
Materielle.   Stundenlang arbeitete er täglich trotz der wütendsten
Schmerzen, indem er sich vorlesen ließ, diktierte, dichtete, an seinen
Versen feilte und Gedrucktes korrigierte.   Kamen Freunde und fremde
Besucher zu ihm, so entzückte er sie durch seine geistvolle Unterhaltung
und seine Heiterkeit, die von einem durchaus ungebrochenen Geiste zeugte.
Er hatte diese Anregungen nötig, denn Mathilde kümmerte sich nicht
viel um den kranken Gatten und ließ ihn oft genug allein.[1]   Einzelne
Besucher Heines loben sie freilich, die Mehrzahl aber äußert sich in sehr
tadelnden Ausdrücken über die leichtsinnige Frau.

So lag Heine auf seinem Schmerzensbett, eine Jammergestalt.   Fast
kein Glied seines Körpers gehorchte ihm mehr, und sein nie ruhender
Geist machte ihm sein Krankenlager zu einer doppelten Qual.   Nun
ging eine Aenderung mit ihm vor, die niemanden wundern wird, der
das Ende so vieler glaubensloser Männer beobachtet hat: er wandte sich
ernsthafter religiösen Dingen zu.   Ein Brief an seinen Bruder Max
vom 3. Mai 1849 zeigt, daß der jüdische Glaube seiner Jugend und
seiner Väter, den er längst über Bord geworfen glaubte, in dem lebendig
in seiner „Matratzengruft" Begrabenen wieder erwachte.   „Leb wohl,
mein teurer Bruder," schreibt er da, „der Gott unserer Väter erhalte
Dich.   Unsere Väter waren wackere Leute: sie demütigten sich vor Gott
und waren deshalb so störrig und trotzig den Menschen, den irdischen
Mächten gegenüber; ich dagegen, ich bot dem Himmel frech die Stirne
und war demütig und kriechend vor den Menschen — und deswegen
liege ich jetzt am Boden wie ein zertretener Wurm.   Ruhm und Ehre
dem Gott in der Höhe."[2]   Und am 15. März 1850 klagt er Dr. Wert-
heim: „Tag und Nacht leide ich an meinen niederträchtigen Krämpfen
und Kontraktionen, wobei ich nur in Betäubung durch Morphium einige
Erleichternng finde.   Mein Zustand ist so tragisch, daß ich selber anfange, Mitleiden mit mir zu haben, was bisher der alte Uebermut noch
nicht erlaubte.   Die Hand Gottes liegt schwer auf mir, doch sein heiliger
Wille geschehe."   Hier sieht man deutlich, daß es die „Erdenschmerzen"
waren, die den Dichter wieder zu Gott geführt.   Heine kam so weit,

---

[1] Rocca, Skizzen S. 51.   Fanny Lewald in Westermann Bd. 62, 106.   Am
schärfsten spricht sich Camilla Selden gegen Mathilde aus.   Schorers Familienblatt 1885,
S. 68. — [2] Deutsche Rundschau Bd. 92, S. 52.

den Atheismus für absurd zu erklären. „Ich bin kein Frömmler ge=
worden," schreibt er am 1. Juni 1850 an Campe, „aber ich will darum
doch nicht mit dem lieben Gott spielen; wie gegen die Menschen, will
ich auch gegen Gott ehrlich verfahren, und alles, was aus der früheren
blasphematorischen Periode noch vorhanden war (ausmerzen); die schönsten
Giftblumen hab' ich mit entschlossener Hand ausgerissen." Er fügt aber
hinzu: „Die religiöse Umwälzung, die sich in mir ereignete, ist eine bloß
geistige, mehr ein Akt meines Denkens, als des seligen Empfindens,
und das Krankenbett hat durchaus wenig Anteil daran, wie ich mir fest
bewußt bin." Aehnlich sprach er sich gegen Fanny Lewald aus.[1]) Darin
irrt sich Heine über sich selbst; in gesunden Tagen wäre er nicht leicht
dazu gekommen, religiöse Dinge ernst zu nehmen, wie er denn auch selbst
äußerte:[2]) „In der Krankheit hat man den lieben Gott nötig, in der
Gesundheit vergißt man ihn"; und: „Für den Gesunden ist das Christen=
tum unbrauchbar mit seinen Resignationen und Jenseitigkeiten; für den
Kranken aber ist es eine gute Religion."   Sein Nachwort zum 1851
erschienenen „Romancero" bestätigt diese Ansicht, indem er deutlich auf
sein Krankenbett als die Ursprungsstätte seiner „Bekehrung" hinweist.
Er sagt ausdrücklich, daß er zum Glauben an einen persönlichen Gott
zurückgekehrt sei, aber seine religiösen Ueberzeugungen und Ansichten seien
frei geblieben von jeder Kirchlichkeit. Er habe nichts abgeschworen, nicht
einmal die alten Heidengötter. Aber auch sein wiedergewonnener Gottes=
glaube kam manchmal bei dem widerspruchsvollen, von den Stimmungen
des Augenblicks abhängigen Dichter, dessen Satire auf dem Siechbette
sich grausig anhört, zu eigenartigem Ausdruck. So schreibt er am
12. Okt. 1850 an Laube: „Mein Zustand hat sich insofern verschlim=
mert, daß meine Kontraktionen stärker und bezidierter geworden. Ich
liege zusammengekrümmt, Tag und Nacht in Schmerzen, und wenn ich
auch an einen Gott glaube, so glaube ich doch manchmal nicht an einen
guten Gott. Die Hand dieses großen Tierquälers liegt schwer auf mir.
Welch ein gutmütiger und liebenswürdiger Gott war ich in meiner
Jugend, als ich mich durch Hegels Gnade zu dieser hohen Stellung
emporgeschwungen!" (Nord u. Süd Bd. 64, S. 46.)

Aber trotzdem Heine bis an sein Ende wesentlich der Alte blieb, der spott=
süchtige, rachsüchtige, frivole, witzelnde, unstet zwischen allen Extremen herum=
pendelnde Heine —, so dürfen wir mit Nietzki[3]) doch keinen Zweifel hegen,

---

[1]) Westermann Bd. 61, S. 134.
[2]) S—b. in Westermann Bd. V, 265; LXI, S. 134. — [3]) A. a. O. S. 166.

daß er, „zwar nicht zu einer der poſitiven Religionen, wohl aber zum
Glauben an einen perſönlichen Gott zurückkehrte.“ So ſagt er in ſeinem
Teſtamente vom Jahre 1851, was in einem ſolchen Dokument wohl
ſchwer ins Gewicht fallen dürfte, ernſt und klar: „Ich ſterbe im Glauben
an einen einzigen, ewigen Gott, den Schöpfer der Welt, deſſen Erbarmen
ich anflehe für meine unſterbliche Seele. Ich bedaure, in meinen Schriften
zuweilen von heiligen Dingen ohne die ihnen ſchuldige Ehrfurcht geſprochen zu
haben, aber ich wurde mehr durch den Geiſt meines Zeitalters als durch
meine eigene Neigung fortgeriſſen. Wenn ich unwiſſentlich die guten
Sitten und die Moral beleidigt habe, welche das wahre Weſen aller
monotheiſtiſchen Glaubenslehren iſt, ſo bitte ich Gott und die Menſchen
um Verzeihung.“ Im Januar 1853 veröffentlichte er weiterhin im Journal
des Débats eine Erklärung, daß er die kraſſen Religionsſpöttereien in
der neuen franzöſiſchen Ueberſetzung ſeiner Reiſebilder, die ohne ſein
Zutun erfolgt ſei, aufrichtig bereue. In den 1854 erſchienenen „Ge-
ſtändniſſen“ ſpricht er ſich ähnlich aus. Aber trotz Heines Umkehr
zeigen die Dichtungen, die er in den letzten zwölf Jahren ſeines Lebens
veröffentlichte, und jene, die ſich in ſeinem Nachlaß fanden, immer noch
Religionsſpötterei, Frivolität und Zynismus, verbunden mit politiſchem
Radikalismus, in ſo hohem Maße, daß ſie die „Reiſebilder“ noch über-
holen. In dieſen zeigte Heine noch eine ſcharf ausgeprägte politiſche
Geſinnung; jetzt macht er ſich über jedes politiſche Ideal luſtig, verhöhnt ehemalige Mitſtrebende in unanſtändiger Weiſe, läſtert das „Sakrament des Königtums“ und begrüßt jubelnd den allgemeinen Umſturz.

In Betracht kommen hier die „Neuen Gedichte“ (1844), das Som-
mernachtsmärchen: „Atta Troll“ (in der Zeitung für die elegante Welt
1843, als Buch 1847), das Wintermärchen: „Deutſchland“ (1844), der
„Romancero“ (1851) ſowie die „Nachgelaſſenen Gedichte“.

Der Haß gegen das Chriſtentum feiert beſonders in den früheren,
vor ſeiner Krankheit entſtandenen, dieſer Gedichte wüſte Orgien. Als
„Adam der erſte“ (I, S. 301) höhnt er den lieben Gott, der ihn ohne
Recht und Erbarmen aus dem Paradieſe gejagt; er werde aber das Para-
dies nicht vermiſſen, weil es dort keine Freiheit gäbe. In dem berüchtigten Gedicht: „Disputation“ (I, S. 464) läſtert er jede Art der Gottes-
verehrung. In der Aula zu Toledo, berichtet Heine, ſollen vor verſam-
meltem Hofe ein Kapuziner und Rabbiner miteinander ein geiſtliches
Turnei ausfechten. In allem, was letzterer ſagt, liegt die boshafteſte
Verhöhnung der katholiſchen Religion und ihrer Diener. Als der König
die Königin um ihre Meinung fragt, antwortet ſie:

> Welcher recht hat, weiß ich nicht;
> Doch es will mich schier bedünken,
> Daß der Rabbi und der Mönch,
> Daß sie alle beide stinken.

Das ist nicht „la scène la plus voltairienne, qu'ait jamais imaginée le sceptique démon de son esprit", wie Taillandier sagt (S. 140), sondern sie ist schlimmer, als Voltaire sie gedichtet haben würde. Letzterer hat nämlich denselben Vorwurf behandelt und die Szene nach China verlegt; den Schluß bildet der Vorschlag der Chinesen, die armen Narren in das Tollhaus zu sperren. Voltaires Behandlung war für Heine noch zu anständig.

Die Lehre von der Dreieinigkeit verhöhnt Heine in „Symbolik des Unsinns" (I. 291); über das h. Altarssakrament stößt er in „Vitzliputzli" (I, S. 382) Voltaire nachgebildete Blasphemien aus, und er scheut sich nicht, den Namen des Heilandes mit den frivolsten Dingen in Verbindung zu bringen („Himmelsbräute" I, S. 358; „Der Ungläubige" I, S. 411).

Politisch ist der Dichter wieder beim schärfsten Radikalismus angelangt, der, mit größtem Zynismus verbunden, widerliche Zerrbilder hervorbringt. Er beruhigt („Zur Beruhigung" I, S. 316) die deutschen Monarchen, sich vor einem Brutus nicht zu fürchten, da Deutschland, die fromme Kinderstube, gewiß keine römische Mördergrube werde. Und wenn sich das Schreckliche doch noch ereignen sollte (II, S. 202), so würden die Deutschen ihren König nicht behandeln wie die Engländer Karl I. und die Franzosen Ludwig XVI., sondern sie würden ihn in einer sechsspännigen Hofkarosse mit beflorten Rossen zum Richtplatz kutschieren. Im „Wintermärchen" (Gesang IV) gibt er den Rat, die Gebeine der h. drei Könige zu Köln in die Käfige am Lambertiturm zu Münster zu hängen und, wenn einer von ihnen bereits fehle, statt seiner einen abendländischen König zu nehmen. Und im Traume (Gesang VII) freut er sich, als der Henker die h. drei Könige, die Symbole des Königtums, mit seinem Beile zusammenhaut.

Mit solchen und ähnlichen Verhöhnungen des Royalismus verbinden sich Beschimpfungen lebender Monarchen. Gemeineres ist wohl selten gedichtet worden, als die „Lobgesänge auf König Ludwig" (II, S. 169), die gegen Friedrich Wilhelm IV. gerichteten Gedichte „Der neue Alexander" (II, S. 174), sowie das überaus anstößige Gedicht über den Ursprung des preußischen Königshauses: „Schloßlegende," das Elster mitzuteilen sich gescheut hat (Reclamsche Ausg. I, S. 348).

Hand in Hand mit diesen Ausfällen geht die Verhöhnung der deutschen Freiheitsbestrebungen und der Ingrimm über die Langmut der Deutschen gegenüber ihren sechsunddreißig Tyrannen. Beides zu vereinigen, konnte nur einem Charakter wie Heine gelingen. Die jungen Dichter der neuen Generation, die wie Herwegh, Dingelstedt, Freiligrath glühende Freiheitsgesänge ertönen ließen und für ihre Ideale jedenfalls männlicher als Heine eintraten, kamen ihm eben so lächerlich vor, wie einst die Burschenschaftler, obgleich doch ihre Bestrebungen zum größten Teile auch die seinen waren. Aber wo ein persönliches Interesse in politischen Dingen für ihn nicht mehr in Frage kam, dünkte ihm alles Streben gleichgültig. „Er dachte stets,“ sagt sein Freund Heinrich Laube,[1] „in erster Linie an seine Person, an sein persönliches Schicksal, wenn von Staatsformen die Rede war.“ Seine zahlreichen Briefe aus jener Zeit bekunden durchaus kein tieferes Interesse an den gewaltigen Bewegungen, die sich im Schoße der Völker vorbereiteten, obgleich dieselben auf die Verwirklichung des angeblichen Heineschen Ideals bürgerlicher Freiheit abzielten. Die Freiheit ist ihm nie ein Ideal gewesen. „Als vor einigen Jahren der italienische Dichter Carducci Heine in einer Ode als Freiheitshelden verherrlichte, legte sogar Karl Hillebrand, Deutschlands bester Kritiker und Heines früherer Sekretär, der immer mit Pietät und Bewunderung von dem großen Verstorbenen geredet, eine Art Protest dagegen ein: Heine selbst habe es niemals so feierlich genommen.“[2]

Die Freiheitsdichter der vierziger Jahre verfielen aber auch seiner Rache, weil sie hochmütig auf den gesinnungslosen, verpariserten Heine herabblickten und ihn zeitweise, wie Levin Schücking sagt,[3] aus der Gunst des Publikums verdrängten. Ebenso auch die Dichter, welche die Vaterlandsliebe besangen und, wie Nikolaus Becker, den Rhein für Deutschland reklamierten. Herwegh (I, S. 310, II 190), Dingelstedt (I, S. 315, 404) sowie die politischen Tendenzdichter im allgemeinen erhalten einige kräftige Schläge, bis der Dichter im „Atta Troll“ sie alle auf das Schafott befördert.

Aber was diese Dichter sangen, singt er auch selbst. Ironisch gibt er den Rat („Verheißung“ I, S. 312), die deutsche Freiheit solle kecker werden, aber vor allem den schuldigen Respekt vor Obrigkeit und Bürgermeisterei nicht beiseite setzen. Er höhnt die lieben Deutschen (II,

---

[1] Gartenlaube 1868, S. 27.
[2] G. Brandes in der Frankf. Ztg. 24. Aug. 1889. — [3] Westermann Bd. 54, S. 196.

S. 204), daß sie sich von der Vogelscheuche abschrecken ließen, an die blühenden Kirschen zu gehen; macht sich über den deutschen Michel lustig („Erleuchtung" I, S. 318), der sich die besten Bissen vor dem Maule wegstibitzen und sich mit dem Versprechen reinverklärter Himmelsfreude täuschen lasse. Nach den Märztagen 1848 (II, S. 187) verspottet er wieder den deutschen Michel, der versucht habe, sich zu ermannen und nun wieder unter der Hut von vierunddreißig Monarchen zu schlafen beginne. „Germania, das starke Kind" (I, S. 426) erfreue sich, nachdem der starke Wind sich gelegt, wieder seiner Weihnachtsbäume; er gedenkt des heldenmütigen Kampfes der Ungarn, die von Ochsen (Oesterreichern) und Bären (Russen) überwunden werden, während Deutschland in das Joch von Wölfen, Schweinen und gemeinen Hunden geraten sei.

Auch hier weist er auf die vom Kommunismus drohenden Gefahren hin; aber in seine Weissagungen mischt sich etwas wie geheime Freude, daß unter dem ehernen „Schritt der Arbeiterbataillone" demnächst der Boden der modernen Gesellschaft erzittern werde. Mit dem Haß der Besitzlosen gegen die Reichen stimmt er ganz überein, und die wachsende Macht des Kapitalismus entlockt ihm in grimmigem Sarkasmus die Verse (I, S. 415):

> Hat man viel, so wird man bald
> Noch viel mehr dazu bekommen.
> Wer nur wenig hat, dem wird
> Auch das Wenige genommen.
> Wenn du aber gar nichts hast,
> Ach, so lasse dich begraben —
> Denn ein Recht zum Leben, Lump,
> Haben nur, die etwas haben.

Ironisch gibt er den Rat (I, S. 418), vor jedem goldenen Kalbe das Weihrauchfaß zu schwingen; denn die reichen Leute gewinne man nur durch Schmeicheleien; er selbst nennt die Besitzenden (II, S. 81) das „reiche Ungeziefer", das so mächtig verbündet sei in unseren Tagen; er beteuert in Scherz sein sollendem Ernst (II, S. 76), daß er die Reichen gern aufhängen würde, aber man mache leider aus deutschen Eichen keine Galgen für sie; er teilt, wie schon im „Ratcliff", die Menschen ein in hungrige und satte, und er zeichnet unter dem Bilde der Wanderratten (II, S. 203) mit sichtlichem Behagen, wie die hungerigen unwiderstehlich heranrücken und sich nicht besänftigen lassen durch „Pfaffengebete und Hundertpfünder", sondern nur durch „Suppenlogik mit Knödelgründen" und „Argumente von Rinderbraten"; er beschwört in

einem übrigens trefflichen Gedichte (II, S. 177) die ausgemergelten
Gestalten der hungernden schlesischen Weber des Jahres 1847, um durch
sie einen Racheschrei gegen den König der Reichen zu begründen.   All
diesem Elend gegenüber aber will er im ersten Kapitel des Winter=
märchens „Deutschland" ein neues Lied singen, nicht

> „Das alte Entsagungslied,
> Das Eiapopeia vom Himmel,
> Womit man einlullt, wenn es greint,
> Das Volk, den großen Lümmel."

sondern:

> Ein neues Lied, ein besseres Lied,
> O Freunde, will ich euch dichten:
> Wir wollen hier auf Erden schon
> Das Himmelreich errichten.

> Es wächst hienieden Brot genug
> Für alle Menschenkinder,
> Auch Rosen und Myrten, Schönheit und Lust,
> Und Zuckererbsen nicht minder.

> Ja, Zuckererbsen für jedermann,
> Sobald die Schoten platzen!
> Den Himmel überlassen wir
> Den Engeln und den Spatzen.

August Bebel druckt in seinem Buche über „die Frau"[1]) einige
dieser Verse mit Wohlgefallen ab und bemerkt dazu, daß Heine sozia-
listische Anwandlungen gehabt habe.

Mit besonderem Grimme kehrt sich Heine gegen die deutschen
Einheitsbestrebungen, als deren Symbol er die schwarz=rot=goldene Fahne
beschimpft.   Er nennt (I, S. 373) ihre Farben „Affensteißcouleuren";
Erzherzog Johann, der die Wahl zum „Reichsverweser" angenommen,
verhöhnt er als „Hans ohne Land" (II, S. 205).   Das Aergste bietet
der 26. Gesang des Wintermärchens „Deutschland" (II, S. 489), wo
er Deutschland in behaglicher Breite mit einem Nachtstuhl vergleicht,
aus dem der Mist von sechsunddreißig Gruben herauffstinkt.   Was will
es dagegen bedeuten, wenn er in dem schönen Gedichte „Deutschland"
(II, S. 167) sein Vaterland mit dem jungen Siegfried vergleicht, der einst
den häßlichen Drachen — die Tyrannei natürlich — töten und sich die
goldene Krone aufsetzen wird!   Demselben Gedanken hatte er übrigens
bereits in den letzten Berichten aus Paris Ausdruck gegeben (VI,
S. 248, 613).

---

[1]) 9. Aufl. S. 335.

Die stärksten Ausbrüche seines Haffes sind gegen Preußen gerichtet. Er plündert den Wortschatz der Fischweiber, um alles das sagen zu können, was er auf dem Herzen hat. Man lese nur einmal: „Wechselbalg" (I, S. 313), „Der Kaiser von China" (I, S. 313), Gesang III und VIII des Wintermärchens. Ja, das ganze Wintermärchen ist eigentlich ein Pamphlet gegen den preußischen Staat, der es versäumt hatte, sich den Dichter zu verbinden.

Männer, die auch die Gegner mit Achtung nennen, Männer, denen er selbst Dank schuldete, werden von ihm mit allen möglichen, vielfach dem Tierreich entnommenen Titulaturen belegt. Den großen Görres nennt er (I, S. 406) eine Hyäne und deffen Sohn ein giftiges Insekt; damit ist die Art dieser persönlichen Angriffe genügend gekennzeichnet.

Die Schamlosigkeit der späteren Werke übersteigt alles Maß. Als er einen Teil der „Neuen Gedichte", der im „Salon" erschienen war, mit anderen zusammen als Buch erscheinen laffen wollte, stellte Gutzkow ihm freundschaftlich vor (Prölß, S. 262), daß dieselben sich als „furchtbare Nachgeburt" früherer Gedichte doch für die Oeffentlichkeit nicht eigneten. Sofort zog Heine sein hohes Roß aus dem Stall und ritt seinem einstigen Waffenbruder mit den Worten entgegen (23. August 1838): „Wie Petrons Satirikon und Goethes Elegien, so sind auch meine angefochtenen Gedichte kein Futter für die rohe Menge. . . . Nur vornehme Geister, denen die künstlerische Behandlung eines frevelhaften und allzu natürlichen Stoffes ein geistreiches Vergnügen gewährt, können an jenen Gedichten Gefallen finden. . . . Nicht die Moralbedürfnisse irgend eines verheirateten Bürgers in einem Winkel Deutschlands, sondern die Autonomie der Kunst kommt hier in Frage." Trotzdem fand Heine erst 1844 den Mut, die „Neuen Gedichte" herauszugeben. Charakteristischer als diese, die er in gesunden Tagen dichtete, sind jene, die er auf dem Krankenlager verfaßte. Seine Sinnlichkeit lodert hoch empor; er verhöhnt sich selbst wegen seiner Schwäche (II, S. 51, Nr. 78, 79) und bedauert, eine Dirne, deren Bild vor seinem Geiste emporsteigt, nicht genoffen zu haben (II, S. 93). Er besingt die Schönheit des Weibes in lüsterner Weise (II, S. 34), beginnt mit mehr als aristophanischer Freiheit den Gebrauch der Glieder des menschlichen Körpers zu erklären, um zu einem Schluß zu gelangen, den selbst Strodtmann nicht mitteilen zu dürfen glaubte (II, S. 75). Weiter vergleiche man: „Hausfrieden" (I, S. 411), „Unvollkommenheit" (I, S. 419) und das Gedicht Nr. 68, Bd. II, S. 40. Seinen ganzen Zynismus in nuce haben wir in den Gedichten „Epilog" (II, S. 110), „Vermächtnis" (I, S. 429) sowie „Testament" (II, S. 220).

Ueber die letzten dichterischen Erzeugnisse Heines vom ästhetischen Standpunkt unbefangen zu urteilen, ist nicht leicht, da das Gefühl des Ekels zu oft den Genuß vernichtet. Aber der Gesamteindruck ist überall derselbe. Die geniale Begabung des Mannes hat dem jahrelangen Anstürmen einer furchtbaren Krankheit siegreich widerstanden. Wie früher, so bewundern wir die prächtigen Girandolen eines unerschöpflichen Witzes, den kühnen Flug einer reichen Phantasie und die, wenn auch selten sich auftuenden Ausblicke in eine tiefe Gemüts= und Gedankenwelt. Unter den Liebesgedichten finden sich einzelne Perlen. Die ersten beiden Strophen des an Mathilde gerichteten Liedes „An die Engel" (I, S. 425) gehören zu dem Schönsten, was er gedichtet. Weitere Lieder an Mathilde und die Mouche reihen sich diesen an. Und das an seine Mutter gerichtete Gedicht: „Nachtgedanken" (I, S. 319) ist ein vollkommenes Erzeugnis der Kindesliebe, welche Heine nie verlassen.

Ergreifend sind die Gedichte, in denen er dem Gefühl trostloser Verlassenheit, dem verzweifelnden Gedanken, dem Tode unrettbar verfallen zu sein, der inneren Zerrissenheit Ausdruck verleiht. Er ist der Welt müde, er sehnt den Tod als Erlöser aus entsetzlichen Qualen herbei; dann aber erwacht wieder seine Liebe zum Leben und kämpft mit dem unerbittlichen Thanatos einen vergeblichen Kampf. Die ergreifendste Szene aus dieser „Lazarus"=Tragödie schildert uns das Gedicht: „Mir lodert und wogt im Hirn eine Glut" (II, S. 98).

Ueber all diese Gedichte erhebt sich jedoch wie Waldriesen über zwerghaftes Unterholz eine Anzahl Romanzen, namentlich aus dem „Romancero", sowie einzelne Teile aus „Atta Troll". Gewiß leiden viele Romanzen am Mangel eines wirkungsvollen Abschlusses; gewiß wird bei manchen die Wirkung beeinträchtigt durch den Gebrauch alltäglicher Wendungen, durch nachlässigen Versbau (meist vierfüßige ungereimte Trochäen) sowie durch redselige Breite; aber es bleibt genug übrig, was als goldecht bezeichnet werden darf. Hier tut Heine glückliche Griffe in Geschichte und Leben; er trifft den epischen Ton ausgezeichnet, stellt mit plastischer Anschaulichkeit dar und breitet über das Ganze einen wundervollen Farbenschmelz.

Das künstlerisch vortreffliche Gedicht: „Die Schlacht bei Hastings" (I, S. 339) schildert, wie Edith den bei Hastings gefallenen König Harold, der einst sie liebte, wiederfindet und zur letzten Ruhe begleitet.

Die starke Empfindung in der Brust des rauhen Weibes ist höchst
glücklich ausgesprochen. Das große Gedicht: „Firdusi" (I, S. 364)
zeigt am Schicksal des berühmten persischen Sängers symbolisch, wie
den Dichtern von Gottes Gnaden hier auf Erden gelohnt wird, aber
auch, wie sie über die Gunst der Großen dieser Erde erhaben sind;
„Spanische Atriden" (I, S. 395) bietet einen Ausschnitt aus der Ge=
schichte der pyrenäischen Halbinsel und zeigt in packenden Bildern die
Nemesis der Weltgeschichte. Voll von Bitterkeit und ungerecht, weil es
den Einzelfall aufs Allgemeine bezieht, ist das Gedicht „Der Philanthrop"
(II, S. 121), aber dichterisch bedeutend; ebenso „Jammertal" (II, S. 124),
ein in dunkelen Farben gehaltenes Gemälde aus der Zeit sozialer Not,
das seine Berechtigung behaupten wird, so lange die Menschen lieben
und hungern. Von denselben Gedanken durchweht ist das Gedicht:
„Das Sklavenschiff" (II, S. 117), das noch späten Jahrhunderten Kunde
von der wahren „Schmach des neunzehnten Jahrhunderts" geben wird.
Vollkommen nach Inhalt und Form ist „Der Asra" (I, S. 357), dessen
wenige, herrlich komponierte Strophen immer wieder das Gemüt er=
greifen. Als das beste Gedicht aber dürfte „Bimini" (II, S. 125) bezeichnet
werden, welches die nie befriedigte Sehnsucht nach der goldenen Jugendzeit
tiefsinnig=symbolisch hinaussingt.

Ueber den Wert anderer Gedichte werden die Meinungen sehr
auseinander gehen. „Ritter Olaf" (I, S. 273) und „Rhampsinit"
(I, S. 329) scheinen mir nicht hochzustehen; „Pomare" (I, S. 345) gefällt
den „Modernen" so gut, daß Griesebach[1]) darüber sagt, es sei ein
brillantes Gedicht, „worin Heine die Tragik der modernen Hetäre in
wenigen unvergänglichen Strichen zeichnet"; „Vitzliputzli" (I, S. 373),
ein episches Gedicht aus der Zeit der Eroberung Mexikos durch Cortez,
findet ebenfalls Griesebachs höchsten Beifall;[²]) ich kann mich nicht halb
so hoch schwingen. In roh witzelnder Art, aber nicht gerade aus=
nehmend geistreich, wird da ein tieftragisches Stückchen Weltgeschichte
ins Komische gezogen. Dagegen werden wohl alle das bekannte Gedicht
von den beiden Rittern Krapülinsky und Waschlappsky (II, S. 353)
ebenso boshaft wie komisch finden.

Heines Polemik gegen die deutschen Freiheitsdichter der vierziger
Jahre in dem großen epischen Gedichte „Atta Troll" hat heute nur
wenig Interesse; der romantische Teil des Liedes aber wird leben, so=
lange im deutschen Volke noch Sinn für „mondbeglänzte Zaubernächte"

---

¹) S. 257. — ²) S. 255.

vorhanden ist. Hier (von Gesang XII ab) hat sich der Dichter, wie er selbst gesteht (VII, S. 19), noch einmal allen holdseligen Uebertreibungen, aller Mondscheintrunkenheit, allem blühenden Nachtigallenwahnsinn hin= gegeben und (II, S. 422) nicht das, aber sein letztes „Waldlied der Romantik" gesungen. Den vorzüglichsten Teil des Gedichtes bildet die dramatisch bewegte Schilderung der wilden Jagd (Gesang XVIII, XIX).

Das Wintermärchen „Deutschland" schildert unzweifelhaft nach Voltaires: „Scarmentados Reisen" mit der nötigen dichterischen Freiheit die Erfahrungen Heines auf seinem Ausflug nach Hamburg 1844. Die deutsche Literatur hat wohl kein Werk aufzuweisen, in dem ein größeres Maß von Gehässigkeit, Grobheit und schneidiger Satire aufgespeichert läge. Jeder Gesang beweist das Genie des Dichters. Aber er ist nicht der Champion einer großen Idee, sondern der Knecht seines unversöhn= lichen Hasses gegen Preußen, Deutschland und die katholische Kirche. Der höhere Gesichtspunkt, der allein der Satire Berechtigung gibt, der Ausblick auf bessere Zustände und eine schönere Zukunft fehlt hier gänzlich. Der Dichter nimmt seine Keule und schlägt den verhaßten Bau in Trümmer — was dann kommen soll, ist nicht seine Sorge. Die nihilistische Gesinnung seiner letzten Lebensjahre kommt im Winter= märchen konzentriert zum Ausdruck.

Heine war sich der vaterlandsfeindlichen Tendenz seiner Dichtung klar bewußt; keiner seiner Verehrer wird hinauskommen über die Stelle in seinem Briefe an Detmold vom 14. September 1844: [1] „Da das Opus nicht bloß radikal, revolutionär, sondern auch antinational ist, so habe ich die ganze Presse natürlich gegen mich."

In Aachen sieht er zum erstenmal wieder preußische Soldaten, die er mit den Worten schildert:

> Noch immer das hölzern pedantische Volk,
> Noch immer ein rechter Winkel
> In jeder Bewegung, und im Gesicht
> Der eingefrorene Dünkel.

Dort erblickt er auch den preußischen Adler wieder, der ihm die Worte entlockt:

> Du häßlicher Vogel, wirst du einst
> Mir in die Hände fallen,
> So rupfe ich dir die Federn aus
> Und hacke dir ab die Krallen.

[1] Deutsche Rundschau 1885, I, S. 448.

In Köln meint er sich auf jenem Boden zu befinden, wo der „Cancan des Mittelalters" von Mönchen und Nonnen getanzt wurde, wo „Dummheit und Bosheit", „gleich Hunden auf der freien Gasse" buhlten und des „Geistes Bastille", der Dom, errichtet wurde. Der Kölner Dom, prophezeit er, werde nicht vollendet, sondern als Pferdestall verwendet werden; offenbar soll diese Weissagung eine Antwort auf die Wiederaufnahme der Arbeiten sein, an die Friedrich Wilhelm IV. am 4. September 1842 den Wunsch nach der Einigung Deutschlands geknüpft hatte. Dann hat er mit dem Vater Rhein eine längere Unterredung, in welcher der Alte sich bitter über Nikolaus Becker beklagt, der das Lied gedichtet: „Sie sollen ihn nicht haben;" er, der Rhein, habe im Gegenteil oft mit Tränen zum Himmel um die Rückkehr der Franzosen gebeten. Auf der Straße begegnet ihm ein phantastischer, mit einem Beil bewaffneter Geselle, der sich ihm als der „Knecht seiner (Heines) Gedanken" vorstellt. Nachts träumt der Dichter, er sei mit dem unheimlichen Manne in den Dom gegangen und habe die heiligen drei Könige auf ihren Sarkophagen aufrecht sitzend gefunden. Er fordert sie auf, den Dom zu verlassen, weil sie der Vergangenheit angehörten und in der Kathedrale der „Zukunft fröhliche Kavallerie" hausen solle. Gleichzeitig wendet er sich zu seinem Begleiter, der den Blick seines Herrn sofort versteht, und die „armen Skelette des Aberglaubens" ohne Erbarmen niederschlägt.

In Mülheim ereifert sich Heine wieder über die Preußen, diese „spindeldürren Gäuche", die jetzt so dicke Bäuche sich angemästet hätten, die blassen Canaillen, die ausgesehen wie Liebe, Glauben und Hoffen und sich nur rote Nasen angesoffen hätten. In Hagen freut er sich der deutschen Küche und stimmt einen augenscheinlich ernst gemeinten Hymnus auf die Westfalen an; im Teutoburgerwalde gibt er eine ergötzliche Betrachtung zum Besten, was aus Deutschland geworden, wenn Varus den Cheruskerfürsten besiegt hätte. Einer Schar von Wölfen versichert er, daß er ihnen noch immer ein treuer Mitwolf sei und nicht daran denke, Hofrat in der Lämmerhürde zu werden.

> Den Schafpelz, den ich umgehängt
> Zuweilen, um mich zu wärmen,
> Glaubt mir's, er brachte mich nie dahin,
> Für das Glück der Schafe zu schwärmen.

Bei Paderborn sieht er das Bildnis des Gekreuzigten, an den er eine höhnische Anrede hält, die eine Satire gegen deutsche Zustände darstellen soll. Auf der Weiterfahrt fällt ihm ein, was seine Amme ihm einst von Kaiser Rotbart im Kyffhäuser erzählte, und er knüpft daran eine prächtige Phantasie; aber hinterher kommt eine bittere Satire auf die Armseligkeit des deutschen Reiches und seine Vertreter. Rotbart ist ein gemütlicher Antiquar, der mit der Wiederherstellung des deutschen Reiches durchaus keine Eile hat. Er erkundigt sich nach den Weltbegebenheiten während der letzten Jahrhunderte und erfährt zu seinem Entsetzen, daß man es gewagt habe, einen König und eine Königin zu guillotinieren. Rotbart gerät in großen Zorn, der sich in heftigen Ausdrücken auch gegen Heine Luft macht. Da platzen auch Heine „die allergeheimsten Gedanken" heraus, und er beschimpft das Kaisertum und die schwarzrotgoldene Fahne.

In Minden wird es Heine etwas ängstlich zumute, weil er sich innerhalb der Mauern einer preußischen Festung befindet; er träumt nachts sogar, daß der preußische Adler seinen Leib umklammert halte und ihm die Leber wegfresse — eine bescheidene Andeutung des zweiten Prometheus.

Ueber Hannover, das Heine Gelegenheit zu Spötteleien über dessen Herrscher gibt, gelangt er nach Hamburg. Er unterrichtet uns, unter der wiederholten Beteuerung, daß beim zufälligen Anblick des preußischen Adlers sich ihm „das Essen im Magen" herumdrehe, zunächst über Hamburger Verhältnisse und Personen, die niemanden interessieren als Heine und die Hamburger, und führt uns dann eine Phantasie vor, derenwegen allein das Wintermärchen geschrieben ist. In einer berüchtigten Straße Hamburgs begegnet er der Göttin Hammonia, die er anfangs für eine seiner gutmütigen Freundinnen hält. Sie führt ihn in ihre Kammer, wo er sein Porträt, mit frischen Lorbeeren umkränzt, an der Wand erblickt — an diesem Ort und in dieser Gesellschaft eine unfreiwillige Satire Heines auf seine Muse. Sie fragt ihn, weshalb er nach Deutschland gekommen, und er entgegnet, daß es die Liebe zum — Vaterlande gewesen sei! Die Göttin gibt nun ihre Ansichten über Deutschlands Zustände zum Besten und erbietet sich, ihm die Zukunft seines Vaterlandes zu offenbaren. Sie zeigt ihm den Nachtstuhl Karls des Großen und bittet ihn, den Deckel aufzuheben, da werde er die Zukunft erblicken.

Die Verehrer Heines können nicht genug den Aristophanischen Witz des Wintermärchens rühmen. Ob jener „ungezogene Liebling der Grazien" im 19. Jahrhundert gedichtet haben würde, wie er es im 5. vor Christus getan, darf man bezweifeln.

Von den prosaischen Schriften der letzten Lebensjahre: Die Tanzpoemata „Göttin Diana" und „Faust", sowie die Erläuterungen zu letzterem:

„Die Götter im Exil" (eine Abhandlung über die Umwandlung der alten heidnischen Götter in moderne Dämonen), „Geständnisse" und „Memoiren" haben nur die beiden letzten Bedeutung. In den „Geständnissen" (Bd. VI) gibt er Auskunft über die Aenderung seiner religiösen Weltanschauung. Er betont entschieden seine Rückkehr zum Gottesglauben und beteuert hier, wie schon drei Jahre zuvor im Vorwort zum „Romancero", daß er alles nicht geschrieben haben möchte, was er gegen das Dasein Gottes je veröffentlicht; indessen sind seine Versicherungen manchmal so ironisch gefärbt, daß man an ihrer Aufrichtigkeit zweifeln könnte. Vom Atheismus will er nichts mehr wissen (VI, S. 41), weil er schon bei „Schmierlappen von Schuster= und Schneidergesellen" heimisch geworden, und weil er ein Bündnis geschlossen mit dem Kommunismus (VI, S. 42). Dieser aber bedeute den Tod der Zivilisation, ein Gedanke, den er auch an anderen Stellen ausführt (VII, S. 143, 144, 418, 419).

Das sind allerdings keine allzu ernsthaften Gründe, seine Ueberzeugung zu ändern. Hier zeigt sich in Heine nicht allein der Poet, sondern auch der Genußmensch, der den kommunistischen Zukunftsstaat trotz der Gewährleistung großer „sittlicher" Freiheit nicht lieben kann, weil er ihn in anderer Weise beschränken würde. Er ist zu „fein", um sich noch mit dem einst so geliebten, jetzt tief gehaßten (VI, S. 43) Volke gemein zu machen, dessen gewaltige, die Revolution machenden Fäuste er jedoch zu schätzen weiß.

Heines Memoiren (VII) erschienen erst nach seinem Tode und zwar nur in einem Bruchstück, das seine Jugendjahre behandelt. Sie bieten anziehende Schilderungen, aber nur wenig Material für sein Leben und seine Charakteristik.

Sehr interessant ist sein Verhalten gegenüber Napoleon III. Am 21. April 1851, also vor dem Staatsstreich, schreibt er an Kolb, er sei mit Leib und Seele für den Präsidenten, weil derselbe ein Neffe des Kaisers und ein wackerer Mensch sei und durch die Autorität seines Namens größerm Unheil entgegenwirke. Nach dem 2. Dezember 1851 ändert sich seine Meinung. Er äußert Kolb (13. Februar 1852) seine Freude, daß Napoleon die Dummköpfe der Kammer übertölpelt habe, gleichzeitig aber auch seinen Schmerz, daß nun die schönen Ideale von Freiheit und Gleichheit zertrümmert am Boden lägen. Da kommt mit dem 2. Dezember 1852 die Wahl Napoleons zum Kaiser, und mit diesem Tage singt er ein anderes Lied. Er nennt (VI, S. 543) den 20. Dezember[1])

---

[1]) Wo einzelne Mächte Napoleon III. bereits anerkannt hatten.

1852 die vollständige Genugtuung für das bei Waterloo gekränkte Nationalgefühl der Franzosen und freut sich in tiefster Seele dieses Triumphs, wie er einst die Niederlage so schmerzlich mit empfunden (VI, S. 538). Das war selbst Heines Verleger zu viel, und er schrieb ihm (17. April 1854)[1]): „Sie scheinen zu vergessen, daß Sie deutscher Schriftsteller sind. Mit geballter Faust schlagen Sie der ganzen deutschen Bevölkerung ins Gesicht." Heine war infolge dieses Briefes klug genug, den „Waterloo" überschriebenen Teil aus den „Geständnissen" zurück zu halten.

Gewiß tat er es mit schwerem Herzen, denn er hatte eine bestimmte Absicht: er wollte Napoleon III. sich günstig stimmen, wie er es schon bei anderen Fürsten versucht hatte. Camilla Selden, seine Verehrerin, erhebt diese Vermutung zur Gewißheit, indem sie, anknüpfend an die beständige Geldnot der Eheleute Heine, sagt[2]): „Verbürgen kann ich indessen die Tatsache, daß Heine, der von dem Wahn besessen war, sich für einen bedeutenden Politiker zu halten, gerade zu der Zeit Versuche gemacht hat, mit der Regierung des zweiten Kaiserreichs Fühlung zu gewinnen, als sein Tod diesem eben so erniedrigenden als unbedacht= samen und kindischen (!) Unterfangen ein jähes Ende bereitete." Wir haben keinen Grund, diese Aussagen einer intimen Freundin Heines, die in den letzten Lebensjahren fast täglich um ihn war, zu bezweifeln.

Die letzten drei Lebensjahre brachten Heine neben seinem körper= lichen Leiden auch viel seelisches Ungemach. Die Zahl seiner Gegner in Deutschland stieg, und die Zeitungen richteten manchen scharfen Angriff gegen den einst so gefeierten Mann. Die Augsburger allgemeine Zeitung brachte 1854[3]) einen längeren Schmähartikel, der vernichtend wirken mußte. Er kam zu Heines Kenntnis und regte ihn furchtbar auf. Er wurde immer einsamer. Die Franzosen schienen ihn vergessen zu haben[4]), und Deutsche kamen nur selten an sein Krankenlager. Letztere schieden von ihm mit den Gefühlen tiefsten Mitleids und hoher Bewunderung ob seines Leidens und seiner ungeschwächten Geisteskraft. Mehr als einer aber äußerte[5]), daß man ihm gegenüber zu einem reinen und freien Empfinden nicht gelange, daß er abwechselnd anziehe und abstoße. Sein Freund Heinrich Laube, der ihn 1855 noch sah, drückt sich noch schärfer aus[6]): „Witz und Frivolität waren ihm treu geblieben, und diese von

---

[1]) Strodtmann II, 434. — [2]) Schorer 1885, S. 408. — [3]) S. 4313. — [4]) Meißner, Geschichte meines Lebens I, 216. — [5]) Z. B. Fanny Lewald, Westermann Bd. 61, S. 129.
[6]) Gartenl. 1868, S. 27.

unten auf absterbende Kreatur, die unter der Bettdecke nur noch einige Spannen zusammengezogenen Menschenleibs besaß, forderte mit un= geschwächtem Geist den Schöpfer alles Menschlichen heraus. Die ganze Wahrheit zu gestehen, dieser letzte Eindruck war, abgesehen von natür= lichem Mitleiden, sehr peinlich."

Nur einige weibliche Verehrerinnen, wie seine Freundinnen Karoline Jaubert, die Fürstin Belgiojoso, die Gräfin Kalergis, die Engländerin Lady Duff Gordon, besuchten ihn häufig und suchten seine letzten Lebens= tage zu erheitern.

Vor allem war es aber eine geheimnisvolle junge Dame, Camilla Selden, wie sie sich später nannte, die noch zu einem seelischen Ereignis ersten Ranges im Leben des absterbenden Dichters werden sollte. Der in der Matratzengruft lebendig Begrabene entbrannte in heftigster Leidenschaft zu der etwas pikanten, schönen, mit Pariser Chic deutsches Gemütsleben verbindenden jungen Frau, die ihm wie ein Trostesengel an seinem Krankenbette erschien. Das Verhältnis, das an des greisen Goethe Beziehungen zu Ulrike von Levetzow erinnert, hat etwas Pathologisches an sich, das nur dadurch verständlich wird, daß sie eine begeisterte Ver= ehrerin des Dichters war und von dem glänzenden Geiste in dem halb toten Körper angezogen wurde. Wahrscheinlich steckte bei ihr auch eine gute Portion weibliche Eitelkeit dahinter. Ihn zog neben der lieb= reizenden Gestalt wohl vor allem auch ihr Geist an, das Verständnis und die Teilnahme, die sie seinem Schaffen entgegenbrachte. Stunden= lang saß sie an seinem Schmerzenslager, las ihm vor, schrieb Briefe für ihn und machte für ihn Korrekturen; was Wunder, wenn er untröstlich war, sobald er sie einen Tag missen mußte, und ihrer Inspiration noch verschiedene leidenschaftliche Lieder verdankte? Seine Frau Mathilde war ungebildet und hatte kein Verständnis für sein literarisches Schaffen; sie mußte ihn geistig herabziehen. Der Einfluß der Selden aber zeigt, wie sehr eine kongenialere Frau ihn früher hätte heben können, da sie jetzt noch solche Macht besaß.

Die Billets, die der Dichter an seine Geliebte richtete, sind für einen Sterbenden allerdings von einer geradezu peinlichen Leidenschaft, voll Zärtlichkeit und Liebesbedürfnis, das von sinnlichen Regungen keineswegs frei ist. Das Postskriptum enthält gewöhnlich eine kurze Bemerkung über den trostlosen Zustand des Dichters.

Wer die „Mouche" — so nannte sie Heine nach ihrer Petschaft, auf der eine Fliege eingraviert war —, die in Heines Leben eine so große, eigenartige Rolle spielte, eigentlich war, ist nie recht aufgehellt worden. Sie hieß mit ihrem richtigen Namen Elise von Krienitz und soll in Prag geboren sein. Schon jung nach Paris gekommen, fiel sie einem gewissenlosen Roué zum Opfer, der sie zwar ehelichte, aber unter dem Vorgeben, sie sei geisteskrank, bald in ein Irrenhaus steckte, um sie los zu werden. Von dort gelang es ihr jedoch, nach England zu entfliehen, von wo sie nach Wien ging. Im Herbst 1855 erschien sie dann, vom Zauber einer romantisch-unglücklichen Ehe und schnöber Verfolgung umgeben, als weltkluge, achtundzwanzigjährige Frau wieder in Paris, wo sie sich bei Heine dadurch einführte, daß sie ihm Kompositionen und Grüße des Wiener Komponisten Frhr. Vesque von Puttlingen überbrachte.[1])

Selbstverständlich sah Frau Mathilde in der „Mouche" auch bald die Nebenbuhlerin. Sie erwiderte deren Begrüßung kaum und verließ das Krankenzimmer sofort bei ihrem Eintreten. Auch lehnte sie es entschieden ab, auf ihres Gatten Wunsch, die „Mouche" öfters zum Mittagstisch einzuladen, auch nur einmal einzugehen. Man wird diese Haltung Mathildes mehr als verstehen, wenn man bedenkt, daß diese es mitansehen mußte, wie die Fremde ihr die letzte Liebe ihres Gatten stahl. Kohut[2]) bemerkt dazu, daß Mathilde die „Mouche" überhaupt ungehindert zum Krankenbette ihres Mannes ließ: „Man glaube ja nicht, daß Mathilde nicht eifersüchtig gewesen wäre. Sie gab in dieser Beziehung ihrem Gatten nichts nach, und zuweilen haben dessen Extravaganzen zu lebhaften Auftritten Veranlassung gegeben; aber als er sterbenskrank darniederlag, wollte sie seine exotischen Neigungen nicht niederhalten, sondern drückte hochherzig ein Auge zu. Keiner der Biographen hat diese heroische Tat eines liebenden Weibes nachdrücklich genug betont."

Von Winter 1854/55 an war Heines Leiden ein langsames, aber heldenhaft ertragenes Sterben. Am 17. Februar 1856 endlich hauchte er seine Seele aus.

---

[1]) Kaufmann, Heines Liebesleben, 1897, S. 120 f. — [2]) A. a. O., S. 297.

Vierter Abschnitt.

Allgemeiner Ueberblick.

Walter Scott sagt über Lockharts Biographie des großen schot=
tischen Dichters Robert Burns: „Er ist mit Verstand über des Dichters
Laster und Torheiten hinweggegangen; denn nachdem sein Körper starr
und unbeweglich und gereinigt vor uns liegt, sollte der Charakter eines
so unnachahmlichen Genius wie Burns mit Nachsicht behandelt werden.
Die Kenntnis seiner Laster und Schwächen ist nur ein Gegenstand des
Kummers für den Wohlgesinnten und ein Triumph für den Bösewicht."

Der Satz hat eine gewisse Berechtigung, aber er verliert sie sofort,
wenn ein die literarische und politische Erörterung beschäftigender Schrift=
steller auf ein Piedestal erhoben wird, das ihm nicht zukommt. So
lange man Heine als den Vorkämpfer freiheitlicher Ideen, als den
Morgenstern einer schöneren Zukunft, als einen echten Patrioten preist,
wird immer wieder die Opposition aus den „Schwächen" des Dichters
nachzuweisen haben, daß seine Büste auf jenem Piedestal keinen Platz
finden darf.

Vorkämpfer freiheitlicher Ideen verdient nur genannt zu werden,
wer für die Allgemeinheit kämpft und persönliche Interessen aufgibt.
Durch Heines gesamte literarische Tätigkeit aber läßt sich der blanke
Egoismus genau verfolgen. In seinem mehrere starke Bände umfassen=
den Briefwechsel spielen, von einzelnen Andeutungen abgesehen, die
„Weltinteressen" keine Rolle. Die Leiden der Menschheit lassen ihn
kalt, seine eigenen erhitzen ihn bis zum Fiebergrad. „In meiner Wiege
lag schon meine Marschroute für das ganze Leben," schreibt er (16. Juli
1833) an Varnhagen. Sich geltend zu machen, sich zu erheben trotz

der Zentnerlast, die an seinen Füßen hing, sich zu einer angesehenen
Stellung in eben jener Gesellschaft aufzuschwingen, die den Juden aus-
zuschließen suchte, das war das eigentliche Ziel seiner Agitation für die
freiheitlichen Ideen. Er selbst gesteht mehrfach ein, daß er der Renommage wegen schreibe.

Derselbe Mann, der lange Zeit als Vorkämpfer der bürgerlichen
Rechte gegen die bevorrechteten Klassen galt, hat sich oft genug bereit
gezeigt, das Schwert in die Scheide zu stecken, das sacrifizio dell' intelletto
zu bringen, um materieller Vorteile willen. Der Wechsel wurde ihm
um so leichter, als er zu einem festen System politischer Meinungen nicht
gediehen ist. Er zeigt sich schwankend und widerspruchsvoll, ohne den
Sprung ans andere Ufer zu motivieren. Er läuft davon, so bald man
ihn auf ein politisches Dogma verpflichten will. So bald man Konsequenz von ihm verlangt, sucht er sich einen anderen Weg und bekämpft
seine einstigen Bundesgenossen. Er will keinen Fraktionszwang, er will
als Wilder umherschwärmen, ohne zu bedenken, daß der Wilde machtlos
ist trotz seiner vergifteten Pfeile.

In seiner Jugend und im beginnenden Mannesalter ist Heine ein
begeisterter Verfechter der Prinzipien von 1789. Allmählich verdichtet sich
sein Geschimpf gegen die bevorrechteten Stände zur Forderung einer
Verfassung und zu der Erklärung, daß der einzige Quell der Souve-
ränetät im Volke liege. Das Königtum will er geachtet wissen, so lange
es dem Volkswillen sich fügt. Damit verbindet sich ein wütender Haß
gegen Preußen, weil dieses den Absolutismus am strengsten von allen
Monarchien festhält. Aber er ist bereit, zu „transagieren", er bietet
dem König von Bayern seine Dienste an, und er erbittet sich von dem
elendesten der von ihm mißhandelten Sedezdespötchen einen Orden aus.
Sein Haß gegen die Aristokratie hält ihn auch nicht ab, in seinen
Briefen mit seinen adeligen Bekanntschaften und den Gunstbeweisen
aristokratischer Damen zu prahlen. .

Mit Heines Uebersiedelung nach Paris beginnt der zweite Abschnitt
seiner politischen Entwicklung. Sein Haß gegen Preußen lodert hoch
empor — dann sinkt die Flamme, und aus der Asche erhebt sich Heine
als der Verfechter der preußischen Politik, als Gegner des Parlamen-
tarismus, der deutschen Konstitutionellen und Radikalen und als ver-
schämter Lobredner des Absolutismus. Gleichzeitig schlägt er in seinen
literarischen Erzeugnissen einen milderen Ton an und vermeidet alles,
was Louis Philipp und Preußen reizen könnte.

Möglich, daß Heines Ansichten über das Repräsentativsystem sich einigermaßen änderten, als er in Paris die widerwärtigen Wahlkämpfe und die Ohnmacht des dortigen konstitutionellen Königtums beobachten konnte — jedenfalls trugen aber zu seiner Wandlung die französische Pension und die Hoffnung auf die Gunst der preußischen Regierung nicht wenig bei.

Aber er hat keinen positiven Erfolg: Preußen weist seine Versuche zur Annäherung zurück, Frankreich steckt seiner Preßtätigkeit engere Grenzen und mit 1848 hört auch seine Pension auf. Damit beginnt der dritte Abschnitt. Heine wird wieder der ingrimmige Feind Preußens, er geht über die radikalen Ansichten seiner Jugend noch hinaus, er besitzt kein politisches Ideal mehr, er spottet über Bestrebungen, die er im Grunde selbst teilt, und er sieht mit offenbarer Freude die Vorbereitung des allgemeinen Umsturzes.

Diese Erklärung seiner politischen Wandlungen aus Heines ungezügeltem Egoismus ist jedenfalls annehmbarer, als der Rechtfertigungsversuch von Georg Brandes, der in den Worten gipfelt:[1] „In Heines Seele war nicht ein konservativer Blutstropfen. Sein Blut war revolutionär. Aber eben so wenig war in seiner Seele ein demokratischer Blutstropfen. Sein Blut war aristokratisch, er wollte das Genie als Führer und Herrscher anerkannt sehen. Er klatscht Beifall, wenn er in seinem historischen Rückwärtsschauen oder Zukunftstraum einen erbärmlichen König oder Kaiser guillotiniert werden sieht. Aber er will Cäsar geben, was Cäsars ist." Damit ist Heines Napoleon-Kultus erklärt, sonst aber nichts.

Weit einfacher liegt die Entwicklung seines religiösen Denkens. Trotzdem er schließlich gottesgläubig starb, ist er ein Feind aller Kirchlichkeit und des „Pfaffentums" geblieben bis an sein Ende; namentlich die katholische Kirche hat er in ihren ehrwürdigsten Einrichtungen auf die gemeinste Weise verhöhnt. Der Hauptgrund dieses Hasses ist nicht in seiner jüdischen Abkunft allein zu suchen, sondern in dem Umstande, daß er die katholische Kirche als Vertreterin eines sinnenfeindlichen Spiritualismus betrachtet. Freund des Protestantismus ist er gleichfalls nicht, aber an diesem lobt er geradezu, daß er die „Ansprüche der Materie legitimiert" habe. Sein Haß gegen die katholische Kirche, die Verfechterin der Heiligkeit und Unlösbarkeit der Ehe und die Lobrednerin der Jungfräulichkeit ist der Haß des Genußmenschen, der das starke Bollwerk gegen die Sünde zertrümmern möchte.

---

[1] VI, 133.

Heine hat den von den Romantikern in die deutsche Literatur ein=
geführten Individualismus auf die Spitze getrieben, so daß man mit
Julian Schmidt sagen kann: kein Dichter habe je mit einer so aus=
dauernden Zudringlichkeit die Welt mit seiner eigenen Person beschäf=
tigt. Wenn er schreibt und dichtet, so hat er nur Dinge im Auge,
die ihn angehen und ihn interessieren. Nur wenige Schriftsteller haben
für so viele Fragmente die Aufmerksamkeit der Welt beansprucht. Er
prahlt mit seinen Leiden und eröffnet mit einer gewissen Koketterie
sein schmerzzerrissenes Herz. Er beteuert, die großen Schmerzen der
Menschheit tragen zu müssen und kommt in seinen pessimistischen Be=
trachtungen oft genug zu dem Ergebnis, daß Nichtsein dem Sein vor=
zuziehen wäre. Er sieht überall im Leben, was Ibsen und seine Schüler
heute die „große Lüge" der Gesellschaft nennen würden:

> Ich hab' durchschaut
> Den Bau der Welt, und hab' zu viel geschaut,
> Und viel zu tief, und hin ist alle Freude,
> Und ew'ge Qualen zogen in mein Herz.
> Ich schaue durch die steinern harten Rinden
> Der Menschenhäuser und der Menschenherzen,
> Und schau' in beiden Lug und Trug und Elend . . .
> Und Fratzenbilder nur und sieche Schatten
> Seh' ich auf dieser Erde, und ich weiß nicht,
> Ist sie ein Tollhaus oder Krankenhaus.

Heines Briefe geben reiche Illustrationen zu diesen Worten. Sie
enthüllen ein heftiges, selbstquälerisches Temperament, das geneigt ist,
alle Menschen für Feinde zu halten. Er nennt das Leben eine Krank=
heit, die ganze Welt ein Lazarett.[1] Er fühlt den süßen Schmerz der
Existenz, fühlt alle Freuden und Qualen der Welt, er leidet für das
Heil des ganzen Menschengeschlechts,[2] und findet das Leben so fatal
ernst, daß es nicht zu ertragen wäre ohne die Verbindung des Pathe=
tischen mit dem Komischen.[3]

Die meisten seiner Lieder singt er mit dunkeler Vokalisierung; er
spinnt, um mit Arnim zu reden, Saiten aus seinen Eingeweiden, um
ein Lied darauf zu spielen; er sucht die Lust der Gegenwart oft mit
dem Hinblick auf die düstere Zukunft zu vernichten; er schwelgt in
Todes= und Grabesgedanken.

Die Verehrer Heines nennen das Weltschmerz und finden in seinen
Liedern und Schriften „die schwermütigen Moll=Akkorde des Pessimis=
mus". Als ob das Weltschmerz wäre, wenn man die eigenen Leiden

---

[1] III, 393, 394. — [2] III, 225. — [3] III, 166.

fühlt, aber die Schmerzen der Menschheit zu durchkosten vorgibt! Der „Menschheit ganzer Jammer" hat Heine nur insoweit angefaßt, als auch er unter ihm litt, oder vielmehr, seinen eigenen Jammer dichtete er der Menschheit an. Weil sein Herz eine Krankenstube war, sollte die Welt ein Lazarett sein. Sein Weltschmerz wurzelte in der Betrachtung nicht der allgemeinen, sondern seiner eigenen Lage. Der echte Weltschmerz aber, wenn es überhaupt einen gibt, vergißt sich selbst über dem Ganzen und findet im Hinblick auf das Jenseits die Kraft, das Gleichgewicht wieder herzustellen.

Aber davon wollte Heine eben so wenig etwas wissen, wie sein genialerer Genosse Byron und der wissenschaftliche Begründer des Weltschmerzes, Arthur Schopenhauer. Es fiel letzterem nicht ein, das Leben als das zu nehmen, als was er es definierte: als große Mystifikation,[1]) als Ort der Strafe und Buße,[2]) als eine Aufgabe zum Arbeiten,[3]) sondern er benutzte es als das, was es nach seiner Ansicht n i c h t sein sollte, als ein Geschenk zum Genießen. Ebenso machten es Heine und Byron. Heine „büßte die Sünden des Menschengeschlechts", aber er genoß sie auch[4]) bis zur Entnervung.

Aber Schmerzen litt er, das ist keine Frage, vor allem mannigfachen Liebesschmerz. Hehn meint in seinen „Gedanken über Goethe",[5]) Heine habe kein Gemüt, wohl aber das Talent der Nachahmung in hohem Grade besessen. „Wie mancher seiner Stammesbrüder mit der Zunge so kunstreich schnalzen kann, daß man wirklich eine Nachtigall zu vernehmen glaubt, wie ein anderer Art und Stil »berühmter Muster« genau treffend wiedergibt, wie in langen Jahren der »Kladderadatsch« in allen lyrischen Formen aller Dichter und Dichterschulen sich erging, so wußte auch Heine die einfältige Treue des Volksliedes, die Phantasien E. Th. A. Hoffmanns und der Romantik, Goethes Herzenslaute und melodiösen Gesang mit so virtuoser Kunst nachzupfeifen, daß man sich täuschen ließ und die Similisteine für echte hielt."

Dieses Urteil geht von der Ansicht aus, daß das Gefühl eine christlich=germanische Stammeseigenschaft sei. Aber es ist falsch. Heine hat in seiner Jugend wirklich geliebt und jedesmal unglücklich; seine Briefe aus jener Zeit tragen den Stempel der Wahrheit. Er hat seine Mutter, seine Geschwister, Mathilde und die „Mouche" aufrichtig geliebt. Und davon abgesehen, sollte denn ein Mensch so gottverlassen sein, daß nicht auch bessere Gefühle in seiner Brust ihren Einzug hielten?

---

[1]) II, 657. — [2]) II, 666. — [3]) II, 652. — [4]) III, 225. — [5]) 159.

Heine konnte leidenschaftlich, aber nicht dauernd empfinden; in seinen Briefen zeigt sich neben hoffnungsfreudigem Aufjauchzen die ärgste Verzweiflung und neben dieser der selbstvernichtende Spott. Sein scharfer Verstand brach immer wieder durch und geißelte die Torheit, sich einem Gefühle so lange hinzugeben. Seine Jugendneigungen haben ihn nicht geläutert. Seine glühende Sinnlichkeit, die frühreife zynische Welterfahrenheit, die er unter den sittenlosen Millionären Hamburgs angesammelt hatte,[1]) zogen ihn in den Pfuhl der Gemeinheit. In den Armen liederlicher Dirnen vergaß er die vielbesungene Geliebte, und mit derselben Hand, die duftige Lieder niederschrieb, zeichnete er die Verherrlichung des Fleisches. Und als das Bild der Geliebten ihm immer mehr entschwand, kamen ihm die Augenblicke besseren Gefühls immer seltener, bis sein Geist umgeben war von den dichten Nebelschleiern der Begierde. Der Dichter des Liedes: „Du bist wie eine Blume" spricht jetzt dasselbe Gebet nur noch über dem Scheitel der Phryne.

Hier ist der Punkt, wo Heines Einfluß auf die deutsche Dichtung geradezu verderblich wird. Er hat, die französischen Schriftsteller des achtzehnten Jahrhunderts und von den englischen Fielding zum Muster nehmend, die Dirnen in die deutsche Dichtung eingeführt, mit denen Goethe bereits den Anfang gemacht hatte. Aber welch ein Abstand zwischen Goethes Philine sowie der Heldin der „Römischen Elegien" und ihren Schwestern in Heines Dichtungen! Der große Dichter hat es verstanden, sie einigermaßen aus dem Schmutz zu erheben und der ästhetischen Beurteilung zugänglich zu machen; Heines Damen in „Die Bäder von Lucca", „Die Stadt Lucca", „Die Memoiren des Herrn von Schnabelewopsky", „Neue Gedichte" usw. haftet der Schmutz der Straße an, von der sie aufgelesen sind. Goethe gibt lüsterne Schilderungen, Heine schmutzige. Da kann allerdings die Frage offen bleiben, welche von beiden Arten die verwerflichste ist. Aber Heines Jünger folgen nicht dem Alten von Weimar, sondern dem Jungen in Paris, der über das Feingefühl der Damen spottete, für die schließlich nur noch Eunuchen schreiben dürften, so daß am Ende deren Geistesdiener im Okzident eben so harmlos würden, wie ihre Leibdiener im Orient (III, S. 97). Sie bemühen sich, aus Heines Werken die Paragraphen einer neuen Aesthetik zu formulieren, deren Befolgung sie literarisch noch früher ruinieren wird, als es bei Heine geschehen.

Hunderte dichten und schriftstellern heute in Heines Geist, keiner mit seinem Esprit. In keinem findet sich diese wunderbare Mischung von

---

[1]) Treitschke III, 711.

Phantasie und Verstand, Witz und Gemüt, Humor und Spott. Die widersprechendsten Eigenschaften sind in der Seele dieses Mannes vereinigt und lassen sie nicht zur vollen Harmonie aller Kräfte gelangen. Daher in seinen Werken der beständige Kampf zwischen Ormuzd und Ahriman. Und diese Disharmonie im produzierenden Dichter geht auf den genießenden Leser über. Heines Dichtung ist ein Meer mit seiner Erhabenheit und Schönheit, seinem Frieden und seinen Schrecknissen. Das Schönste und Häßlichste liegt in ihr dicht nebeneinander, und wir sind nie sicher, ob wir nicht aus dem Blumengarten in eine Pfütze geraten. Sobald wir aber den Ekel, den der Dichter uns so häufig zu verkosten gibt, überwunden haben, greift die Bewunderung für einen so reich begabten Geist Platz, der in der deutschen Literatur einzig dasteht und in der Weltliteratur nur wenige Genossen hat. Die Natur goß das Füllhorn der Geistesgaben verschwenderisch über den Judenjungen der Volkerstraße aus und gab ihm die Mittel, das Höchste zu erreichen. Sie verlieh ihm eine reiche, äußerst bewegliche Phantasie mit nie ermüdender Flugkraft, eine Phantasie, die immer auf das Gegenständliche gerichtet ist und sich in den Nebelwelten nicht verliert; eine Phantasie, die mit dem lebendigsten Farbensinn die Kraft scharfer Skizzierung verbindet, dazu einen tiefen Verstand, der bald die Phantasie zügelt, bald mit ihr sich entzweit, ein umsichtiger Mentor, aber auch ein kalter Kritiker. Daher auch in Heines Dichtungen jenes Unberechenbare und Sprunghafte, das sich bei keinem anderen Schriftsteller in gleichem Maße findet und bei der Lektüre die gemischtesten Gefühle hervorruft. Die romantische Ironie ist in Heine bis zu jenem Punkte gelangt, wo die Zersetzung ihren Anfang nimmt.

Aber noch ein anderes ließ eine volle Harmonie nicht aufkommen: Heine war bis zu seinem dreißigsten Lebensjahre nervös leidend, dann kam eine Zeit rüstiger Gesundheit, bis mit seinem vierzigsten Lebensjahre eine neue Leidensperiode anbrach, die seine Schmerzen bis zur Unerträglichkeit steigerte. Selten war es ihm vergönnt — inwiefern er sein Leiden selbst verschuldete, kommt hierbei nicht in Betracht —, in andauerndem Fluß und in gleicher Frische zu schaffen: oft genug weigerte sich der Körper, der Phantasie Gefolgschaft zu leisten. Dann überkam den Dichter eine Grämlichkeit, ein Mißmut, eine Kampflust, die schließlich an den eigenen Schöpfungen sich versuchte.

Anderseits ließ der Dichter kein Mittel unversucht, sich zu bilden. Selten ist wohl ein junger Dichter so früh über sich selbst klar geworden wie Heine. Er hatte erkannt, daß seine geistige Anlage ihn zur

Romantik drängte; gleichzeitig aber hatte er eingesehen, daß, um die
Wunderschätze der romantischen Dichtung zu heben, eine andere Wünschel=
rute als jene der Romantiker nötig, daß der romantische Inhalt der
Dichtungen plastisch zu gestalten sei. Diesen Grundsatz machte er zur
Richtschnur seines dichterischen Schaffens. Immer schafft er anschaulich,
in scharf umrissenen Gestalten.

Wenn man an seine Lieder den hohen Maßstab legt, mit dem
Carriere[1]) in folgendem Satze den Lyriker gemessen haben will: „Weil
er wesentlich sich selbst darstellt, muß sein Selbst ein großes, sanges=
würdiges sein, er muß ein Universum im Busen tragen, und seine
Individualität zu der Höhe des edelsten Menschentums erheben" — so
können sie nicht bestehen, und wohl aus diesem Grunde wendet ihn
Carriere bei Heine — nicht an! Heine hat im „Buch der Lieder" von
einem ideellen Gehalt völlig abgesehen und die Liebe zum alleinigen
Gegenstand seiner Lieder gemacht. Dadurch hat er den Ton angegeben
für ein ungeheueres Flötenkorps auf dem deutschen Parnaß. Der liebe=
girrende Jüngling dichtet Heinesche Lieder und zerreißt sich vor Schmerz
und Sehnsucht; in der Novellenliteratur geht Heines Geist um und
dirigiert ein zahlreiches Orchester guter und schlechter Musikanten. Heine
trägt einen großen Teil der Schuld, daß unsere neuere schöngeistige
Literatur in so greulicher Weise verweichlicht ist, und daß das Ewig=
weibliche so viele Dichter hinan= und eben so viele hinabzieht.

Heine hätte mit seiner ganz hervorragenden Gestaltungskraft Meister=
werke schaffen können, wenn ihm nicht, seiner inneren Zerrissenheit ent=
sprechend, die „Gabe der Architektonik" gefehlt hätte.

In sich abgeschlossen und völlig abgerundet erscheint nur das „Buch
der Lieder", das, obgleich aus hundert einzelnen Teilen bestehend und
ohne Rücksicht auf einheitliche Zusammenfassung gedichtet, fast wie ein
absichtsvoll zusammengefügtes Kunstwerk auftritt; es steigt stufenförmig
empor und zeigt in den Nordsee=Hymnen den Dichter auf dem Gipfel
der Vollendung. Aber obgleich reich an Empfindung und mannig=
faltig im Ausdruck des Gefühls der Liebe, leidet es doch an Ein=
seitigkeit. Auch das Thema der Liebe, das nach Rückert unerschöpf=
lich sein soll, kann ausgesungen werden, ohne daß der Dichter deshalb
die Ewigkeit erringt, und Heine hat es dermaßen ausgenutzt, daß nur
ein verliebtes Mägdlein den ganzen Band ohne Uebersättigung durch=
zukosten vermag.

---

[1]) S. 378.

Neben manchen wertlosen Liedern und offenbaren Wiederholungen enthält das „Buch der Lieder" einen reichen Strauß der schönsten Gedichte, die unsere Literatur aufzuweisen hat, Gedichte, die Heines Weissagung wahr gemacht haben, daß man einst seinen Namen neben dem Goethes nennen werde.

Reicher und mannigfaltiger ist Heine als Prosaist. Er gebietet über einen ganzen Urwald von Ideen und Anschauungen; er überschaut leicht verwickelte Verhältnisse; er hat Sinn für das Große im Leben und in der Geschichte; er besitzt endlich vielseitige, wenn auch nicht gründliche Kenntnisse, in deren ausgiebiger Verwertung er Meister ist. Reicht sein Wissen nicht aus, so füllt er mit bewundernswürdiger Gewandtheit die Lücke durch einen glänzenden Witz aus, der leicht den Leser täuscht. Dazu kommt völlige Herrschaft über den Stoff. Er läßt seinen Einfällen scheinbar freien Lauf, aber er übt beständig eine geheime Kontrolle über sie aus. Er weiß seinen Gegenstand in die hellste Beleuchtung zu rücken und verborgene Eigentümlichkeiten an ihm zu entdecken. Die Klarheit seiner Schilderungen läßt nie den Reiz seiner eigenartigen Individualität vermissen. Störend ist freilich oft genug das dreiste Hervordrängen seiner Persönlichkeit.

In der Entwicklung seiner Prosa sind zwei Abschnitte zu erkennen, die fast mit der Entwicklung seiner politischen Weltansicht zusammenfallen. In den Reisebildern ist die Grundstimmung eine rein lyrische; „großblumige Gefühle" schießen überall empor, die Stimmungen der Natur erscheinen in wirkungsvoller Dekoration und der ganze Farbenreichtum wird verwendet, um ein lebendiges Kolorit hervorzubringen. Die Diktion ist oft von wundervollem Schwung, der freilich nicht selten in großsprecherisches Pathos übergeht. Die ganze Darstellung bildet in ihrer nervösen Lebendigkeit, in ihrem pfauenhaften Farbenreichtum den schroffsten Gegensatz zu der klassischen Ruhe in Goethes Prosa.

Ein anderes Bild bietet Heines Prosa in den politischen Berichten und ästhetisch-kritischen Werken der Pariser Zeit. Der Sturm und Drang in der Seele des Dichters hat sich gelegt; an Stelle der sprunghaften Darstellung ist eine ruhig-klare Entwicklung der Gedanken getreten; die „großblumigen Gefühle" haben ihre Blütezeit, keineswegs zum Nachteil der Prosa, hinter sich, und die abstoßende Prahlerei macht sich nicht mehr geltend. Die Darstellung ist reiner und edler, ohne die Vorzüge der Prosa der Reisebilder vermissen zu lassen.

Heine schreibt eine Prosa, wie nur ein Dichter sie schreiben kann: packend, bilderreich, lichtvoll, immer interessant. Ihr wesentlichster Bestandteil ist Humor und Witz in einer Fülle, wie wir sie bei keinem anderen Dichter finden. Er schont niemanden, er trifft hoch und niedrig, das Heiligste und das Gemeinste; sein Witz kennt keine Noblesse, keine Pietät und keine Dankbarkeit, keine Rücksicht und keinen Takt, keine Grundsätze und keine sittliche Schranke. Er deckt das Privatleben auf und verwendet den gemeinsten Klatsch und die anstößigsten Pikanterien der chronique scandaleuse; er beschimpft die Religion seiner Väter und den Glauben seiner Mitbürger; er höhnt das Vaterland und Sitte und beugt sich vor niemanden als vor sich selbst.

Heines Witz wird inspiriert vom Haß, dessen Gift, wie er vom deutschen Haß behauptet, das Heidelberger Faß zu füllen vermöchte. [1] Wie Laube von Heines Unterhaltung sagte, [2] es habe ihr alles gefehlt, was man human nennt, so ist auch sein Witz die krasseste Verhöhnung aller humanen Gesinnung. Er ist der konzentrierte Ausdruck des alten Hasses des Judentums gegen seine Bedrücker; es ist der Witz der Verneinung, und schließlich der Auflösung aller religiösen, politischen und sittlichen Bande.

Aber was für ein Witz ist es! Ein Witz in allen Nummern: vom gemeinen Kalauer zur witzigen Gemeinheit, von der feinsten Ironie zur faustdicken Grobheit; von der gutmütigen Schelmerei zur berechnendsten Bosheit; von der liebenswürdigsten Persiflage zum unwürdigsten Zynismus; ein Witz, der in allen Farben schillert, aus dem Gemüte des Verfassers ganz natürlich hervorzublühen scheint und fast immer den Nagel auf den Kopf trifft. Sehr häufig ist sein Witz äußerst anstößig, namentlich wenn er die heiligsten Dinge mit den gemeinsten in Verbindung bringt; da ist eben die Grenze der Wirksamkeit des Witzes, da beginnt der Ekel jede andere Empfindung zu verdrängen. Aber oft fehlt dem Witz die Grundlage auch da nicht, wo seine Gehässigkeit jedes Maß überschreitet. Auch der Freund Heines wird in der Mißhandlung Platens jeden Witz vermissen, aber sein Feind wird ihm das Zeugnis nicht versagen können, daß witzigere Bosheiten wie die gegen A. W. von Schlegel, die Frau von Stael, Maßmann und so viele andere Personen nicht verübt werden können. Die Erfindungskraft Heines ist unerschöpflich, sobald es sich um die Ausbeutung der Schwächen einer Person oder eines Verhältnisses handelt; er findet immer neue Seiten und schließt, wenn wir ihn ermüdet glauben, mit einem überraschenden Effekt.

---

[1] II, 78. — [2] Gartenlaube 1868, S. 25.

Brandes freilich setzt mit einem kühnen Sprung über die gegen Heine geäußerten moralischen Bedenken hinweg: [1] „Der aristophanische Dichter," sagt er, „kann und darf den Stolz nicht haben, der davor zurückschreckt, die Gemeinen zu ergötzen, diejenigen, welche ihn nur verstehen, wenn sie ihm im Kote begegnen. Er darf sich nicht davor scheuen, bis zu einem gewissen Punkte sich, d. h. sein moralisches Wesen, preiszugeben, um ein höheres dichterisches Feld zu gewinnen." Also: Per cloacas ad astra! Der Dichter darf „bis zu einem gewissen Punkte", den er sich natürlich selber setzt, tun, was er will; er darf sich im Schmutze wälzen, denn das höhere Ziel leidet nicht, daß er sich befleckt; er darf sich Gemeinheiten erlauben, sobald es ihm zur „Wahrung berechtigter Interessen" notwendig erscheint; er heiligt die Mittel, wenn sein Zweck ein höherer ist. Das ist die moderne Moral der freien Geister, die sie selbstverständlich nur für sich in Anspruch nehmen, für den Pöbel haben sie eine andere; das ist die Moral, von der Heine sagt, daß sie seiner „Seele eingeboren", vielleicht seine „Seele selbst" sei (VII, S. 102).

Heines Witz ist im wesentlichen der Witz der Journalistik. Er erhebt sich selten zur Allgemeinheit, sondern knüpft an das Besondere, an das Ereignis des Tages an; er ist aktuell und kann nur dann vollständig verstanden werden, wenn dem Leser die Verhältnisse und Personen, die er treffen soll, genau bekannt sind. Viele seiner Anspielungen werden in späterer Zeit nur noch ihre Wirkung ausüben, wenn ihnen ein Kommentar beigegeben ist; ein Witz mit Kommentar ist aber nur ein halber. Zur reinen und freien Höhe eines echten Humors erhebt sich Heine aber im „Buche Le Grand", wo eine hinreißende Liebenswürdigkeit uns entzückt, und seine derbkomische Ader strömt am lebhaftesten in einigen Kapiteln der „Bäder von Lucca", wo sie leider nur zu bald vom Rinnsteinwasser verunreinigt wird.

Heinrich Heine ist als Mensch wie als Dichter ein merkwürdiges Doppelwesen. „Die tödlichsten Feinde," sagt Eugen Wolff [2], „hatten seine Brust zum Tummelplatz ihrer wilden Kämpfe erkoren: auf poetischem Gebiete, Romantik und Naturalismus, auf politischem Radikalismus und Romantik, auf nationalem Judentum, Deutschtum und Parisertum, auf religiösem Heidentum, Christentum und Judentum." Er war ein Konglomerat aller möglichen Widersprüche, das zu schaffen die Uebergangszeit, in der er lebte, und seine jüdische Abkunft nicht wenig beitrugen.

---

[1] VI, 196. — [2] Nord u. Süd, Bd. 64.

Hätte er sich aus diesem Wirrwarr zu einer moralischen und dichterischen Einheit durchringen können, so wäre er bei seinen glänzenden Anlagen wohl einer der ganz Großen geworden. Aber die Widersprüche seines Wesens und Milieus waren zu unvereinbar und verurteilten den Dichter zu ewiger Unrast. Als Dichter fühlte er romantisch und konservativ=aristokratisch; als Jude mußte er radikal und demokratisch fühlen. Mit seinem Dichterherzen liebte er Deutschland und haßte Frankreich; mit seinem Verstande haßte er das kleinstaatliche, reaktionäre Vaterland und liebte das fortschrittliche Frankreich. Mit seinem demokratischen Gefühl schwärmte er für die Revolution und die Republik, als Dichter empfand er die Größe eines Napoleon und konnte sogar für den Absolutismus sich erwärmen. Und je nachdem Herz oder Verstand im Spiele waren, konnte er abwechselnd für das Christentum, die katholische Kirche, das Hellenentum, das Judentum, den Atheismus schwärmen oder darüber spotten und zwar stets subjektiv aufrichtig, je nachdem ihn eine Stimmung erfaßt hatte. Es fehlt Heine durchaus an einer einheitlichen Weltanschauung, einem Grundzuge seines Wesens; gerade das Gegenteil, die Unstäte, charakterisiert ihn als Mensch wie als Dichter.

Daß eine solche Natur zur Mißdeutung geradezu herausfordert, ist klar. Je nach der Zeit der Beurteilung und dem Standpunkte des Beurteilers wird das Urteil über diesen Dichter sehr verschieden ausfallen. Tatsächlich ist auch kaum noch ein anderer soviel geschmäht und soviel verhimmelt worden wie gerade Heine — und beides mit gewisser Berechtigung. Louis P. Betz [1] unterschied bis zur Mitte der 90er Jahre vier Perioden in der Beurteilung, die das deutsche Volk Heine angedeihen ließ. Erstens die der gänzlichen Vernachlässigung, die mit Heines Tod begann; hierauf das Stadium der eifrigen Befehdung des Dichters, dann als Reaktion die Periode übereifriger Anerkennung. Die vierte Periode zu Anfang der 90er Jahre, wo man sich erst um ein Heine=denkmal in Düsseldorf, dann in Mainz stritt, kann als die der erbitterten Parteinahme für und gegen Heine angesprochen werden; eine fünfte Periode hat jetzt begonnen und sie scheint Heine endlich gerecht werden zu wollen. Man hat eingesehen, daß man Heine als Menschen, der sich in journalistischen Fehden, elendem Literatengezänk, Geldnöten und einem echten Bohèmeleben verzettelte, fallen lassen muß und nur die bessere und echtere Seite seines Wesens, Heine den Dichter, und auch da nur den künstlerisch befriedigenden, menschlich wertvollen und be-

---

[1] Heine in Frankreich. S. 428 f.

deutenden Teil seiner Persönlichkeit gelten lassen darf. Wir wollen also Heine heute vor allem von dem Standpunkte aus beurteilen, von dem aus er als Dichter beurteilt werden muß, vom ästhetischen. Und da „kommt die menschliche Persönlichkeit für unser ästhetisches Urteil nur soweit in Betracht, als sie sich in dem jeweils vorliegenden Kunstwerk offenbart; wer bei dem Liede »Du bist wie eine Blume« allerlei unfreundliche Nebengedanken über den Dichter anklingen läßt, hört auf, das Lied ästhetisch zu genießen. Heines Poesie enthält zweifellos manches, was eine tiefere Gefühlswirkung zerstören kann, aber sie weiß doch ungleich öfter (?) den innersten Nerv unseres Gefühls zu treffen. Die Süßigkeit, Kraft, Natürlichkeit und Mannigfaltigkeit der Töne, die er hervorbringt, wirkt nicht selten berauschend. Das aber ist's, worauf es ankommt. Der Dichter, der große Dichter bleibt bestehen, wenn uns auch die schwankende Haltlosigkeit seines Charakters noch immer deutlicher werden sollte. Diese hat freilich auch oft seine Poesie beeinflußt, und ich möchte den sehen, der sich Heine zu einem geistigen Freunde und Begleiter auf der Lebensfahrt erwählen wollte, so wie es wohl mancher mit Goethe tun mag." [1] Der Geist Heines läutert und erhebt nicht; er drückt vielmehr nieder auf die Pfade seelischen Verderbens. Aber was der Dichter Heine in seinen schönsten und besten Stunden uns gesungen, wird leben, solange die deutsche Sprache lebt, und noch Tausende ästhetisch Genießender tief ergreifen und entzücken. Aber der Zaubertrank dieser Poesie muß von kundiger Hand kredenzt werden, damit kein Gifttropfen Tod und Vernichtung statt edler Freude bringe.

---

[1] Elster in der Deutschen Rundschau Bd. 92.

Namenverzeichnis.

(Die Zahlen geben die Seite an.)